Gemünden / Pleschak
Innovationsmanagement und Wettbewerbsfähigkeit

Hans Georg Gemünden / Franz Pleschak (Hrsg.)

Innovationsmanagement und Wettbewerbsfähigkeit

Erfahrungen aus den alten und neuen Bundesländern

GABLER

Die Deutsche Bibliothek – CIP-Einheitsaufnahme

Innovationsmanagement und Wettbewerbsfähigkeit :
Erfahrungen aus den alten und neuen Bundesländern / Hans
Georg Gemünden ; Franz Pleschak (Hrsg.). - Wiesbaden :
Gabler, 1992
ISBN 3-409-13449-2
NE: Gemünden, Hans Georg [Hrsg.]

Der Gabler Verlag ist ein Unternehmen der Verlagsgruppe Bertelsmann International.

Lektorat: Jutta Hauser-Fahr

Höchste inhaltliche und technische Qualität unserer Produkte ist unser Ziel. Bei der Produktion und Auslieferung unserer Bücher wollen wir die Umwelt schonen: Dieses Buch ist auf säurefreiem und chlorfrei gebleichtem Papier gedruckt.

Druck und Buchbinder: Lengericher Handelsdruckerei, Lengerich/Westf.
Printed in Germany

ISBN 3-409-13449-2

Vorwort

Die Wettbewerbsfähigkeit der Unternehmen wird maßgeblich durch die Innovationsfähigkeit getragen. Die Erneuerung der Produkte und Technologien stellt in Verbindung mit dem Marketing, der Investitionstätigkeit, der Organisationsentwicklung und dem Controlling einen der wichtigsten strategischen Erfolgsfaktoren der Unternehmensentwicklung dar.

Innovationen verfügen über ein hohes Effizienzpotential. Um es voll zur Geltung zu bringen, sind im Unternehmen und seinem Umfeld umfangreiche Vorbereitungen zu treffen, Voraussetzungen und Bedingungen zu schaffen sowie technische, wirtschaftliche, organisatorische und soziale Veränderungen einzuleiten. Das Hervorbringen und Wirksammachen von Innovationen stellt deshalb hohe Ansprüche an das Management im Unternehmen.

Innovationsentscheidungen als Bestandteile unternehmerischer Entscheidungen lassen sich davon leiten, daß Innovationen zur Erfüllung der strategischen Unternehmensziele beitragen, daß sie schnell, mit hoher Qualität und Wirtschaftlichkeit entsprechend den Marktanforderungen wirksam werden und daß durch sie zukunftsorientiert die Wettbewerbsfähigkeit der Unternehmen verbessert wird.

Im vorliegenden Buch vermitteln Wissenschaftler aus den alten und neuen Bundesländern in gemeinsam verfaßten Beiträgen Erfahrungen und Erkenntnisse zum Innovationsmanagement in Unternehmen. Es wird gezeigt, welche Entscheidungen bei der Vorbereitung von Produkt- und Prozeßinnovationen zu treffen sind, welche Aspekte in die Entscheidungsfindung einfließen und welche Untersuchungen und Arbeitsmethoden der Entscheidungsvorbereitung dienen. Die Erfolgsfaktoren von Produkt- und Prozeßinnovationen werden behandelt, typische Innovationsstrategien für die neuen Bundesländer diskutiert sowie die Fundierung von Innovationsentscheidungen durch das F/E-Controlling dargestellt. Es wird sichtbar gemacht, wie durch die Verknüpfung von Innovationstätigkeit, Marketing und Controlling solche ganzheitlichen Unternehmensentscheidungen getroffen werden, die die volle Wirksammachung des Effizienzpotentials von Innovationen gewährleisten.

Die im Buch behandelten Erfahrungen zum Innovationsmanagement stellen sowohl für die Unternehmen in den neuen als auch in den alten Bundesländern eine Unterstützung bei der Führung der Innovationstätigkeit dar. Besonders in den Unternehmen in den neuen Bundesländern dringen diese Aspekte nach Klärung der marktwirtschaftlichen Grundfragen in den Vordergrund. Die Ausführungen richten sich an Betriebswirtschaftler und Ingenieure, die an der Vorbereitung und Realisierung von Innovationsprojekten mitwirken; außerdem an Hochschullehrer und Studenten betriebswirtschaftlicher Studiengänge sowie solche des Wirtschaftsingenieurwesens.

Besonderen Anteil am Zustandekommen des Buches hat Frau Dipl. Hdl. Kirsten Petersen vom Institut für Angewandte Betriebswirtschaftslehre und Unternehmensführung der Universität Karlsruhe. Für ihre redaktionelle Arbeit und die technische Fertigstellung sei ihr herzlich gedankt.

Prof. Dr. H.G. Gemünden

Prof. Dr. F. Pleschak

Inhaltsverzeichnis

Autorenverzeichnis

Prof. Dr. Dr. Ulli Arnold

Lehrstuhl für Allgemeine Betriebswirtschaftslehre,
Investitionsgütermarketing und Beschaffungsmanagement
Universität Stuttgart
Keplerstr. 17
D-7000 Stuttgart 1

Prof. Dr. Günter Ebert

Institut für Controlling
Fachhochschule Nürtingen
Postfach 1349
D-7440 Nürtingen

Prof. Dr. Wolfgang Gaul

Institut für Entscheidungstheorie und Unternehmensforschung
Universität Karlsruhe
Postfach 6980
D-7500 Karlsruhe 1

Prof. Dr. Hans Georg Gemünden

Institut für Angewandte Betriebswirtschaftlehre und Unternehmensführung
Universität Karlsruhe
Postfach 6980
D-7500 Karslruhe 1

Prof. Dr. Horst Geschka

Institut für Betriebswirtschaftslehre
TH Darmstadt

Geschka & Partner Unternehmensberatung
Stifterstr. 2
D-6100 Darmstadt 12

Dr. habil. Ingrid Göpfert

Lehrstuhl für Allgemeine Betriebswirtschaftslehre und Logistik
Philipps-Universität Marburg
Am Plan 2
D-3550 Marburg

Prof. Dr. Bernd Kaluza

Lehrstuhl für Betriebswirtschaftslehre,
insbesondere Produktionswirtschaft und Industriebetriebslehre
FB 5 - Wirtschaftswissenschaft
Universität - GH - Duisburg
Lotharstr. 65
D-4100 Duisburg 1

Dr. habil. Gerd Laudel

Langjährige Lehr- und Forschungsarbeit an der Technischen Universität Dresden,
seit 1991 Grone Bildungszentrum Dresden
Holbeinstr. 38
D-8019 Dresden

Dipl. Wi.-Ing. Ulrich Lutz

Institut für Entscheidungstheorie und Unternehmensforschung
Universität Karlsruhe
Postfach 6980
D-7500 Karlsruhe 1

Prof. Dr. Franz Pleschak

Langjährige Lehr- und Forschungsarbeit an der Technischen Universität Dresden,
seit 1992 für das Fraunhofer-Institut für Systemtechnik und Innovationsforschung
Karlsruhe tätig.
Gerokstr. 30
D-8019 Dresden

Prof. Dr. Helmut Sabisch

Langjährige Lehr- und Forschungsarbeit an der Technischen Universität Dresden,
seit 1992 für das Fraunhofer-Institut für Systemtechnik und Innovationsforschung
Karlsruhe tätig.
Spreewalder Str. 28
D-8036 Dresden

Dr. Gerhard Schewe

Institut für Betriebswirtschaftlehre
Christian-Albrechts-Universität zu Kiel
Olshausenstr. 40
D-2300 Kiel 1

Dr. habil. Gabriele Theuner

Technische Universität Dresden und
Institut für Entscheidungstheorie und Unternehmensforschung
Universität Karlsruhe
Postfach 6980
D-7500 Karlsruhe 1

Prof. Dr. Jürgen Weber

Lehrstuhl für Betriebswirtschaftslehre, insbesondere Controlling und Logistik
Wissenschaftliche Hochschule für Unternehmensführung Koblenz-Vallendar
Heerstr. 52
D-5414 Vallendar

Prof. Dr. Cornelia Zanger

Lehr- und Forschungsgebiet Allgemeine Betriebswirtschaftslehre
Rheinisch - Westfälische Technische Hochschule Aachen
Templergraben 64
D-5100 Aachen
(vormals Technische Universität Dresden)

Ulli Arnold
Helmut Sabisch

Zur Erarbeitung von Produktstrategien

1. Problemstellung

In den neuen Bundesländern kommt es gegenwärtig darauf an, die Leistungsfähigkeit, vor allem die marktliche Wettbewerbsfähigkeit der neuen Unternehmen zu erhöhen. Dazu sind die bewährten Konzepte und Instrumentarien des Marketing und der gesamten Betriebswirtschaft konsequent, aber unter gleichzeitiger Beachtung der spezifischen Bedingungen des Übergangs von der ehemals zentralistischen Planwirtschaft zur sozialen Marktwirtschaft anzuwenden. Notwendig ist, daß Manager und Mitarbeiter nach marktwirtschaftlichen Prinzipien denken und handeln. Gleichzeitig müssen sich die Unternehmen den Konkurrenzbedingungen gesättigter Märkte stellen. Sie müssen die Bedingungen des künftigen gemeinsamen europäischen Binnenmarktes berücksichtigen. Schließlich sollten sie die Funktion eines Katalysators im Handel mit den osteuropäischen Ländern übernehmen. Dies alles stellt die Unternehmen der neuen Bundesländer vor Herausforderungen, wie sie nur wenige Firmen mit langjähriger marktwirtschaftlicher Erfahrung in besonderen Krisensituationen überhaupt kennengelernt haben! Daraus erwachsen aber zugleich auch bedeutende Chancen für das weitere Wirtschaftswachstum in Deutschland und Europa.

Im folgenden sollen einige strategische Ansätze zur Lösung der in den Unternehmen der neuen Bundesländern existierenden Probleme aus der Sicht des Marketing dargestellt werden. Dabei muß von vornherein betont werden, daß eine Verallgemeinerung der extrem unterschiedlichen unternehmensspezifischen Situationen und Aufgaben gegenwärtig nur sehr bedingt möglich ist. Die Ausführungen beziehen sich daher auf typische Problemstellungen in ausgewählten neuen Unternehmen (vorzugsweise Maschinenbau und Elektrotechnik-/ Elektronik).

2. Zur Entwicklung des Marketing in den neuen Bundesländern

In den ehemaligen Kombinaten und Betrieben der DDR gab es keine durchgängige Marktorientierung der Führungs- und Planungsprozesse. Mit den Prinzipien der Zentralverwaltungswirtschaft wäre dies unvereinbar gewesen. Der Begriff des Marketing war weder in der Wirtschaftspraxis noch in der wissenschaftlichen Arbeit üblich; er wurde als "kapitalistisches Gedankengut" apostrophiert. Ansätze zu einer absatzorientierten Tätigkeit der Betriebe gab es vor allem in den exportintensiven Industriebranchen. Inhaltlich bezogen sie sich in erster Linie auf die Aufgabenkomplexe Marktforschung (insbesondere Exportmarktforschung), Werbung und Öffentlichkeitsarbeit, Planung der Absatztätigkeit und der Innovationen, Bearbeitung der Außenmärkte sowie Vertriebstätigkeit. Aber selbst einige dieser Gebiete mußten unter dem zunehmenden Einfluß der Zentralisierung und Bürokratisierung immer mehr verkümmern. So wurde in den letzten Jahren vor der Wende nur noch in wenigen Betrieben eine inhaltlich und methodisch akzeptable Marktforschung betrieben. Wichtige Mißerfolgsfaktoren für die mangelhafte Wettbewerbsfähigkeit von Betrieben der ehemaligen DDR sind in Tabelle 1 dargestellt.

- Ungenügende Kunden- und Marktorientierung der Betriebe als Ergebnis zentralistischer Planwirtschaft
- Ungenügende eigene Strategiebildung (sowohl bezüglich Gesamtbetrieb als auch Markt- und Innovationsstrategie)
- Unzureichender Einsatz der Marketinginstrumente (kein geschlossenes Marketing-Mix, in der Überzahl der Betriebe völlige Vernachlässigung der meisten Marketinginstrumente)
- Ungenügende Produktivität und Überbesetzung mit Personal ("verdeckte Arbeitslosigkeit")
- Zu hohe Kosten in Produktion, Entwicklung, Verwaltung
- Unreale, nicht den objektiven Entwicklungserfordernissen und tatsächlichen Bedingungen entsprechende Zielstellungen
- Zunehmend einseitige Orientierung auf zentral festgelegte Schwerpunkte (z.B. Mikroelektronik) und Vernachlässigung anderer Aufgaben (z.B. Erhaltung der Substanz, Ökologie)
- Zunehmender Bürokratismus und weitere Zentralisierung der Planung
- Ungenügende, uneffiziente Arbeitsteilung zwischen den Betrieben (hohe Fertigungstiefe) auf nationaler und internationaler Ebene
- Kein effizienter Technologie-Transfer
- Uneffizienter Einsatz des F/E - Personals, fehlendes Projektmanagement
- Veraltete technologische Prozesse und Ausrüstungen in der Überzahl der Betriebe (in vielen Fällen selbst dort, wo noch wettbewerbsfähige Produkte vorhanden waren)
- Ungenügende Entwicklung und Stimulierung eines schöpferischen Innovationsklimas (abnehmende Kreativität, kein Risiko)
- Fehlende Integration westeuropäischer Standards in die Produkt- und Technologieentwicklung (Meß- und Prüftechnik, Umweltverträglichkeit, Design)
- Zu lange Innovationszeiten (insbesondere Markteinführungszeiten)
- Differenzierte Patentsituation (Branchen mit hoher Patentergiebigkeit wie Werkzeug- und Druckmaschinenbau standen Zweigen mit schlechter Patentlage, wie z.B. Elektronik, Chemie- oder Bauindustrie, gegenüber)

Tab. 1: Mißerfolgsfaktoren für die mangelhafte Wettbewerbsfähigkeit von Betrieben in der ehemaligen DDR

Befragungen in einer Vielzahl von Betrieben unterschiedlicher Branchen führten deshalb zu dem Ergebnis, daß die grundlegende Verbesserung des Marketing als wichtigster Faktor erfolgreichen Wirtschaftswachstums in den neuen Bundesländern angesehen wird (in mehr als 90% aller befragten Firmen) - gefolgt von den Aufgabengebieten Finanzierung, Controlling und Management. Entscheidende Unternehmensaufgabe ist deshalb die konsequente Umsetzung des Marketingkonzepts, die Entwicklung marktorientierten Denkens und Handelns in allen Unternehmensbereichen! Dazu gibt es - je nach konkreter Situation im Unternehmen oder in der Branche insgesamt - unterschiedliche Schwerpunkte und Ansätze.

Für die Entwicklung strategischer Konzepte sowie operativer Maßnahmen des Marketing in den Unternehmen der neuen Bundesländer ist eine Reihe von Marktveränderungen zu berücksichtigen. Dazu zählen insbesondere die im folgenden dargestellten, die sowohl spezifisch für diese Regionen gelten als auch internationalen Entwicklungstendenzen (vgl. MARKETING 2000) zuzuschreiben sind:

- Wichtigste Veränderung ist der abrupte Übergang von einem zentral gesteuerten Angebotsmarkt mit zahlreichen Angebotslücken und Engpässen zu einem Käufermarkt mit einer Vielzahl von Anbietern und einer oft kaum noch überschaubaren Produktvielfalt.

Diese durch Wegfall der zentralistischen Planwirtschaft bedingte Veränderung bereitet oftmals noch große Probleme im Umdenken der Menschen und verlangt eigenständiges Agieren und Reagieren der Betriebe auf dem Markt auf der Grundlage einer klaren Strategie. Diese Voraussetzung ist in vielen Unternehmen auch heute - 2 Jahre nach der Wende - noch unzureichend erfüllt. Daraus wird zugleich sichtbar, wieviel schwieriger der Übergang zur Marktwirtschaft in den Staaten der ehemaligen Sowjetunion und in anderen osteuropäischen Ländern sein wird!

- In den meisten Branchen sehen sich die neuen Unternehmen übersättigten Märkten mit härtesten Konkurrenzbedingungen gegenübergestellt. Sie müssen deshalb vielfach nach Marktnischen suchen oder gemeinsam mit westlichen Partnern als Anbieter auftreten, um überhaupt im Markt Fuß fassen zu können.

- Gravierende Veränderungen ergeben sich für viele Betriebe bezüglich der Exportstrukturen nach Ländern und Produkten. Der Zusammenbruch traditioneller Ostmärkte durch Zahlungsunfähigkeit der Abnehmerbetriebe und Länder sowie Zerfall bisheriger Staatsstrukturen (Sowjetunion, Jugoslawien, beginnende Probleme in der CSFR), durch weiteren wirtschaftlichen Rückgang (erwarteter Rückgang des Bruttosozialproduktes 1991 in den osteuropäischen Ländern mit Ausnahme Ungarns und der CSFR um weit mehr als 10 %) und damit verbundener Senkung des Lebensstandards in diesen Ländern erfordert den Aufbau teilweise völlig neuer Absatzstrukturen.

- Im Konsumgüterbereich ergeben sich deutliche Veränderungen des Kaufverhaltens der Konsumenten. Sie betreffen vor allem die Erhöhung des Qualitätsbewußtseins, die stärkere Berücksichtigung eines günstigen Preis-Leistungs-Verhältnisses bei Kaufentscheidungen, die Forderung nach höherer Umweltverträglichkeit der Produkte sowie die stärkere Ausrichtung auf bewährte Markennamen.

  Diese Tendenzen führten teilweise dazu, daß in einer ersten Phase nach der Wiedervereinigung eine Überorientierung auf ausschließlich "westliche" Produkte erfolgte. Gegenwärtig treten deshalb verstärkt Bestrebungen zur Förderung einheimischer Produkte in den Vordergrund (z.B. Werbekampagne "Kauf sächsisch!"), um Industriestandorte in den neuen Bundesländern zu erhalten und auszubauen.

- Auf dem Investitionsgütermarkt sind Veränderungen durch die Verringerung der Produktionskonzentration und der Fertigungstiefe in den aus den ehemaligen Kombinaten hervorgegangenen neuen Betrieben festzustellen. Damit entstehen neue und erweiterte Kooperationsbeziehungen mit Zulieferbetrieben. Als Marktteilnehmer treten zunehmend mittlere und kleinere Unternehmen in Erscheinung.

- Neue Marketingaktivitäten erfordert ebenfalls die Einstellung der Unternehmen auf den künftigen EG-Binnenmarkt, der den freien Verkehr von Personen, Erzeugnissen, Dienstleistungen und Kapital innerhalb der Grenzen der Mitgliedsländer durch Beseitigung aller Handelshemmnisse aufgrund bisher unterschiedlicher nationalstaatlicher Rechtsvorschriften zum Ziel hat. Damit sind viele Einzelmaßnahmen auf dem Gebiet der Rechtsharmonisierung, der Normung und Standardisierung, des Verbraucherschutzes usw. verbunden, die auch unmittelbare Auswirkungen auf betriebliche Aktivitäten haben (vgl. weiter dazu BRUHN, EYMANN/MENECHETTI, KOTLER/BLIEMEL, S. 225 f.).

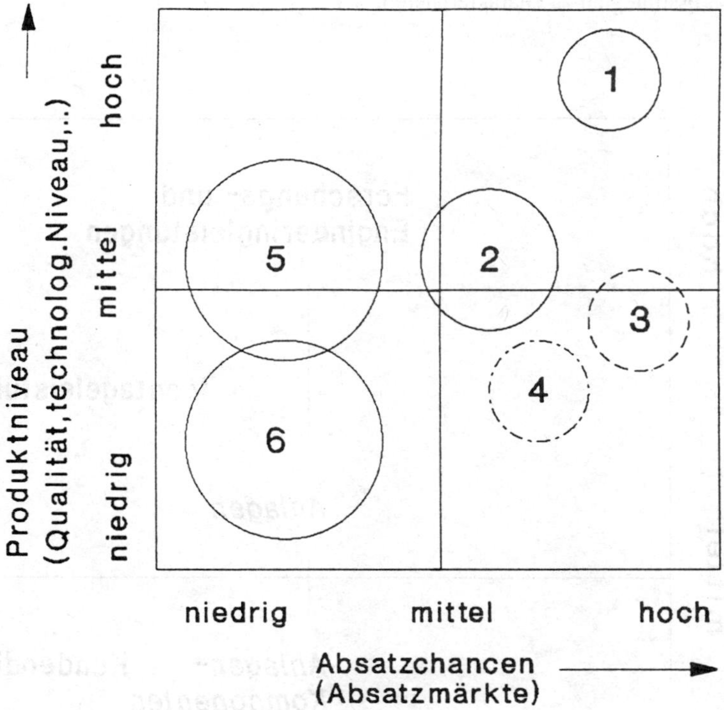

Positionserläuterung:

1	Voll wettbewerbsfähig (z.B. Porzellanmanufaktur Meißen, Druckmaschinenbau Planeta)
2	Wettbewerbsfähig in bestimmten Segmenten
3,4	Produkte, die noch auf dem (Binnen-) Markt nachgefragt werden, die aber durch Konkurrenzprodukte bedrängt werden
5	"Gängige" Produkte in verlorenen/nicht mehrt zahlungsfähigen Märkten (z.B. Ostmarkt-Exportprodukte)
6	Nicht mehr absetzbare Produkte

Abb. 1: Produkt - Markt - Positionierung für Unternehmen der neuen Bundesländer

Den gegenwärtigen Stand der Markt-Positionierung von Produkten und Unternehmen in den neuen Bundesländern verdeutlicht in stark vereinfachter Form Abbildung 1. Daraus wird deutlich, daß in vielen Betrieben erhebliche Aktivitäten notwendig sind, um Positionen in den günstigen "Rechtsoben-Feldern" des Portfolios zu erringen. Sie reichen von Qualitätsverbesserungen und Produktinnovationen bis zur Gewinnung neuer Märkte bzw. Marktsegmente sowie zur Diversifikation des Produktangebots und erfordern einen klaren strategischen Ansatz. Analoge Portfolio-Darstellungen nach dem Produktniveau und den vorhandenen oder möglichen Absatzchancen sind auch für einzelne Unternehmen bzw. Branchen sinnvoll. Ein Beispiel dazu zeigt Abbildung 2 für die Branche "Technische Gebäudeausrüstungen" (vgl. HERMSDORF/SABISCH, S. 15). Derartige Darstellungen sind vor allem geeignet, die Ausgangssituation der Unternehmen für die Erarbeitung wirksamer Wettbewerbsstrategien zu charakterisieren.

Abb. 2: Produkt - Markt - Positionierung für Leistungen der Branche "Technische Gebäudeausrüstungen" in den neuen Bundesländern

3. Strategieansätze zur Erhöhung der Wettbewerbsfähigkeit

3.1 Strategische Analyse der Entscheidungssituation

Die dargestellte Marktsituation in den neuen Bundesländern erfordert dringend die Entwicklung und Durchsetzung wirksamer Unternehmenskonzepte zur Sanierung, Krisenbewältigung, Sicherung der Überlebensfähigkeit, Produktpositionierung im Markt und zur Erhöhung der Wettbewerbsfähigkeit. Dies bezieht sich sowohl auf eine Reihe operativer Maßnahmen zur Sicherung bestimmter Positionen als auch auf die Entwicklung wissenschaftlich begründeter Strategien des Marketingmanagement. Vielfach wird hierfür die Hilfe westlicher Unternehmensberater in Anspruch genommen, die jedoch nicht in jedem Falle die Spezifik der Situation in den neuen Bundesländern berücksichtigen wollen oder können. Die angeblich bewährten Beratungskonzepte ignorieren häufig die Besonderheiten der systembezogenen Veränderungen und erweisen sich deshalb nicht selten als Non Valens.

Grundlage aller Strategiebildung ist die möglichst umfassende Charakterisierung der gegenwärtigen Ausgangssituation. Dabei ist eine komplexe Erfassung aller externen und internen Einflußfaktoren auf den Unternehmenserfolg unumgänglich (vgl. AAKER, S. 22 ff.). Denn jede Marketingentscheidung hängt von der unternehmenseigenen Situation, der Beurteilung der gegnerischen Lage und dem eigenen Ressourcenbestand bzw. -potential ab, über das ein Unternehmen verfügt.

Ausgangspunkt jeder marktorientierten Entscheidung ist demzufolge die realistische Beschreibung der Marketingsituation bzw. der damit verbundenen Bedingungslage. Anzustreben ist eine möglichst umfassende, sichere und genaue Erfassung der Umwelt- und Unternehmenszustände. Darauf aufbauend erfolgt die Präzisierung der Marketingziele und -strategien sowie der zielführende und strategiegerechte Einsatz der Marketinginstrumente.

Im folgenden soll jedoch ein anderer methodischer Ansatz gewählt werden. Zur Bestimmung der Ist-Position des Unternehmens im Markt- und Wettbewerbsumfeld hat es sich in verschiedenen betrieblichen Untersuchungen als zweckmäßig erwiesen, die entscheidenden, vom Unternehmen langfristig oder in kürzeren Zeiträumen beeinflußbaren Faktoren zu ermitteln und sie den Bedingungen der Konkurrenz, den Kundenanforderungen und den Entwicklungstendenzen der Branche gegenüberzustellen. Gebräuchlichste Methoden sind hierbei die Stärken-/Schwächen-Analyse und die Chancen-/Risiko-Analyse.

Kurz vorgestellt sei im folgenden der erstgenannte Analyseschritt. Während auf der einen Seite mit Hilfe der Umweltanalyse (Ermittlung der Chancen und Risiken des Unternehmens) lediglich der potentielle Alternativenraum der Strategieplanung abgegrenzt wird (--> hoher Aggregations- und Verallgemeinerungsgrad), erlaubt die analytische Durchdringung der Unternehmensressourcen die Beurteilung der Stärken und Schwächen eines Unternehmens. Unter Berücksichtigung der gegenwärtigen und zukünftigen Ressourcensituation kann dann von der Unternehmens-/Marketingleitung entschieden werden, welche strategischen Durchsetzungs- und Profilierungsstrategien sinnvoll eingeschlagen werden können.

Die Durchführung einer Ressourcen-Analyse kann pragmatisch in drei Schritten erfolgen (vgl. MEFFERT, 1989a, S. 60 f.):

(A) Erstellung eines Ressourcenprofils
(B) Identifikation spezifischer Kompetenzen
(C) Ermittlung der Stärken und Schwächen (relativ zu den Wettbewerbern).

In der Stufe (A) erfolgt eine Erfassung und Bewertung der existenten finanziellen (z.B. liquide Mittel, cash-flow), personellen (z.B. Qualifikation der Führungskräfte und gewerblicher Mitarbeiter), organisatorischen (z.B. Informationssystem, Auf- und Ablauforganisation des Wertschöpfungsprozesses, Fertigungstiefe) und technologischen (z.B. Zusammensetzung der Wertschöpfung, Automatisierungsgrad, Maschinen- bzw. Betriebsmittelausstattung) Ressourcen.

In der Stufe (B) ist das ermittelte Ressourcenprofil den Schlüsselanforderungen des Marktes gegenüberzustellen. So wird eine Identifikation von Hauptstärken und Synergiepotentialen ermöglicht, die wiederum die Basis für den erfolgreichen strategischen Aufbau bilden. Außerdem gelingt es, die dominanten Schwächen herauszukristallisieren, die zur Verringerung bzw. Vermeidung von Mißerfolgen egalisiert werden müssen.

Der Vergleich der spezifischen Stärken und Schwächen eines Unternehmens erfolgt in Stufe (C).

Die Abbildung 3 verdeutlicht das Vorgehen beispielhaft unter Herausbildung eines Stärken-Schwächen-Profils einer strategischen Geschäftseinheit (SGE = z.B. eine bestimmte Produkt-Markt-Kombination) unter Einbeziehung des stärksten Konkurrenzunternehmens (vgl. MEFFERT, 1989a, S. 61).

Somit lassen sich spezifische Sektoren feststellen, in denen ein Unternehmen konkrete Wettbewerbsvorteile besitzt, die behauptet oder ausgebaut werden können, oder ob Wettbewerbsnachteile vorhanden sind, die reduziert oder zukünftig vermieden werden sollen.

Einen wichtigen Platz im Rahmen der strategischen Situationsanalyse nimmt ebenso die differenzierte Produktanalyse ein. Sie beinhaltet vor allem:

- die Analyse der Entwicklung des Absatzes des eigenen Produkts bzw. des gesamten Unternehmens (nach Mengen, Umsatzerlösen, Struktur des Absatzprogramms und der Absatzmärkte, Rentabilität) sowie der diese Entwicklung beeinflussenden Faktoren;
- die Analyse der Branchenentwicklung insgesamt;
- die Ermittlung von Entwicklungstendenzen der Produkt- und Branchenentwicklung;
- die Bewertung der Produkte des Unternehmens im Vergleich zur internationalen Konkurrenz und zu den prognostizierten Entwicklungstendenzen (mit Hilfe von internationalen Niveauvergleichen).

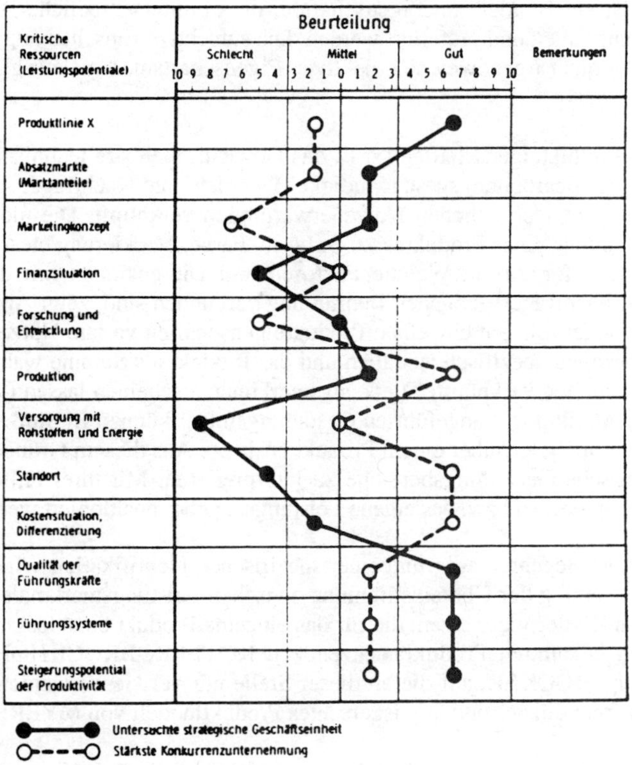

Quelle: Meffert, S. 61

Abb. 3: Stärken - Schwächen - Profil einer strategischen Geschäftseinheit

Die Entwicklung und Einführung neuer Produkte sowie die Veränderung und Implementierung bestehender Produkte sind wesentliche unternehmerische Entscheidungsbereiche im Rahmen des Marketinginstrumentes Programm- und Produktpolitik. Sie umfaßt sämtliche Maßnahmen, die sich auf die marktgerechte Gestaltung einzelner Sach- und Dienstleistungen oder des gesamten Leistungsprogramms eines Unternehmens beziehen (vgl. MEFFERT, 1989b, S. 361).

Die auf einzelne Produkte ausgerichteten produktpolitischen Entscheidungen dürfen nicht isoliert vom gesamten Produktions- und Absatzprogramm getroffen werden (vgl. hierzu BECKER, S. 138). Nur so kann eine optimale Programmgestaltung (Dimensionen: Programmtiefe und -breite) realisiert werden. Unter Berücksichtigung dieses Sachverhaltes sollen alle Entscheidungen, die die Zusammensetzung, Überprüfung und Veränderung des gesamten Leistungsangebotes betreffen, als programmpolitische Entscheidungen bezeichnet werden (vgl. HANSEN/LEITHERER, S. 72).

Der Aufbau eines wettbewerbsfähigen Programms beruht auf der Untersuchung der einzelnen Produkte; wichtig ist dabei die Einschätzung der Produkte(-merkmale) im Kontext der Wettbewerbsprodukte, um letztlich die kaufentscheidungsrelevanten Tatbestände zu ermitteln.

Jedes Produkt ist ein Bündel von Eigenschaften, die in unterschiedlicher Weise von den Käufern wahrgenommen und präferiert werden. Die subjektive Einschätzung ist allein maßgeblich und eben nicht irgendwelche objektiven Eigenschaftsmerkmale (vgl. BÖCKER, S. 186).

Die objektiven Produkteigenschaften (z. B. das Gewicht, meßbare technische Indikatoren wie Motorleistung, Bearbeitungsgeschwindigkeit) werden vom Nachfrager stets individuell beurteilt und mit unterschiedlichen Nutzenerwartungen verknüpft. Die nicht unmittelbar meßbaren Bestandteile eines Produktes (z. B. Form, Farbe, Markierung etc.) sind derselben Verfahrensweise unterworfen. Welche Faktoren und Dimensionen mit der Produktgestaltung und der nachfragerbezogenen Beurteilung verbunden sind, zeigt Abbildung 4. Der Nachfrager verbindet mit den einzelnen Produkteigenschaften variate Nutzenerwartungen, die verwenderbezogen spezifisch ausfallen und das Produkt als Summe wahrgenommener, mit Nutzenerwartungen verknüpfter Leistungsmerkmale erscheinen lassen (vgl. BÖCKER, S. 190). Alle in Abbildung 4 angeführten Gestaltungsfelder können Einfluß auf die subjektive Nutzenerwartung gegenüber einem Produkt besitzen. Aus diesem Grunde sind sie auch als produktpolitische Gestaltungsbereiche zu interpretieren. Mit ihrer Hilfe können Produkte differenziert werden bzw. das eigene Leistungsangebot positioniert werden.

Erst das subjektive Begehren aufgrund einer spezifischen Identifikationswirkung und einer subjektiven Beurteilung der Übereinstimmung zwischen Leistungsmerkmalen und Nutzeninhalten führt zu Käuferpräferenzen, die für das einzelne Produkt erschlossen werden müssen. Neben den bekannten Produktansätzen von KOTLER, BROCKHOFF, HANSEN/LEITHERER und BÖCKER, auf die an dieser Stelle nur verwiesen werden soll, existiert ein anwendungsfreundliches und praxisgerechtes Produktmodell von MYERS/SHOCKER.

Diese unterscheiden zwischen objektiven und subjektiven Produkteigenschaften als Anknüpfungspunkt zur kundenorientierten Produktgestaltung eines Unternehmens (vgl. dazu die komprimierte Beschreibung des Modells bei SCHUBERT, S. 32 ff.).

Die von MYERS/SHOCKER als "characteristics" (S. 213) bezeichneten objektiven Produktmerkmale sind die stofflich-technischen Ansatzpunkte, die ein Hersteller für die physische Gestaltung eines Produktes nutzen kann. Dies ist unabhängig davon, ob sie einen wahrnehmbaren (als Farbe, Geruch etc.), latenten (Vitamingehalt), konkreten (Design, Anordnung der Bedienungselemente) oder abstrakten Charakter (Angabe des Vitamingehaltes auf der Packung, Darstellung einer Bedienungsanleitung in einem produktbegleitenden Handbuch) aufweisen. Sie sind aber objektivierbar, d. h. feststell- und meßbar und somit durch den Hersteller kontrollierbar (--> herstellerbezogene Produktgestaltung).

Subjektive Produkteigenschaften sind das Resultat der Produktwahrnehmung und -beurteilung durch den Nachfrager. Auf der Grundlage schon gespeicherter Informationen aus vorangegangenen Wahrnehmungs- und Lernprozessen erfolgt eine Verzahnung der (wahrgenommenen) objektiven Produkteigenschaften (z. B. Vorhandensein eines Werkzeugwechslers bzw. -revolvers) mit subjektiven Nutzenerwartungen und Produktvorstellungen (vgl. KROEBER-RIEL, S. 273 ff.). Diese subjektiven Nutzerwartungen stellen die "benefits" (z. B. schnellere Produktionssabläufe) dar. Die Vorstellungen, die durch das (objektive) Eigenschaftsprofil eines Produkts beim Nachfrager verursacht werden können, werden mit dem Begriff "imagery" umschrieben (z. B.: Ich bin ein Einkäufer/Unternehmensführer, der die neueste Technologie nutzt).

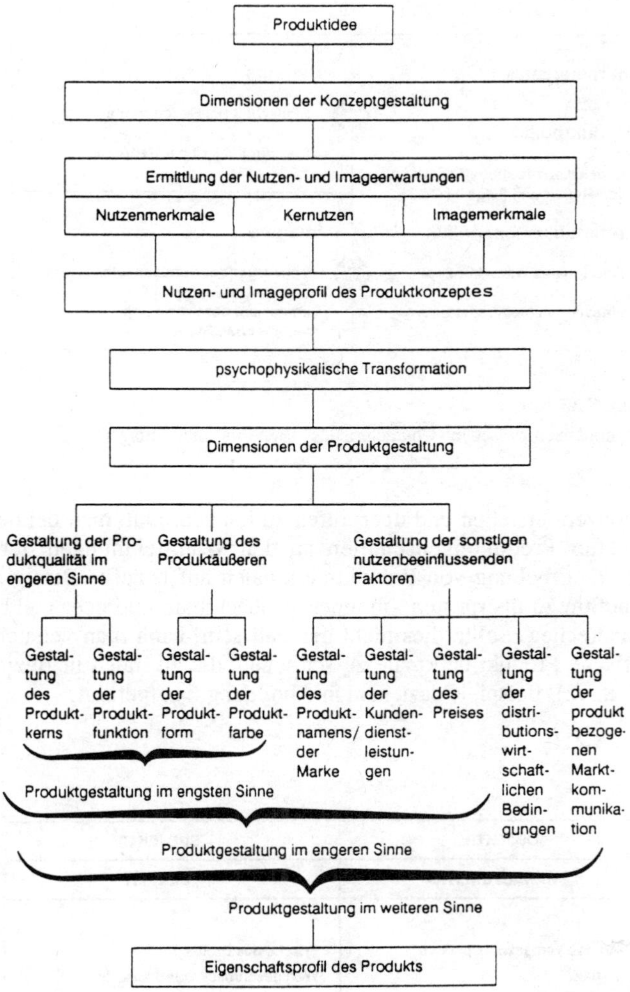

Quelle: Schubert, S. 24
Abb. 4: Dimension und Prozeß der Produktgestaltung

Abbildung 5 verdeutlicht die Interdependenzen zwischen den drei Eigenschaftskategorien am Beispiel Pkw-Reifen (vgl. SCHUBERT, S. 33).

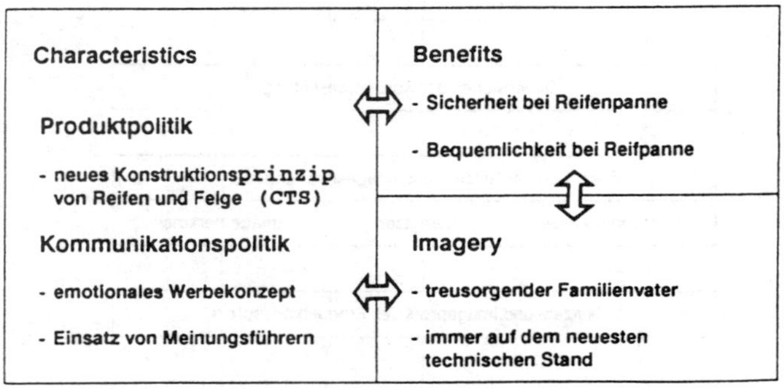

Quelle: Schubert, S.33
Abb. 5: Interdependenzen zwischen "Characteristics", Benefits" und "Imagery"

Um ein Produktkonzept erstellen und überprüfen zu können, muß man bei der Ermittlung einstellungsrelevanter Produkteigenschaften an den Wahrnehmungen der Nachfrager ansetzen und bei der Erhebung von Produktmerkmalen auf benefits Bezug nehmen. Die benefits sind daraufhin zu überprüfen, ob ihnen beobachtbare und/oder meßbare Produkteigenschaften entsprechen. Sollte dies nicht der Fall sein, kann man versuchen, von den benefits auf physische Produktmerkmale zu schließen, die zu ihnen in Beziehung stehen (vgl. GRUNERT, S. 42). Beispiele dazu sind in Abbildung 6 aufgeführt.

OBJEKTIV	SUBJEKTIV
CHARACTERISTIC	BENEFIT
1. Art des Verpackungspapiers	Frische des Brotes
2. Farbe	Wohlgeschmack von Speiseeis
3. Geruch	Reinigungskraft eines Reinigungsmittels
4. Stärke der Rückholfeder des Pedals	Beschleunigungsvermögen des Autos
5. Material der Flaschenausstattung	Geschmack von Weinbrand
6. Farbe	Streichfähigkeit von Margarine
7. Farbe der Innenlackierung	Kühlleistung des Eisschranks

Quelle: Schubert, S.34
Abb. 6: Zusammenhänge zwischen objektiven Produkteigenschaften und subjektiven Eindrücken

Typische Untersuchungsfelder sind demzufolge (vgl. SCHUBERT, S. 160):

- Welche Produktmerkmale haben kaufentscheidenden Einfluß und führen zu einer Präferenz beim Nachfrager?
- Wie wichtig sind die einzelnen Produktmerkmale für die Präferenzbildung und -sicherung?

- Gibt es Kompromisse zwischen einzelnen Produktmerkmalen bzw. Merkmalsausprägungen?
- Welche Kombination(en) von Merkmalen/Merkmalsausprägungen werden besonders präferiert?
- Existieren unterschiedliche Präferenzstrukturen, so daß Nachfragergruppen mit homogenen Präferenzstrukturen in (wirtschaftlichen) Marktsegmenten zusammengefaßt werden können?
- Wie sind die realen Absatzchancen einer (hypothetischen) Merkmalskombination einzuschätzen?

Für die Durchführung internationaler Niveauvergleiche liegen in vielen Unternehmen der neuen Bundesländer durch die Arbeit mit Weltstandsvergleichen umfangreiche Erfahrungen vor (vgl. SABISCH, S. 119 ff.).

3.2 Geschäftsfeldabgrenzung und -wahl

Auf der Grundlage der strategischen Analyse ist die langfristige, marktorientierte Stoßrichtung des Unternehmens und die Gesamtausrichtung in den Geschäftsfeldern festzulegen. Dabei bildet der relevante Markt den Ausgangspunkt für die Bestimmung und Abgrenzung der (des) Geschäftsfelder (s). Unter dem relevanten Markt werden alle für die Kauf- und Verkaufsentscheidungen bedeutsamen Austauschbeziehungen zwischen Produkten in räumlicher, sachlicher und zeitlicher Hinsicht verstanden (vgl. BACKHAUS, S. 123). Unterschiedliche methodische Ansätze mit Anwendungshintergrund (siehe hierzu BACKHAUS, S. 124 ff.) sind das Datenkonzept (Vertreter: Cournot), das Konzept der funktionalen Ähnlichkeit (Vertreter: Arndt) und das der verwenderorientierten, subjektiven Austauschbarkeit (Vertreter: Dichtl et. al.).

Auf der Basis eines zuvor bestimmten relevanten Marktes kann eine Geschäftsfeldabgrenzung vorgenommen werden. Dafür eignet sich besonders das Konzept von ABELL (S. 22 ff.), das insbesondere für den Investitionsgüterbereich entwickelt wurde und auch als spezieller Analyseansatz zur Marktsegmentierung aufgefaßt werden kann. Zentrales Element dieses Konzepts ist ein dreidimensionales Raster mit verschiedenen Abgrenzungs- und Definitionsdimensionen:

- Anvisierte bzw. bediente Abnehmergruppe (customer group)
- Angebotener Funktionsumfang bzw. Funktionsanforderungen (customer function)
- Alternatives Technologieangebot (alternative technologies).

In Orientierung an den konkreten Dimensionsausprägungen erfolgt die Definition des strategischen Geschäftsfeldes (SGF) in Form eines Aktivitätsraumes. Die folgende Abbildung 7 veranschaulicht ein entsprechendes Beispiel für einen Werkzeugmaschinenhersteller, dessen SGF sich derart definieren läßt:

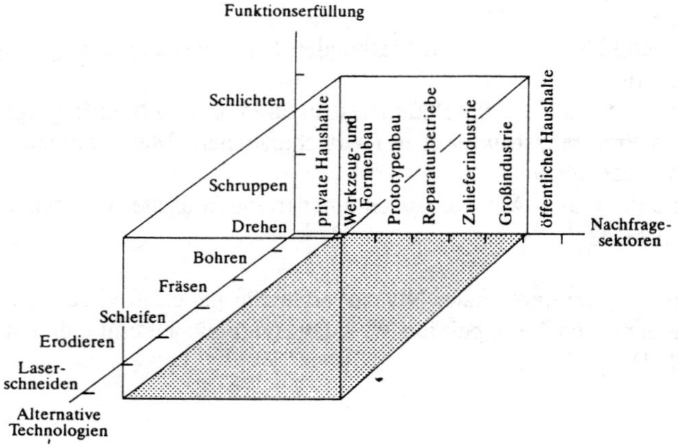

Quelle: Backhaus, S. 127

Abb. 7: Geschäftsfeld eines Werkzeugmaschinenherstellers

- Es werden Einzelaggregate angeboten, mit denen geschruppt oder geschlichtet werden kann (Funktionserfüllung).
- Die gewünschten Funktionen werden durch den Einsatz verschiedener Bearbeitungstechniken realisiert (Technologien).
- Die diesbezüglichen Maschinen werden an Klein- und mittelständische Unternehmen des Werkzeug-, Formen- und Prototypenbaus, an Reparaturbetriebe, die Zulieferindustrie sowie an die Großindustrie abgesetzt. Ausgenommen werden lediglich die privaten Haushalte und die öffentliche Verwaltung (Nachfragesektoren).

Eindrucksvoll zeigt Abbildung 8 ein komplexes Beispiel unterschiedlicher Geschäftsfelddefinitionen von Wettbewerbern bei Computer-Tomographen (vgl. BECKER, S. 243 / ABELL, S. 112).

Mit dem präsentierten Ansatz zur Geschäftsfeldbestimmung ("Defining the business") und Geschäftsfeldwahl ist der strategische Aktivitätsraum mehrdimensional beschreib- und definierbar. Eine Fixierung des unternehmensspezifischen Geschäftsfeldes wird dabei in Orientierung an den eigenen Ressourcen, den spezifischen Kundenbedürfnissen/-anforderungen und den Positionierungen der Wettbewerber realisiert.

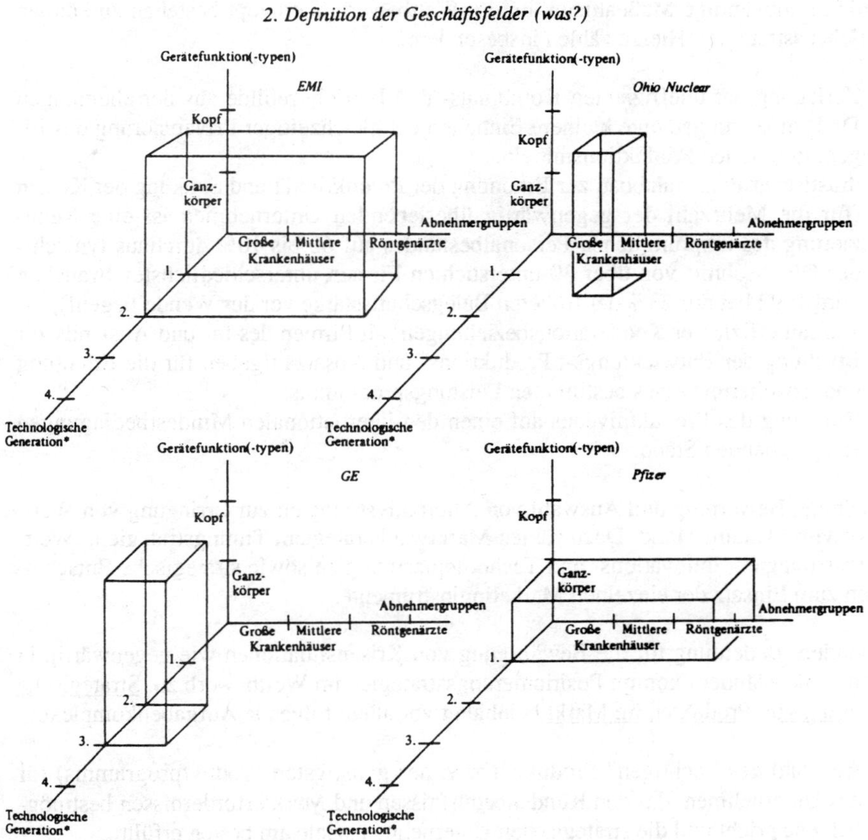

Quelle: Becker, S. 243

Abb. 8: Die vier größten Anbieter auf dem Markt computergestützter Röntgengeräte (CT-Scanner) und die strategische Programmposition

3.3 Strategietypen

Ausgehend von der strategischen Situationsanalyse sind strategische Zielstellungen und Maßnahmen zu formulieren. Dabei kann von verschiedenen Strategietypen ausgegangen werden (vgl. u.a. PORTER, S. 62 ff.; AAKER, S. 7 f; MEFFERT, S. 51 ff.). Für die praktische Anwendung in Krisensituationen, wie sie in den neuen Bundesländern charakterisiert sind, erscheint jedoch eine weitere Differenzierung zweckmäßig. Unterschiedliche Strategieansätze ergeben sich für verschiedenartige Typen von Unternehmen (vgl. bspw. die vier Grundtypen von Krisenunternehmen in den neuen Bundesländern, die ZANGER unterschieden hat; darauf kann hier nicht weiter eingegangen werden.).

Strategische Entscheidungen der neuen marktwirtschaftlichen Unternehmen können zunächst nach zwei Dringlichkeits- bzw. Allgemeingültigkeitsstufen unterschieden werden:

a) Unbedingt notwendige Maßnahmen, um im Wettbewerb überhaupt bestehen zu können (Überlebensstrategie). Hierzu zählen insbesondere:

- Zerlegung der uneffizienten Kombinats- und Betriebsgebilde aus der ehemaligen DDR in leistungsfähige kleinere Einheiten bei gleichzeitiger Privatisierung des Eigentums an den Produktionsmitteln;
- drastischer Personalabbau zur Erhöhung der Produktivität und Senkung der Kosten (für die Mehrzahl der gegenwärtig überlebenden Unternehmen ist eine Reduzierung des ursprünglichen Personalbestandes auf 60 bis 10% durchaus typisch - der Durchschnitt von über 30 untersuchten Firmen unterschiedlichster Branchen wird 1992 bei nur 23% der früheren Belegschaftsstärke vor der Wende liegen!);
- Aufbau effizienter Kooperationsbeziehungen mit Firmen des In- und Auslands zur Erfüllung der Entwicklungs-, Produktions- und Absatzaufgaben für die Erhaltung und Erweiterung eines bestimmten Leistungsprogramms;
- Erhöhung des Produktniveaus auf einen den internationalen Mindestbedingungen entsprechenden Stand.

b) Erarbeitung, Bewertung und Auswahl von Alternativstrategien zur Erringung von Wettbewerbsvorteilen am Markt. Dazu zählen Marktwahlstrategien, Timingstrategien, Wettbewerbsstrategien, Innovations- und Technologiestrategien sowie strategische Entscheidungen zum Einsatz der einzelnen Marketinginstrumente.

Eine besondere Bedeutung für die Bewältigung von Krisensituationen wie gegenwärtig in den neuen Bundesländern kommt Positionierungsstrategien im Wettbewerb zu. Strategische Positionierung von Produkten im Markt beinhaltet vor allem folgende Aufgabenkomplexe:

- Auswahl des "richtigen" Produkts (bzw. des günstigsten Produktprogramms) für das Unternehmen, das den Kundenbedürfnissen und Markterfordernissen bestmöglich entspricht und die strategischen Unternehmensziele am besten erfüllt;
- Auswahl der erfolgsversprechendsten Zielmärkte (Marktsegmente) für den Absatz der Produkte;
- Festlegung der zum jeweiligen Zeitpunkt am besten geeigneten Instrumente der Produktpolitik;
- optimale Verbindung von Produktpolitik und Technologiepolitik des Unternehmens entsprechend den Erfordernissen des technologischen Fortschritts und der internationalen Marktentwicklung;
- Durchsetzung eines erfolgsorientierten Zeitmanagements (insbesondere Festlegung des Zeitpunkts des Markteintritts von Neuprodukten, Erringung eines Zeitvorsprungs gegenüber den Mitbewerbern, Sicherung kürzestmöglicher Innovationsperioden);
- Beachtung staatlicher und internationaler Rahmenbedingungen für die Produktpolitik (u.a. Einhaltung sozialer und ökologischer Bestimmungen, Erfüllung internationaler Vorschriften und Standards, Berücksichtigung der Erfordernisse und Bedingungen eines künftigen weitgehend einheitlichen europäischen Binnenmarktes).

Auf die zu wählende Positionierungsstrategie haben - neben den beiden Hauptfaktoren Produkt und Markt - weitere Dimensionen wesentlichen Einfluß:

- das im Unternehmen aktivierte Potential bzw. Know-how,
- die wettbewerbsstrategische Ausrichtung (z.B. Führer- bzw. Folgerstrategie, Fokussierung oder Globalisierung),
- die Kooperationsstrategie ("Alleingang" oder Kooperation),
- die Kundennähe der Unternehmensaktivitäten.

Durch Kombination der verschiedenen Alternativen für die strategischen Dimensionen lassen sich bestimmte Strategietypen bilden; die Auswahl der jeweils erfolgsversprechendsten Gesamtstrategie ist für das Unternehmen möglich.

Ausgehend von der allgemeinen Produkt-Markt-Matrix nach Ansoff und nach Analyse der Situation in einer Reihe neuerer Unternehmen können die in Abbildung 9 dargestellten typischen Strategieansätze für die Produktpositionierung in den neuen Bundesländern unterschieden werden:

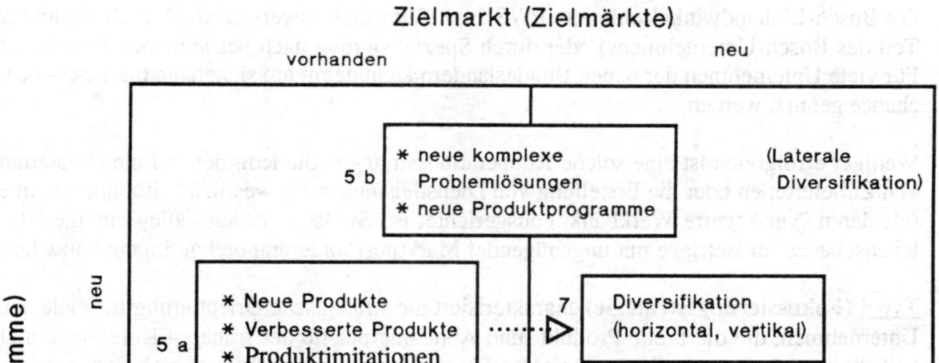

Quelle: In Anlehnung an die Produkt - Markt - Matrix von Ansoff

Abb. 9: Strategieansätze zur Produktpositionierung für Unternehmen der neuen Bundesländer

Strategie 1 (**Erhaltungs- und Verteidigungsstrategie**) ist für die meisten Unternehmen typisch. Sie kennzeichnet das Wettbewerbsverhalten gegenüber einer mehr oder weniger großen Anzahl von Konkurrenten (insbesondere aus den alten Bundesländern, zunehmend auch aus anderen westlichen Ländern, teilweise auch aus den neuen Bundesländern selbst). Entscheidend ist der komplexe Einsatz der Marketinginstrumente.

Typ 2 (**Reaktivierungsstrategie**) betrifft vor allem jene Unternehmen, die Märkte in osteuropäischen Ländern verloren haben. Sie sind in starkem Maße von der Entwicklung der Wirtschaftspolitik in diesen Ländern sowie von finanziellen und anderen Unterstützungen (Förderungen) abhängig (z.B. Hermeskredite, Förderung des Technologietransfers durch Bund und EG).

Strategietyp 3 (**Kooperationsstrategie**) verkörpert die Kooperation mit westlichen Firmen auf den Gebieten Produktion, Entwicklung und Absatz. Sie erfolgt durch Übernahme von bestimmten Typen aus dem Programm bekannter Großunternehmen in Betriebe der neuen Bundesländern (z.B. Autoproduktion in Zwickau und Eisenach; Übernahme der Produktion des Bosch-Einhandwinkelschleifers PWS 16-115 im Elektrowerkzeuge-Betrieb Sebnitz als Teil des Bosch-Unternehmens) oder durch Spezialisierung nach betrieblichen Funktionen. Für viele Unternehmen der neuen Bundesländern kann damit am sichersten die Überlebenschance genutzt werden.

Weniger erfolgreich ist eine solche Kooperationsstrategie, die lediglich auf die Herstellung von Zulieferteilen oder die Erstellung von Dienstleistungen für westliche Großunternehmen (als deren "verlängerte Werkbank") ausgerichtet ist. Sie ist in vielen Fällen einzige Überlebenschance für Betriebe mit ungenügender Marktpositionierung und geringem know how.

Typ 4 (**Fokussierungsstrategie**) charakterisiert die strategische Orientierung für viele neue Unternehmen, die die breite Produkt- und Abnehmerpalette der früheren Kombinate nicht beibehalten können, um einen effizienten Einsatz des Marketing-Mix zu sichern. So zeigten Untersuchungen in einigen Maschinenbau- und Anlagenbetrieben, daß die Messetätigkeit künftig auf wenige Zielmärkte und Produktgruppen eingeschränkt werden muß, um wirtschaftlich arbeiten zu können. Voraussetzung dazu sind die Marktsegmentierung und die Auswahl von strategischen Geschäftsfeldern für das Unternehmen (vgl. BECKER, S. 134 ff.; DUNST, S. 56 ff.; KOTLER/BLIEMEL, S. 411 ff.). Mit diesen Methoden des strategischen Marketing wird bisher nur sehr wenig in den neuen Bundesländern gearbeitet.

Die Fokussierungsstrategie sollte auch im Innovationsmanagement Anwendung finden. Die Erweiterung des Kundenkreises führt ebenso zu einer Marktdurchdringung und Umsatzsteigerung und empfiehlt sich für Unternehmen mit einem ausgebauten Vetriebsnetz und gutem Marketingknow-how.

Strategietyp 5 (**Innovationsstrategie**) gilt für alle Unternehmen in Branchen mit hohem technischen Entwicklungstempo sowie für hart umkämpfte Märkte. Ihre Durchsetzung ist umso leichter, je höher das technische/technologische Know-how im Betrieb und je stärker die Position eines technologischen Führers ausgeprägt ist. Typische Vertreter dieser Strategie sind z.B. die KBA-Planeta AG (Druckmaschinenbau) und die Verpackungsmaschinen GmbH Dresden, die im Dezember 1991 einen "Innovationspreis für die sächsische Wirtschaft" erhielt. Die Erfahrungen verschiedener Betriebe zeigen, daß hohe technologische Kompetenz und Innovationsfreudigkeit noch stärker als bisher für die Bildung eines

Produkt- und Firmenimage eingesetzt werden können und müssen. Voraussetzung dazu ist eine wesentliche Verbesserung der Kommunikationspolitik der Unternehmen.

Neue **komplexe Problemlösungen** und **neue Produktprogramme** stellen die höchste Innovationsstufe dar und erfordern oftmals bereits die Gewinnung neuer Kundenkreise bzw. Erschließung neuer Märkte. Sie ist vor allem jenen Unternehmen zu empfehlen, die über ausgeprägtes know how in Forschung/Entwicklung, im Marketing und Management verfügen. In zunehmendem Tempo vollzieht sich heute ein Wandel im Produktangebot vom Einzelerzeugnis zur Anlage und zur komplexen Problemlösung für den gesamten Lebenszyklus, zum sog. "Serdukt" (vgl. BELZ, ROHNER).

Die **Gewinnung neuer Marktsegmente** und **Erschließung neuer Märkte** (Strategietyp 6) gilt für Unternehmen mit sowohl stabilen herkömmlichen Produktprogrammen als auch mit marktwirksamen Innovationen.

Diese Wachstumsstrategie ermöglicht die Vergrößerung von Marktanteilen und damit eine wesentliche Kostensenkung. Sie empfiehlt sich vor allem für Exportmärkte und für Marktführer im bisherigen Gebiet der neuen Bundesländer. Günstige Wettbewerbsbedingungen ergeben sich bei schrittweiser Ausdehnung der Marketingaktivitäten auf die neuen Märkte. So wird z.B. das Arzneimittelwerk Dresden, mit 70% Marktanteil der verschreibungspflichtigen Medikamente eindeutiger Marktführer in den neuen Bundesländern, schrittweise seinen Absatz auf die alten Bundesländer ausdehnen. Dazu wurde eine eigene Pharmaberatergruppe für diese Regionen aufgebaut.

Eine **Globalisierung** des Marketing dürfte gegenwärtig für Unternehmen der neuen Bundesländer noch nicht oder nur für sehr eingeschränkte Segmente im Vordergrund stehen. Die horizontale und vertikale **Diversifikation** (Typ 7) kommt nur für wenige auserwählte Unternehmen in Betracht, die über umfassendes Know-how verfügen. Einige neue Betriebe verdeutlichen indes, daß mit der völligen Umstellung von Produktprofilen durchaus beachtliche Markterfolge erzielt werden können, wenn Know-how und Bedarf in einem bestimmten Segment übereinstimmen. So wurden in der Baumechanik GmbH Cossebaude komplett neue Geschäftsfelder aufgebaut (Stahlbauhallen, Baggerlöffel für alle Baggertypen).

Sind die Konkurrenten und die Branche gründlich analysiert, gilt es Strategien zu entwickeln, welche langfristige, für den Kunden entscheidende und wahrnehmbare Konkurrenzvorteile aufbauen bzw. sichern. PORTER differenziert in der Auseinandersetzung mit den fünf Wettbewerbskräften (s. Abbildung 10) drei erfolgversprechende Typen strategischer Ansätze, um andere Unternehmen in der Branche zu übertreffen (vgl. PORTER, S. 62 ff.). Wettbewerbsvorteile lassen sich durch Nutzen- oder Preisvorteile des unternehmerischen Leistungsangebotes (z.B. des Produktes) erzielen.

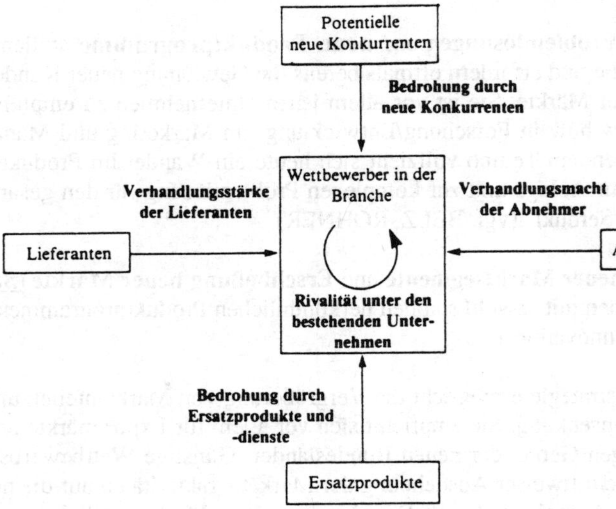

Quelle: Porter, S. 26
Abb. 10: Die Triebkräfte des Branchenwettbewerbs

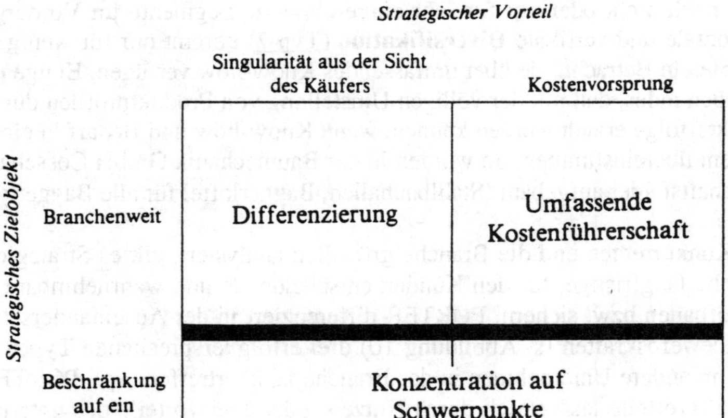

Quelle: Porter, S. 67
Abb. 11: Wettbewerbsstrategien nach Porter

Abhängig vom Umsatzvolumen des Unternehmens kann man solche Vorteile entweder in der gesamten Branche oder in Teilbereichen (Nischen) realisieren (s. Abbildung 11), um eine relativ bessere Wettbewerbsposition gegenüber der Konkurrenz zu beziehen. Wenig erfolgreich ist die "Strategie zwischen den Stühlen", d. h. beides, sowohl z.B. Qualitäts- als auch Kostenvorteile anzustreben. Unternehmen, die zweigleisig fahren wollen, werden in keinem Bereich zu den Spitzenunternehmen gehören, weil sie über wenige, vom Kunden wahrgenommene Vorteile gegenüber der Konkurrenz verfügen (vgl. PORTER, S. 71 ff.). Für welchen Strategietyp sich eine Unternehmung auch entscheidet, d. h. richtet sie sich an der Strategie der Kostenführerschaft, der der Differenzierung oder der der Konzentration auf Schwerpunkte aus, sie muß sich darüber bewußt sein, daß jeder Strategietyp einen grundsätzlich anderen Weg zum Wettbewerbsvorteil darstellt (weil eine Kombination stattfindet zwischen dem angestrebten Vorteilstyp mit dem Feld des strategischen Ziels). Die Kostenführer- und Differenzierungsstrategien sollen dazu beitragen, Wettbewerbsvorteile in einem weiten Bereich von Branchensegmenten zu erreichen, während die Konzentrationsstrategie auf einen Kostenvorsprung (Schwerpunkt Kosten) oder auf Differenzierung (Schwerpunkt Differenzierung) in einem Branchensegment abzielt.

--> **Kostenführerschaft**

Mit dieser Strategie strebt eine Unternehmung das Ziel an, der kostengünstigste Wettbewerber einer Branche zu werden. Grundlage der Strategie ist es, die Stückkosten (bei Paritäten von Qualität, Kundendienst, Garantieleistungen etc.) unter Konkurrenzniveau zu senken und durch die damit zu realisierende Niedrigpreispolitik entscheidende Wettbewerbsvorteile zu erringen. Um eine Strategie der Kostenführerschaft verfolgen zu können, müssen folgende **Voraussetzungen** gegeben sein und folgende Maßnahmen ergriffen werden:

- Marketingbereich: Hoher Marktanteil, effizientes Vertriebssystem, aggressive Preispolitik, hohe Marktdurchdringung, Produktstandardisierung
- Produktionsbereich: Kostenreduzierende Verfahrensverbesserungen, Wertschöpfungsstandardisierung, Straffung des Produktionsprogramms, Serienfertigung, Produktionsanlagen effizienter Größe
- F & E-Bereich: Zwang zur Entwicklung von standardisierten Produkten (hoher Kompatibilität), Typung, Normung, Materialrationalisierung
- Beschaffungsbereich: Günstiger Rohstoff- und Halbfabrikatezugang, niedrige Lagerkosten, termingerechte Anlieferungen
- Finanzbereich: Günstige Finanzierungsmöglichkeiten für hohe Kapitalbedarfsdeckung, schneller Mittelrückfluß, hoher Investitionsbedarf
- Führungsbereich: Effizientes Kontroll- und Berichtssystem zum Ausnutzen erfahrungsbedingter Kostensenkungen und zur strengen Kontrolle von variablen Kosten und Gemeinkosten.

Überdurchschnittliche Ergebnisse bei der Strategie der Kostenführerschaft können jedoch nur dann erwartet werden, wenn sich die Preise nicht auf einem zu geringen Niveau bewegen, d. h. sie sollten nahe dem Branchendurchschnitt angesiedelt sein und sich dort auch halten lassen. Dies ist wiederum nur dann möglich, wenn der Differenzierungsnachteil (z.B. bez. Qualität oder Service) gegenüber dem stärksten Konkurrenten nicht zu stark ausgeprägt ist. Verfolgen zwei oder mehrere Unternehmen in derselben Branche die Strategie der Kostenführerschaft und lassen sich dann keine entsprechenden Größenvorteile erreichen, kommt es zu einer erbitterten Rivalität, da jedes Unternehmen bestrebt ist, seinen Marktanteil zu erhalten oder auszubauen.

Die **Risiken** in der Verfolgung einer Strategie der umfassenden Kostenführerschaft liegen in folgenden Punkten:

- Technologische Veränderungen können Investitionen oder Lernprozesse zunichte machen.
- Es besteht die Möglichkeit, daß aufgrund der Konzentration auf das Kostengefüge notwendige Produkt- oder Marketingänderungen zu spät erkannt bzw. ergriffen werden.
- Den Preisunterschied kompensierende Kostensteigerungen können Wettbewerbsvorteile ausgleichen oder reduzieren.

Deutschen Unternehmen wird es nur in wenigen Fällen möglich sein (z. B. aufgrund hoher Overhead- und Gemeinkosten, hohen steuerlichen Belastungen), langfristig im Preiswettbewerb zu bestehen. Sie müssen sich daher auf den Differenzierungswettbewerb einlassen.

--> **Differenzierungsstrategie**

Im Rahmen dieser Strategie wird versucht, durch eine Differenzierung der Produkte und/oder Dienstleistungen der Unternehmung den Ansprüchen der Kunden besser gerecht zu werden, also eine qualitative Marktführerschaft (im Sinne einer Brancheneinzigartigkeit) zu verwirklichen. Dies kann entweder durch eine qualitative Abhebung der Unternehmensleistungen (Produkt, Technologie, Dienstleistungen, Distributionssystem etc.) gegenüber denen der Konkurrenz oder durch psychologische Beeinflussung der Käuferschaft geschehen. Diese psychologische Beeinflussung kann am besten bei bestimmten Prestigemarken festgestellt werden, bei denen die Produktqualität nicht unbedingt besser ist, jedoch der Markenname (--> Synergieeffekte einer Herstellermarke) einen gewissen Prestigewert vermittelt. Somit tritt letztendlich auch hier wieder eine Differenzierung über eine bessere Kommunikationspolitik zutage .

Für eine derartige Hervorhebung bzw. Einmaligkeit in einem Bereich können dann ebenso höhere Preise realisiert werden. Die Vorteilhaftigkeitsdarstellung und die Erlangung einer Spitzenposition verursacht höhere Kosten, die über ein höheres Preisniveau oder über Kostensenkungsmaßnahmen ausgeglichen werden können. Zur Verwirklichung der Differenzierungsstrategie gehören folgende **Voraussetzungen**:

- Marketingbereich: Gute Marketingfähigkeiten und -effektivität, Kreativität, wirksamer Kundendienst, lange Branchentradition

- F & E-Bereich: Innovationsorientierung, Stärken in der Grundlagen- und Anwendungsforschung, sehr gutes Produktengineering

- Beschaffungsbereich: Enge Kooperation mit Beschaffungskanälen

- Produktionsbereich: Höchste Produkt-/Servicequalität und technisches Know-how, neueste Technologien (technologische Spitzenstellungen)

- Führungsbereich: Strenge und effektive Koordination zwischen den betrieblichen Teilfunktionen, Anreizsysteme zur Verwirklichung qualitativer Ziele, Delegationsstil.

Diese beispielhaft angeführten erforderlichen Fähigkeiten und Mittel erlauben der Unternehmung, eine überlebensfähige Strategie mit dem Ziel überdurchschnittlicher Erträge zu implementieren. Die Differenzierung erlaubt eine Abschirmung gegenüber dem Wettbewerb, indem sie eine höhere Kundenloyalität/-bindung erzeugt und die Preissensibilität reduziert. Eine Eintrittsbarriere für die Konkurrenz liegt auch darin enthalten, die Einzigartigkeit der Leistungen überwinden zu müssen.

Bei dem Verfolgen der Differenzierungsstrategie sollten jedoch folgende **Risiken** bewußt sein:

- Die Imitationsbestrebungen und -realisierungen der Konkurrenz können eine wahrnehmbare Differenzierung vermindern.
- Das Kostendifferential kann größer werden als das Nutzendifferential, so daß die Differenzierung die Markenloyalität nicht mehr beibehalten kann. Nicht mehr die Leistungsqualität ist kaufentscheidendes Kriterium, sondern Kostenersparnis.
- Bei anspruchsvollen Kunden schwindet die Bedeutung des differenzierenden Faktors.
- Im Gegensatz zur Kostenführerschaft kann es mehrere Unternehmen geben, die sich in einer genügend großen Branche über verschiedene Differenzierungsstrategien behaupten können (--> Spezialisierung).

--> Konzentrationsstrategie

Hier wird versucht, sich auf eine oder mehrere Marktnischen zu konzentrieren. Man wählt ein Wettbewerbsfeld (d. h. eine bestimmte Abnehmergruppe, ein bestimmtes Teil des Produktionsprogramms, einen geographisch abgegrenzten Markt etc.) aus der gesamten Branche aus, das man dann segment-individuell bearbeitet. Diese Konzentration auf ein eng begrenztes strategisches Ziel kann es der Unternehmung ermöglichen, dieses wirkungsvoller oder effizienter als die Konkurrenz zu realisieren. Wettbewerbsvorteile entstehen wiederum durch die Bildung von Kosten- und/oder Differenzierungsschwerpunkten. Die Nischenstrategie ist vor allem für kleinere Unternehmen geeignet, die nicht die Möglichkeit oder das Potential für eine dominierende Position innerhalb einer Branche mit sich bringen. Die Realisierung niedriger Kosten oder/und einer Differenzierung wird jedoch im Hinblick auf ein eingeengtes Branchenfeld möglich.

Auch hier existieren **Risiken**:

- Das Preisgefälle zwischen Nischen- und Durchschnittsprodukt kann so groß werden, daß die Produktdifferenzierung keine kaufentscheidende Wirkung mehr besitzt.
- Wettbewerber finden weitere Teil-/Untermärkte innerhalb des nischenartigen Marktsegments und spezialisieren sich noch erfolgreicher.
- Bei zunehmend härterem Wettbewerb entschließen sich viele Unternehmen für eine Nischenstrategie, wodurch die gesicherte Position gefährdet werden kann.

Die Auswahl der zweckmäßigsten Strategiekonzeption hängt vom Industriezweig, von den Ressourcen, Fähigkeiten und Führungsbedingungen des Unternehmens sowie von den Wettbewerbern und ihrer Durchschlags-/Behauptungskraft ab.

Die Porterschen Wettbewerbsstrategien wurden inzwischen durch neuere Darstellungen und Ergebnisse der PIMS-Studie (Profit Impact of Marketing Strategy) bestätigt. Nach dieser Studie verfügen insbesondere diejenigen Unternehmen über eine hohe Rentabilität, die entweder eine ausgezeichnete relative (d. h. von Kunden wahrgenommene) Qualität oder einen beachtlichen Marktanteil (aufgrund von Preisvorteilen) besitzen (nähere Darstellungen und Ergebnisse der PIMS-Studie vgl. Buzzell/Gale, S. 94).

3.4 Die Zeit als strategischer Erfolgsfaktor

Für die meisten Firmen ist zweifelsohne eine kombinierte Anwendung der verschiedenen Strategien typisch. Dabei kann auch eine zeitliche Schwerpunktbildung notwendig sein. Ein großes Defizit bei der Gestaltung strategischer Marketingkonzepte ist die angemessene Berücksichtigung der Dimension Zeit als Wettbewerbsfaktor. Hinsichtlich des strategischen Timing geht es um die Planung und Realisierung des Markteintritts- bzw. Marktaustrittszeitpunktes, wobei im folgenden die Eintrittsentscheidungen im Vordergrund stehen. Ein "optimaler" Markteintrittszeitpunkt liegt dann vor, wenn eine Übereinstimmung zwischen den Erfordernissen des Marktes und den Fähigkeiten des Unternehmens besteht (vgl. REMMERBACH, 1988, S. 176).

Die Zielsetzung von Timing-Entscheidungsbeständen liegt in dem Umstand, daß Produkt-/Problemlösungsvorteile durch einen wichtigen Markteintrittsmoment umgesetzt werden oder Nachteilspositionen gegenüber Wettbewerbsprodukten durch einen Marktaustritt vermieden werden.

Unter Berücksichtigung des dominanten strategischen Erfolgsfaktors "Zeit" (vgl. Perillieux, 1987; Simon, 1989) und im Hinblick auf timingbestimmtes, technologieorientiertes Wettbewerbsverhalten kann zwischen unterschiedlichen Führer- und Folgestrategien differenziert werden (vgl. ANSOFF/STEWART (1967) / SPECHT/ZÖRRGIEBEL (1985) / REMMERBACH (1989 a/b):

- First-to-Market / Pionier
- Second-to-Market / Früher Folger
- Later-to-Market / Später Folger.

Die Durchführung der Strategien erlaubt es in unterschiedlicher Weise, eine schnelle und erfolgreiche Amortisation der entstandenen (Entwicklungs-/Einführungs-/Produktions-) Kosten zu erreichen. Dies wird umso wichtiger in solchen Branchen bzw. für solche Produkte, für die die Lebensdauer immer kürzer wird bzw. nicht mehr ausreicht, um allen Wettbewerbern einen Kostenausgleich und finanziellen Überschuß zu ermöglichen.

--> **Pionierstrategie**

Pionier ist derjenige Anbieter, dem es gelingt, als erster eine neue Technologie in den Markt einzuführen bzw. ein völlig neuartiges Produkt (--> Marktneuheit) dem Markt anzubieten. Der zunächst einzige Anbieter einer innovativen Problemlösung muß ein technisch leistungsfähiges Produkt haben. Bis zum Eintritt von Folgern besitzt er eine (Quasi-) Monopolstellung. Diese Alleinstellung ermöglicht es dem Pionier, Ertragsvorteile aufgrund fehlender Konkurrenz aufzubauen und u. U. auch Markteintrittsbarrieren zu implementieren. Er kann sich vor den konkurrenzinduzierten Preiserosionen den Rückfluß der entstandenen Kosten sichern. Die Pionierrolle hat häufig auch Imagevorteile - als Anbieter hoher Technologie - oder Problemlösungskompetenz. Der Erfahrungsvorsprung in der temporär konkurrenzfreien/-reduzierten Situation ist ein zusätzlicher Faktor, der zur Absicherung der Marktposition dienen kann. Gewährleistung des Erfahrungsvorsprunges und die Realisierung von Kostenvorteilen können allerdings nur dann behauptet werden, wenn ein möglichst umfassender Schutz (z. B. durch Patente/sichere Lizenzen/vermiedene Technologie-/ Produktkompatibilitätsalternativen) vor Nachahmern möglich ist.

Besonders geeignet scheint die Pionierstrategie, wenn

- ein großer technischer Fortschritt vorliegt (Technologiesprung),
- die neue Technologie schwierig beherrschbar ist,
- in Märkten mit hoher technologischer Entwicklungsdynamik - verbunden mit kurzen Produktlebenszyklen - Eintrittsbarrieren errichtet werden können,
- eine Befriedigung konkreter Abnehmerbedürfnisse möglich ist,
- Abnehmer gegenüber Innovationen aufgeschlossen sind,
- durch einen frühen Eintritt realisierte Imagevorteile von Bedeutung sind,
- langfristige Kundenbindungen z. B. mit Hilfe gemeinsamer Entwicklungskonzepte realisiert werden können,
- sich synergetische Wirkungen z. B. im Wertschöpfungsprozeß ergeben oder eine schnelle Diffusion erwartet werden kann (vgl. BACKHAUS, 1990, S. 177 - 178).

Welche Vor- und Nachteile mit der Verfolgung der Pionierstrategie verbunden sind, veranschaulicht die Tabelle 2.

Pro:
- am Anfang kein direkter Konkurrenzeinfluß
- preispolitische Spielräume
- Chance zur Etablierung eines dominanten Designs
- Vorsprung auf der Erfahrungskurve ermöglicht langfristige Kostenvorteile
- längste Verweildauer im Markt
- Aufbau von Markt - Know - How
- Imagevorteile
- Aufbau von Kundenkontakten
Contra:
- Ungewißheit über weitere Marktentwicklung
- Gefahr von Technologiesprüngen
- hohe Markterschließungskosten
- Überzeugungsaufwand beim Kunden
- hohe F&E - Aufwendungen

Quelle: Backhaus, S. 172
Tab. 2: Vor- und Nachteile mit der Pionierstrategie

--> "Frühe Folger" -Strategie

Der frühe Folger tritt in kurzem Zeitabstand nach dem Pionier als technischer Folger in den Markt ein und versucht, in Orientierung an den Aktionen des Pioniers, der den neuen Markt vorbereitet, erschlossen und je nach Durchsetzungskraft für sich belegt hat, sich im Markt zu halten. Er wird sich auf starke Abwehrreaktionen des Pioniers einstellen müssen. Häufig ist deshalb eine Anpassungsstrategie empfehlenswert. Der frühe Folger tritt verspätet in den Markt ein, weil er zwar ein marktfähiges Produkt besitzt, aber wesentlich weniger Marktrisiko zu tragen gewillt ist. Das empfundene Risiko wird reduziert über das Erfahrungslernen am Beispiel des Pioniervorgehens. Eine verbesserte Abschätzung der Marktentwicklung und -zukunftsträchtigkeit wird ermöglicht. Allerdings ist eine wirkungsvolle Marktbeeinflussung noch möglich, da der Pionier häufig gar nicht den gesamten Markt abdecken kann oder aber der bereits abgedeckte Markt noch nicht intensiv genug bearbeitet werden konnte. Die "Frühe Folge" -Strategie ist in Erwägung zu ziehen, wenn Märkte schnell wachsen und ein großes Marktpotential/-volumen aufweisen. Diese Strategie ist vor allem dann zu wählen, wenn

- eine Produktnutzensteigerung (qualitativer/quantitativer/zeitlicher/räumlicher Art) gegenüber dem Pionier verwirklicht werden kann,
- Erfahrungen des Pioniers nutzbar sind,
- kostengünstigere bzw. leistungserhöhte Wertschöpfungsprozesse, insbesondere Produktionsverfahren, realisiert werden können (vgl. BACKHAUS, 1990, S. 178).

Das Pro und Contra einer Strategie des "frühen Folgers" ist in Tabelle 3 überblicksweise dargestellt.

Pro:
- geringeres Risiko als beim Pionier
- erster Überblick über Marktentwicklung liegt vor
- u.U. noch Möglichkeit zur Etablierung eines eigenen Standards
- Lebenszyklus des Marktes steht noch am Anfang
Contra:
- Markteintrittsbarrieren des Pioniers
- Strategieausrichtung am Pionier erforderlich
- Notwendigkeit eines eigenen komparativen Konkurrenzvorteils (nicht nur "Neuheit" als Verkaufsargument)
- schnelle Reaktion erforderlich
- Markteintritt weiterer Konkurrenten

Quelle: Backhaus, S. 173
Tab. 3: Vor- und Nachteile mit der Strategie "Früher Folger"

--> "Späte Folger" -Strategie

Der späte Folger entscheidet sich erst für einen Eintritt in einen mittlerweile entwickelten Produktmarkt, wenn sich ein gewisser Technologiestandard herausgebildet hat und das Marktrisiko bzw. das Marktvolumen relativ genau abgeschätzt werden kann. Die Partizipation am Markt wird dadurch erleichtert, daß bereits fundierte Erkenntnisse über das Nachfragerverhalten, die Stärken und Schwächen der bisher angebotenen Problemlösungen und die diesbezügliche Marktakzeptanz vorliegen. Für den späten Folger drängt sich die Strategie der Kostenführerschaft geradezu auf; er kann sein gesamtes Innovationspotential zur Gestaltung einer möglichst kostengünstigen Produktion einsetzen. Kostendegressionseffekte ergeben sich z. B. durch komparative Vorteile in den inner-/ überbetrieblichen Wertschöpfungsprozessen und durch die reduzierten, im Vergleich zu den Wettbewerbern geringeren F & E- bzw. Konstruktionskosten. Die Imitation bereits am Markt erfolgreich durchgesetzter Technologien/Problemlösungen (--> Me-too-Strategie) gewährleistet preisgünstigere Angebote, mit denen ein möglichst hoher Marktanteil erreicht werden soll (siehe Tabelle 4).

Allerdings kann auch die Strategie der Differenzierung für den späteren Folger durchaus sinnvoll sein, wenn er in vernachlässigte Marktsegmente eindringt und von den bisherigen Wettbewerbern noch nicht belegte Nischen besetzt (siehe Tabelle 5). Kleineren Anbietern ist dieses Vorgehen zu empfehlen, da sie sich trotz begründeter Ressourcen und eines stark umkämpften Marktes durch das Angebot von Speziallösungen lukrative Teilmärkte sichern können.

Pro:
- niedrige Forschungs- und Entwicklungsaufwendungen
- Anlehnung an Standards
- Know - how kann ggf. zugekauft werden
- geringere Unsicherheit über die weitere Marktentwicklung
- Ausnutzung von Standardisierungspotentialen
Contra:
- bereits etablierte Konkurrenten
- Notwendigkeit des "Aufbrechens" von Geschäftsbeziehungen
- Gefahr von Preiskämpfen
- weniger eigenes technisches Know - how
- Gefahr von Fehlinvestitionen in Fertigungsanlagen
- Imagenachteile

Quelle: Backhaus, S. 175
Tab. 4: Pro und Contra der Me - Too - Strategie

Pro:
- Chance im hart umkämpften Markt
- unter Umständen relativ geringe Entwicklungskosten
- Spielräume bei der Preisgestaltung
Contra:
- Markteintrittsbarrieren etablierter Anbieter
- viel Überzeugungsaufwand notwendig, um Zusatznutzen zu verdeutlichen
- Gefahr, sich bei vielen Einzellösungen zu "verzetteln"
- Gefahr, Großanbieter anzulocken

Quelle: Backhaus, S. 175
Tab. 5: Pro und Contra der Nischenstrategie

Für die Strategieoptionen des späten Folgers sind folgende Sachverhalte von Bedeutung (vgl. BACKHAUS, S. 178):

- Die Abnehmerbedürfnisse sind schwer kalkulierbar und wechseln in schneller Weise.
- Das Risiko der Einstiegsinvestitionen in Relation zu den Ertragsaussichten ist relativ hoch.
- Die weitere technologische Entwicklung ist nicht/schlecht abschätzbar.
- Eigenes F & E-Know-how fehlt.
- Es muß möglich sein, die Erfolgskurve der bereits auf dem Markt agierenden Wettbewerber zu nutzen.

- Starke Marktveränderungen bzw. -umwälzungen zeichnen sich durch die Durchsetzung eines Standards ab.
- Durch die Diffusion ursprünglicher Produkte existieren neue bzw. alternative Differenzierungsmöglichkeiten.
- Die technischen Möglichkeiten zur Realisierung einer "Me-too-Produktion" müssen gegeben sein.
- Das Unternehmen hat ein besonderes Know-how im Bereich der Produkt-/Prozeßinnovationen.

Eine allgemeine Entscheidungsregel, welche Strategiealternative, d. h. welcher Markteintrittszeitpunkt, für welche Unternehmung am erfolgreichsten ist, kann nicht angegeben werden. Es wurde jedoch in zahlreichen Untersuchungen nachgewiesen, daß der Pionier häufig besonders erfolgreich in der Lage ist, seinen Markt wirkungsvoll zu etablieren und zu sichern (vgl. BACKHAUS, S. 178).

4. Zusammenfassung und Ausblick

In den vorangegangenen Ausführungen wurden der Stand des Marketing und strategische Ansätze zur Erhöhung der Wettbewerbsfähigkeit in Unternehmen der neuen Bundesländer behandelt. Dabei wurden Probleme und Aufgaben sichtbar, die in ähnlicher Weise und in verstärktem Umfange auch für osteuropäische Länder zutreffen dürften. Es erscheint daher sinnvoll, die in den neuen Bundesländern beim Übergang zur Marktwirtschaft gesammelten Erfahrungen gezielt für die Beratung und Unterstützung von Firmen osteuropäischer Länder einzusetzen. Das gleiche gilt für Aktivitäten von Unternehmen der BRD und anderer EG-Länder zu Ausbau des Exports nach Osteuropa.

Osteuropa bleibt mit seinem gewaltigen Marktpotential (großer Nachhol- und Sanierungsbedarf, perspektivisches Wachstum) trotz aller politischen und wirtschaftlichen Unwägbarkeiten eine interessante Marktregion für westeuropäische Unternehmen. Dabei wäre es verfehlt, von einem weitgehend einheitlichen Osteuropamarkt auszugehen. Zunehmend handelt es sich hier um eine Vielzahl sehr differenzierter, sich ständig verändernder Teilmärkte mit ganz spezifischen externen und internen Bedingungen für die einzelnen Unternehmen.

Die dargestellten Aufgaben zur Verbesserung der Wettbewerbsfähigkeit sind nicht nur auf möglichst dauerhaften Unternehmenserfolg gerichtet. Gleichzeitig sind soziale und gesamtstaatliche Ziele zu verwirklichen, um vorhandene leistungsstarke Industriestandorte in den neuen Bundesländern zu erhalten und auszubauen sowie um möglichst viele Arbeitsplätze zu sichern. Darin besteht gegenwärtig sicherlich eine Besonderheit strategischer Arbeit in den neuen Bundesländern, die es mit Behutsamkeit und gleichzeitiger Konsequenz bei allen Entscheidungen zu berücksichtigen gilt.

Folgende Schlußfolgerungen können für die weitere Arbeit zur Entwicklung und Umsetzung von Marketingstrategien in den neuen Bundesländern abgeleitet werden:

- Es empfiehlt sich die Anwendung einer weitgehend verallgemeinerungsfähigen Methodik zur Durchsetzung des Marketingkonzepts in allen neuen Unternehmen. Die wichtigsten Schritte dieser Methodik sind in Tabelle 6 dargestellt.

- Voraussetzung für erfolgreiche Marketingkonzepte ist konsequentes marktorientiertes Denken und Handeln der Manager und aller Mitarbeiter im Unternehmen. Deshalb kommt der Weiterbildung und Umschulung große Bedeutung zu. Für den lebendigen Erfahrungsaustausch tragen die Marketing-Clubs in den neuen Bundesländern Verantwortung.

- Wichtig für künftige Marketingaktivitäten ist die Ausbildung und Weiterqualifizierung von Managern und Spezialisten in den osteuropäischen Ländern zu marktwirtschaftlichen Problemen und Methoden. Darin eingeschlossen ist die Umschulung sowjetischer Offiziere in Vorbereitung ihres künftigen Einsatzes in pri-vatwirtschaftlichen Unternehmungen.

Die Umsetzung dieser Schlußfolgerungen wird dazu beitragen, daß aus der gegenwärtigen Krisensituation in den neuen Bundesländern neue, bedeutende Wachstumspotentiale entstehen.

1. Problem- und Situationsanalyse
2. Marktforschung
   - zu befriedigende Bedürfnisse
   - zu bedienende Kunden
   - Bedarfsvolumen/Verlauf der Marktperiode
   - Marktsegmentierung
   - Wettbewerber, Wettbewerbsniveau, Wettbewerbsverhalten
3. Erarbeitung strategischer Orientierungen
   - Auswahl der strategischen Geschäftsfelder des Unternehmens
   - Entscheidungen zur Produktstrategie (Hauptfrage: welche komparativen Konkurrenzvorteile sind aufzubauen?)
   - Auswahl relevanter Zielmärkte
   - Festlegung des Marketing-Mix
   - Entscheidungen zur Kooperation
   - Entscheidungen zur Innovations- und Technologiepolitik
4. Generierung und Bewertung innovativer Ideen/Auswahl der günstigsten Alternative
5. Anwendung effizienter Methoden des Projektmanagement für Innovations- und Marketingmaßnahmen
6. Langfristige Vorbereitung der Markteinführung von Produkten und Technologien
7. Entwicklung und Durchsetzung von Coporate-Identity-Konzepten im Unternehmen
8. Kontrolle und Auswertung der Ergebnisse der Umsetzung von Marketing- und Innovationsstrategien

Tab. 6: Schritte zur Entwicklung von Marketing- und Innovationsstrategien

Literaturverzeichnis

Aaker, D.A.(1989)
Strategisches Markt-Management, Wiesbaden 1989

Abell, D. F.(1980)
Defining the Business. The Starting Point of Strategic Planning, Englewood Cliffs/ New York: Prentice-Hall

Ansoff, H. I./Stewart, J. M.(1967)
Strategies for a Technology-Based Business, in: HBR, 1967, 45, S. 71 - 83

Backhaus, Kl.(1990)
Investitionsgütermarketing, 2. völlig neu bearbeitete Aufl., München: Vahlen Verlag

Becker, J.(1990)
Grundlagen der Marketing-Konzeption, 3. verb. u. erg. Aufl., München: Vahlen Verlag

Belz, Chr.(1991)
Mit Problemlösungsaspekten Kunden behalten und dazugewinnen, in: io Management Zeitschrift, 60, 1991, 11, S. 53 - 58

Böcker, Fr.(1990)
Marketing, 3. Aufl., Stuttgart: UTB Gustav Fischer Verlag

Brockhoff, K.(1981)
Produktpolitik, Stuttgart/New York: Fischer Verlag

Bruhn, M.(1992)
Marketing in Europa ohne Grenzen, in: Harvardmanager, 1, 1989, S. 65 - 72

Buzzell, R./Gale, B.(1989)
Das PIMS-Programm - Strategien und Unternehmenserfolg, Wiesbaden: Gabler Verlag

Dunst, K.H. (1983)
Portfolio Management, 2. verb. Aufl., Berlin/New York: Walter de Gruyter

Eymann, A./Menechetti, J.(1991)
Die Regulierung des Marktes für Unternehmen in den Europäischen Gemeinschaften, in: Zfbf, 43, 1991, 12, S. 1070 - 1085

Grunert, K. G.(1983)
Die Ermittlung entscheidungsrelevanter Produktmerkmale beim Automobilkauf, in: Dichtl, E./Raffe, H./Potucek, V. (Hrsg./1983), Marktforschung im Automobilsektor. Schriftenreihe des Verbandes der Automobilindustrie e. V. (VDA), 1983, 40, S. 38 - 58

Hansen, U./Leitherer, E.(1984)
Produktpolitik, 2. Aufl., Stuttgart: Poeschel Verlag

Hermsdorf, K./Sabisch, H.(1991)
Marktverhalten der TGA-Betriebe in den neuen Bundesländern, in: CCI-Zeitschrift für Fachleute der Technischen Gebäudeausrüstung und Energieanwendung, Extraausgabe Sept. 1991, S. 14 - 15

Kotler, Ph./Bliemel, F.(1991)

Marketing-Management, 7. vollst. neubearb. u. erw. Aufl., Stuttgart: Poeschel Verlag

Schwarz, C. u.a.(1989)

Marketing 2000: Perspektiven zwischen Theorie und Praxis, 2. Aufl., Wiesbaden: Gabler Verlag

Kroeber-Riel, W.(1984)

Konsumentenverhalten, 3. Aufl., München: Vahlen Verlag

Meffert, H.(1989a)

Marketing: Grundlagen der Absatzpolitik, 7. bearbeitete und erweiterte Auflage, Wiesbaden: Gabler Verlag

Meffert, H.(1989b)

Strategische Unternehmensführung und Marketing, Wiesbaden: Gabler Verlag

Myers, J. H./Shocker, A. D.(1981)

The Nature of Product-Related Attributes, in: Research in Marketing, Vol. 5, 1981, S. 211 - 236

Porter, M. E.(1990)

Wettbewerbsstrategie, 6. Aufl., Frankfurt a. M./New York: Campus Verlag

Remmerbach, K.-U.(1988)

Markteintrittsentscheidungen, Schriftenreihe Unternehmensführung und Marketing, Bd. 21, Wiesbaden:Gabler Verlag

Rohner, K.(1991)

Vom Produkt von gestern zum Serdukt von morgen, in: io Management Zeitschrift, 61, 1991, 11, S. 48 - 52

Sabisch, H.(1991)

Produktinnovationen, Stuttgart: Poeschel Verlag

Schmelzer, H. J.(1991)

Organisation und Controlling der Entwicklung von Serienprodukten: Praxisnaher Beitrag zum wettbewerbsorientierten Entwicklungsmanagement, Dissertation an der Fakultät Wirtschaftswissenschaften der Universität Karlsruhe, 1991

Schubert, B.(1991)

Entwicklung von Konzepten für Produktinnovationen mittels Conjointanalyse, Stuttgart: Poeschel Verlag

Specht, G./Zörrgiebel, W. W.(1985)

Technologieorientierte Wettbewerbsstrategien, in: Marketing-ZFP, 7, 1985, 3, S. 161-172

Springer, R.(1990)

Strategien für osteuropäische Märkte, in: Marktforschung & Management, 4, 1990

Zanger, C.(1991)

Unternehmenskrise und Produktentwicklung, in: ZfB, 61, 1991, 9, S. 981 - 1006

Hans Georg Gemünden
Bernd Kaluza
Franz Pleschak

Management von Prozeßinnovationen

1. Einleitung

Im betriebswirtschaftlichen Schrifttum /1/ und in der unternehmerischen Praxis /2/ wird dem Management der Prozeß- und Produktinnovationen große Bedeutung beigemessen. Die langfristige Entwicklung der Unternehmen, ihr Umsatz- und Gewinnwachstum werden maßgeblich durch die Innovationstätigkeit geprägt. Neue **Herausforderungen** an die Unternehmen erhöhen den Innovationsdruck. Dazu zählen:

- die Veränderung der wirtschaftlichen Bedingungen, die sich in globalen Marktstrukturen, höherer Preis- und Kostensensibilität, anspruchsvolleren Kunden, veränderten Markt- und Wettbewerbssituationen ausdrücken;
- die gesellschaftlichen Veränderungen, die zu neuen Wertekomplexen und Zielvorstellungen führen;
- die enorme technische Entwicklung als Folge höherer Investitionen in Forschung und Entwicklung sowie deutlich gestiegener Anstrengungen zur Umsetzung und Anwendung des technologischen Wissens.

Ohne **Produkt- und Prozeßinnovationen** werden die Unternehmen nicht in der Lage sein, die Herausforderungen erfolgreich zu bewältigen. **Innovative Unternehmen** zeichnen sich aus durch:

- hohes Tempo der Produkterneuerung bei zunehmender Qualität und Komplexität der Produkte;
- agierendes statt reagierendes Innovationsverhalten;
- kurze Entwicklungs- und Einführungszeiten neuer Produkte;
- kurze Bearbeitungszeiten für Angebote und Aufträge;
- schnelles Reagieren auf Kundenwünsche;
- schnelle Umstellfähigkeit auf wechselnde Arbeitsaufgaben bei kleineren Losgrößen, kurzen Durchlaufzeiten, geringen Beständen, geringem Ressourcenverbrauch sowie rationeller Organisation;
- Gewährleistung menschengerechter Arbeitsbedingungen, kreativer Atmosphäre und Interessensausgleich der Mitarbeiter.

Dabei darf sich die Innovationstätigkeit nicht auf den F&E-Bereich beschränken, sondern sie muß **alle Bereiche** des Unternehmens erfassen. Die notwendige Einheit von Marketing, Forschung und Entwicklung sowie Produktion, Produkt- und Prozeßinnovationen, Organisationsmaßnahmen, Investitionstätigkeit und Personalentwicklung sowie das Beherrschen der interpersonellen, interfunktionalen und interorganisationalen Schnittstellen im Unternehmen stellen hohe Anforderungen an das Management /3/.

Nach dem viel beachteten Innovationsentwicklungsmodell von Abernathy und Utterback /4/ wird der Wettbewerbsverlauf in einer Branche durch die fließende Phase, die transitorische Phase und die spezifische Phase bestimmt. In der fließenden Phase ist eine hohe Produktinnovationsrate festzustellen, während in der transitorischen Phase dann die Prozeßinnovationen vorherrschen /5/. Empirische Untersuchungen zeigen zudem, daß die Prozeßinnovationen besonderes wirtschaftliches Gewicht haben. Der Erfolg von Prozeßinnovationen zeigt sich letztlich darin, daß sowohl neue als auch vorhandene Produkte mit niedrigen Kosten, kurzer Durchlaufzeit und hoher Qualität hergestellt und mit hohem Erlös zum richtigen Zeitpunkt entsprechend den Kundenanforderungen verkauft werden können.

Großzahlige empirische **Analysen** /6/ von Prozeßinnovationen, insbesondere im Zusammenhang mit der Einführung von CA-Techniken, Automatisierungsvorhaben, flexiblen Fertigungssystemen und flexiblen Montagelösungen zeigen, welche Probleme im Innovationsprozeß gegenwärtig auftreten und welche Wege zu ihrer Überwindung erforderlich sind. Nachfolgend soll dies sichtbar gemacht werden, d.h. wir konzentrieren uns in dieser Arbeit auf die Untersuchung des **Managements von Prozeßinnovationen**. Dabei geht es hier nicht um eine herausgehobene Behandlung einer Klasse von Prozeßinnovationen oder um die detaillierte Darlegung einer speziellen Aufgabe im Innovationsmanagement, sondern um verallgemeinerte Aussagen über die Maßnahmen und Faktoren, die für den **Erfolg** von Prozeßinnovationen maßgeblich sind. Dazu gehören:

- die Einordnung der Prozeßinnovationen in das Unternehmen.
- die Koordinierung von Produkt- und Prozeßinnovationen;
- das Projektmanagement;
- die Zielableitung;
- die wirtschaftlich begründete Gestaltung von Prozeßinnovationen und
- die Erarbeitung ganzheitlicher Unternehmensstrategien für Prozeßinnovationen;

Im Mittelpunkt der Ausführungen stehen also die Aufgaben, die durch das Prozeßinnovationsmanagement, d.h. durch die bewußte Gestaltung der Prozeßinnovationen unter Berücksichtigung betriebswirtschaftlicher, insbesondere organisatorischer und personalwirtschaftlicher Kriterien, zu lösen sind /7/.

2. Prozeßinnovationen und Unternehmensstrategie

Der unternehmerische Erfolg wird maßgeblich von der richtigen Festlegung des **langfristigen unternehmerischen Zielsystems** und der daraus abgeleiteten **strategischen Einzelziele** bestimmt. Die Ziele eines Unternehmens betreffen z.B. das Streben nach Erfüllung eines produktbezogenen Kundennutzens, nach Verwirklichung unternehmensinterner Grundsätze und nach einer günstigen Einordnung des Unternehmens in das Umfeld. Aus diesen strategischen Unternehmenszielen werden die Handlungsziele für die Geschäftsfelder abgeleitet. Umfeld-, Markt-, Wettbewerbs- und Potentialanalysen, Chancen-Risiken-Analysen, Stärken-Schwächen-Analysen, Lebenszyklus-, Portfolio- sowie Marktpotential- und Rentabilitätsanalysen führen zu Entscheidungen über Produktionsprogramme und die dafür erforderlichen Potentiale im Unternehmen /8/.

Wettbewerbsvorteile erwachsen nicht allein aus den Eigenschaften des Produkts, wie der Kundennähe eines Produktes, seiner Qualität, dem technischen Stand und dem Kundendienst. Immer mehr wird der Erfolg eines Unternehmens auch dadurch bestimmt, in welchem Maße die Potentiale eines Unternehmens, die im Unternehmen ablaufenden Prozesse, auf das Erreichen von Wettbewerbsvorteilen ausgerichtet sind /9/.

Ob ein Unternehmen mit seinen Produkten auf dem Markt bestehen kann, hängt davon ab,

- wie flexibel es auf wechselnde Anforderungen reagieren kann;
- welche Prozeßbeschleunigung /10/ erreichbar ist, wenn kürzere Auftragsbearbeitungszeiten notwendig sind;
- ob die Produktivität für das Erreichen eines hohen Marktanteils ausreichend ist;
- wie zuverlässig die erforderliche Produktqualität gewährleistet wird;
- ob durch wirtschaftliche Technologien die Kosten so verringert werden können, daß der Preis des Produktes als Wettbewerbsfaktor genutzt werden kann;
- ob durch günstige Arbeitsbedingungen, vorteilhaftes Arbeitsklima und rationelle Organisation die Motivation des Personals für das Erzielen von Wettbewerbsvorteilen gefördert wird.

Diese Faktoren werden dann zum strategischen Wettbewerbsvorteil, wenn der Kunde sie wahrnimmt, er selbst daraus Nutzen zieht und die Wirkungen nachhaltig sind /11/. Die Erfolgsfaktoren haben in den drei Wettbewerbsstrategien von Porter

- Kostenführerschaft,
- Differenzierung oder
- Fokussierung /12/

ein unterschiedliches Gewicht.

Um den **Erfolg von Prozeßinnovationen** zu gewährleisten, sind zwei Fragen zu diskutieren:

- Ableitung der Prozeßinnovationen aus der Unternehmensstrategie sowie
- Koordinierung von Prozeßinnovationen und Produktinnovationen.

2.1 Ableitung der Prozeßinnovationen aus der Unternehmensstrategie

Absatz-, Produktionsprogramm- und Produktstrategien sowie Potentialstrategien sind Bestandteil der Unternehmensstrategie als Ganzes. Personal-, Betriebsmittel- und Werkstoffpotentiale sind dabei in ihrer qualitativen und quantitativen Struktur in allen Unternehmensbereichen koordiniert zu entwickeln. Die Unternehmensbereiche Forschung und Entwicklung, Fertigung, Beschaffung und Vertrieb tragen untereinander abgestimmt dazu bei, Zielstellungen des Unternehmens zu erfüllen. Folglich bedarf es eines **einheitlichen Ansatzes** für alle Prozeß- (Verfahrens-) innovationen im Unternehmen, um das notwendige Potential aller Faktoren in allen Unternehmensbereichen zu schaffen.

Die Ableitung einer ganzheitlichen **Unternehmensstrategie** für Prozeßinnovationen geht von den **Unternehmenszielen** aus. Diese werden auf die Bereiche im Unternehmen transformiert und anschließend wird durch die Gegenüberstellung mit dem Istzustand die Niveaudifferenz festgestellt. Daraus ergeben sich auf die Unternehmensbereiche bezogene Ziele. Alle logisch und technologisch miteinander verbundenen oder auch isoliert durchführbaren Prozeßinnovationen müssen in ihrer Gesamtheit dazu beitragen, daß die Unternehmensziele kurz-, mittel- und langfristig erfüllt werden. Der ganzheitliche Ansatz soll verhindern, daß sich die Leistungsfähigkeit im Unternehmen disproportional entwickelt oder daß Inseln hoher Produktivität oder Zuverlässigkeit entstehen, die nicht genutzt werden, sondern nur zu neuen Brach-, Liege- und Wartezeiten führen. Zudem ist darauf zu achten, daß die Erhöhung der Qualität der Arbeitsergebnisse in einem Bereich nicht durch unzureichendes technologisches Niveau in anderen Bereichen wieder aufgehoben wird.

Zusammenhängende Maßnahmen im Unternehmen sind beispielsweise zur Erhöhung der **Flexibilität** erforderlich. Flexible Fertigungstechnik allein reicht nicht aus, sondern es sind flexible Arbeitsweisen im gesamten Unternehmen zu gewährleisten. CAD/CAM-Lösungen, logistische Systeme, auftragsorientierte organisatorische Lösungen, computerintegrierte Managementsinformations- und -entscheidungssysteme, qualifiziertes und mobiles Personal sind weitere Bedingungen für ein schnelles Reagieren der Unternehmen auf dem Markt.

Aus der Sicht des Ziels "Erhöhung der **Qualität**" ist zwischen der Entwurfsqualität und der Fertigungsqualität zu unterscheiden. Es können folgende, das Unternehmen als Ganzes erfassende Aspekte angeführt werden: Einsatz von Meß- und Betriebsdatenerfassungstechnik in Verbindung mit Systemen der Prozeßsteuerung, Verbesserung der Parameter der Fertigungstechnik, computerunterstütztes Qualitätsmanagement /13/, computerunterstützte Prüfmittelvorbereitung, Vervollkommnung der Bewertung und Entscheidungsfindung in der wissenschaftlich-technischen Arbeit. In vielen Fällen bedingen sich diese Maßnahmen untereinander. Sie sind nicht alternativ austauschbar, sondern Bestandteil eines in sich abgestimmten Innovationsprogramms.

Besonders deutlich wird die Notwendigkeit ganzheitlicher Betrachtungen am Beispiel der Vorbereitungen zur Einführung der **computerintegrierten Produktion (CIM)** /14/. Hierbei ist es notwendig, einen langfristigen Lösungsrahmen (Gesamtkonzept) für CIM zu erarbeiten, der in Abhängigkeit von den Zielen und den Bedingungen im Unternehmen schrittweise, in Ausbaustufen, verwirklicht wird. Der Grundsatz der schrittweisen Erweiterung verlangt, daß das Gesamtkonzept modular aufgebaut ist sowie die Kompatibilität und Vernetzungsfähigkeit durchgesetzt wird /15/. Im Maßstab des Lösungsrahmens und seiner Module vollzieht sich

- die **Datenintegration.** Sie ermöglicht den Zugriff der Nutzer auf eine in qualitativer und quantitativer Hinsicht zunehmend bessere Datenbasis, die in logischer Hinsicht nach einheitlichen Gestaltungsprinzipien entwickelt wird und in physischer Hinsicht nach den Prinzipien der verteilten Datenspeicherung und -verwaltung geordnet ist;

- die **Funktionsintegration.** Die Verfügbarkeit über eine einheitliche Datenbasis und die Technologie der computerunterstützten Arbeit ermöglichen und erfordern es, die traditionell gewachsene Arbeitsteilung zu überwinden und durch eine objekt- bzw. prozeßorientierte Zusammenführung von Funktionen zu ersetzen. Dies betrifft Planungs-, Entscheidungs-, Ausführungs- und Kontrollfunktionen im gegebenen Bereich oder auch an Schnittstellen zu anderen Bereichen. Mit der Funktionsintegration entstehen in der Regel neue Prozeß- und Tätigkeitsstrukturen, die in neue Funktionspläne und organisatorische Abläufe einzuordnen sind /16/;

- die **Strukturintegration.** Die durch den Übergang zur computerunterstützten Arbeit ermöglichte und tatsächlich realisierte Funktionsintegration wird in ihren aufbauorganisatorischen Konsequenzen oft auch eine Strukturintegration nach sich ziehen. Dies bedeutet, daß ehemals selbständige Struktureinheiten zu objektorientierten neuen Struktureinheiten zusammengefaßt werden. Dies ist mit dem Vorteil der Entflechtung und der Verkürzung der Kommunikationswege verbunden, was insgesamt zur Erhöhung der Rationalität und Produktivität der Arbeit und zur gewollten Beschleunigung der Prozeßabläufe beiträgt. Die Strukturintegration begünstigt ferner die Durchsetzung des Sachkundeprinzips und der Entscheidungsverantwortung;

- die **soziale Integration** im Unternehmen. Sie äußert sich in der Herausbildung einer neuen, der veränderten Unternehmensidentität angepaßten Organisationsstruktur sowie in einem Führungsstil, der sich auf die geringere Arbeitsteilung und flachere Leitungsstruktur einstellt. Zur Motivationssteigerung sind Anreiz- und Entlohnungssysteme aufzubauen, die die Qualität des Endergebnisses honorieren. Integration führt zum Entstehen neuer Arbeitsinhalte und neuer Verantwortungsfelder. Unternehmensführung und Mitarbeiter werden zunehmend mit den Gestaltungs- und Entwicklungserfordernissen des gesamten Unternehmens konfrontiert. Das verlangt - außer einem soliden Tiefenwissen - ganzheitliche Betrachtungen auf der Grundlage von Überblickswissen und Systemverständnis.

2.2 Koordinierung von Prozeßinnovationen und Produktinnovationen

Wir gehen davon aus, daß für Produkt- und Prozeßinnovationen ein einheitliches **Innovationsmanagement** benötigt wird. Einerseits leiten sich die Prozeßinnovationen aus der Veränderung des Produktionsprogramms, der Einführung neuer Produktmerkmale und produktbezogener Ziele zur Kapazitätserhöhung und/oder Kostenersparnis ab. Andererseits sind sie aber auch Voraussetzung dafür, daß neue Produkte überhaupt technisch und wirtschaftlich möglich werden. Zwischen Produkt- und Prozeßinnovationen sind **abzustimmen**:

- technische Parameter, weil angestrebte Produkteigenschaften ganz bestimmte Qualitäts- und Zuverlässigkeitsmerkmale sowie Dimensionen der technologischen Prozesse verlangen;
- zeitliche Merkmale, weil die Markteinführungstermine neuer Produkte und der Produktlebenszyklus die Einführungszeitpunkte neuer Technologien und ihre Nutzungsdauer bestimmen;
- wirtschaftliche Merkmale, weil die realisierbaren Preise auf dem Markt und die angestrebten Gewinne das mit den Technologien zu erreichende Kostenniveau diktieren;
- quantitative Merkmale, weil die sich aus der Marktsituation ergebenden Produktionsstückzahlen die erforderliche Kapazität und Flexibilität in den Unternehmensbereichen bestimmen;
- arbeitswissenschaftliche Merkmale, weil sich aus neuen technischen Lösungen Qualifizierungserfordernisse und arbeitsorganisatorische Aufgabenstellungen ableiten.

Der Einfluß der Prozeßinnovation auf den **Gewinn** wird vor allem wirksam über den Markteintrittszeitpunkt des Produktes, die Reaktionsfähigkeit auf Kundenanforderungen und die

Entwicklung der Gebrauchseigenschaften. Zudem beeinflussen die kostengünstig zu produzierenden Produktionsmengen und die geplanten sonstigen Kostenersparnisse den Gewinn.

In allen Stadien des Entwicklungsprozesses sind die Zusammenhänge zwischen Produkt und Prozeß zu analysieren und zu beeinflussen. Bei der Ausarbeitung des **Pflichtenheftes** für Produkte sind technologische Studien und Niveauvergleiche durchzuführen. Durch sie wird das wissenschaftlich-technische, technologische, arbeitswissenschaftliche und wirtschaftliche Niveau eines Prozesses festgestellt und mit Bestlösungen verglichen. Dadurch werden Engpässe und Schwachstellen erkannt, Reserven in den Prozeßabläufen aufgedeckt, Entscheidungen über Ziele, Mittel und Wege zur Erhöhung des Prozeßniveaus vorbereitet und Anforderungen an die Produktentwicklung und die Investitionstätigkeit abgeleitet.

Der sich aus den Produktmerkmalen ergebende Verbrauch an Arbeitszeit und Maschinenzeit ist mit dem verfügbaren Potential und seiner geplanten Erweiterung in Übereinstimmung zu bringen. Hieraus ergeben sich Konsequenzen für das zeitliche Ineinandergreifen und die **Parallelisierung** der Prozesse der Produktentwicklung sowie Investitionsvorbereitung und -durchführung in Verbindung mit anderen Maßnahmen der Anlagenwirtschaft. Je höher die Parallelität beider Prozesse ist, desto frühzeitiger ist zwar die Marktwirksamkeit, desto höher ist aber auch das Risiko. Die Möglichkeiten der Parallelisierung von Produkt- und Prozeßinnovationen sind abhängig von

- der vorgesehenen Produktentwicklungsdauer und der Zeitdauer der Prozeßinnovation;
- der zu produzierenden Stückzahl;
- dem Charakter der Produktentwicklung (Neuheitsgrad, Entwicklungsrisiko, Komplexität, Kompliziertheit);
- dem Umfang wissenschaftlicher Vorleistungen.

Das **"Simultaneous Engineering"** als gleichzeitige, parallele Produkt- und Prozeßentwicklung bei frühzeitiger Einbeziehung von Zulieferern und Herstellern von Produktionsmitteln erfordert interdisziplinäre Teams, um die angestrebten Beschleunigungseffekte zu erreichen /17/.

3. Projektmanagement der Prozeßinnovationen

3.1 Grundlagen der Prozeßinnovationen und des Projektmanagements

Prozeßinnovationen weisen folgende Merkmale auf:

- Komplexität, charakterisiert durch die Beziehungen zwischen Produkt- und Prozeßinnovation einerseits, Prozeßinnovation sowie Investition andererseits, aber auch durch die Vielzahl der mit der Innovation verbundenen Umweltbeziehungen (öffentliche Institutionen, Zulieferer, Berater, Kunden, Wettbewerber, Händler, Forschungs- und Entwicklungseinrichtungen) /18/;

- Erstmaligkeit, die sich entweder auf die der Innovation zugrundegelegten einzelnen Verfahren und Technologien oder auf zu schaffende neue Systemstrukturen beziehen kann, woraus sich unsichere Situationen bezüglich der Problemlösung ergeben;
- Begrenzung der personellen und finanziellen Ressourcen bei zumeist streng vorgebenen Zielen hinsichtlich des Termins des Wirksamwerdens und der Wirtschaftlichkeit;
- Interdisziplinarität und bereichsübergreifende Zusammenarbeit im Unternehmen, um den angestrebten Projekterfolg trotz der vorliegenden Schwierigkeiten zu gewährleisten und um im Unternehmen alle Voraussetzungen und Bedingungen für die Nutzbarmachung der Innovation zu schaffen;
- hohe Bedeutung für die Unternehmensentwicklung.

Bei derart ausgeprägten Merkmalen versagen im allgemeinen die herkömmlichen Managementstrukturen. Die für sie typischen funktionalen Verantwortungsbereiche gewährleisten nicht die erforderliche Komplexität, behindern den Informationsfluß, führen zu Akzeptanz- und Entscheidungsproblemen, verlängern die Entwicklungszeiten und erhöhen die Entwicklungskosten. Im Interesse einer zielstrebigen, kontinuierlichen Innovationstätigkeit, einer schnellen, reibungsarmen und wirtschaftlichen Nutzbarmachung der Ergebnisse sind die Grundsätze des **Projektmanagements** anzuwenden /19/.

Projektmanagement erfordert:

- eindeutige Formulierung des Projektes mit den Zielen und den Randbedingungen der Innovation;
- projektspezifische Führung bei Durchsetzung projektorientierter Organisationsformen;
- Festlegung des Projektablaufs bei Heraushebung der wesentlichen Entscheidungen und Bestimmung der Prioritäten;
- Abgrenzung der Verantwortlichkeiten bei Durchsetzung des Gesamtinteresses und
- Kontrolle des Projektablaufs.

Projektplanung, Projektleitung und Projektcontrolling sind die entscheidenden Bestandteile des Projektmanagements. Ihre konkrete Ausgestaltung sind von folgenden Merkmalen abhängig: Innovationsart, Initiator der Innovation, Unternehmensgröße, Branche, Wettbewerbssituation, System der Unternehmensplanung und des Unternehmenscontrolling, Art und Ort der Forschung und Entwicklung, Arbeitsteilung, methodologisches Wissen und Erfahrungen, Ziele, Entscheidungsebenen, Kooperationsgrad. Besonders beeinflußt werden Planung, Leitung, Steuerung und Kontrolle durch die Art und Weise der Kopplung und den Innovationsgrad der einzelnen Projektbestandteile. Das betrifft z.B. im Projekt enthaltene

- Produktinnovationen (Neu-, Weiter-, Anpassungsentwicklung);
- Prozeßinnovationen (neue und/oder verbesserte Prozesse);
- Organisationsinnovationen (neue bzw. veränderte Lieferanten- und Kundenbeziehungen, neue Arbeitsteilung, neue oder veränderte Ablauf- und Aufbauorganisation);
- Investitionen (Gründungs-, Ersatz-, Erweiterungs- oder Rationalisierungsinvestitionen);
- Sozialinnovationen (Umschulung, Qualifizierung) /20/.

Mit zunehmendem Projektumfang, höherem Neuheitsgrad und wachsender Anzahl von Projektbestandteilen sollte der Projektleiter immer näher zur Unternehmensleitung stehen, weil unter diesen Bedingungen Entscheidungen zu treffen sind, die die Unternehmensentwicklung als Ganzes betreffen. Liegt dagegen der Fall vor, daß für ein gegebenes Produkt lediglich der technologische Prozeß verbessert werden soll, ohne daß die Organisation im Unternehmen verändert wird, dann kann die Projektverantwortung auf einer niederen Entscheidungsebene liegen.

3.2 Zielerarbeitung und Projektplanung

Den Prozeßinnovationen liegen Ziele zugrunde, die sich aus der angestrebten Unternehmensentwicklung ableiten. Es gehört zu den Voraussetzungen für erfolgreiche Innovationstätigkeit, die Ziele begründet vorzugeben, weil durch sie Orientierungen für die technische Entwicklungsarbeit vermittelt werden, Maßstäbe für die Bewertung, Kontrolle und Abrechnung der Entwicklungsergebnisse formuliert werden und die systematische, kreative Arbeit angeregt wird /21/. Wesentliche Bestimmungsgründe der **Differenzierung der Zielstruktur** sind:

- Kompliziertheit und Komplexität der Produkte;
- Neuheit der Produkte;
- Marktbedingungen und Wettbewerbsumwelt;
- Unternehmensgröße;
- Fertigungsart.

Da in den Unternehmen diese Merkmale sehr verschieden ausgeprägt sind, bewirkt dies unterschiedliche Strategien, Ziele und Schwerpunkte für Prozeßinnovationen. Jedes Unternehmen hat seine eigene Verantwortung für die Herausbildung der für sich zutreffenden Ziele.

Zwar kann man durch Vergleich und Analogieschluß innerhalb eines **Unternehmenstyps** (charakterisiert durch eine ähnliche Struktur in der Ausprägung der Unternehmensmerkmale) Anhaltspunkte und Erfahrungswerte erhalten, aber die Besonderheiten der Produkte und Prozesse erfordern ein eigenes kreatives Herangehen an die Innovationstätigkeit /22/.

Das Effizienzpotential von Prozeßinnovationen ist maßgeblich abhängig vom vorliegenden Istzustand, den Bedingungen des Unternehmens im allgemeinen und den Anwendungsbedingungen der Prozeßinnovationen im besonderen, den in die Innovation einbezogenen Prozessen sowie von Leistungsfähigkeit und Struktur der konzipierten Innovation. Es ist deshalb erforderlich, im Stadium der **Vorbereitung** von Prozeßinnovationen die jeweils spezifischen, auf die Innovation bezogenen Ziele aus Analysen, Niveauvergleichen, Proportionalitätsbedingungen und Unternehmensanforderungen abzuleiten. Dabei sind sowohl technische wie wirtschaftliche Mindestanforderungen eindeutig sichtbar zu machen als auch der Spielraum variabler Zielstellungen aufzuzeigen. Allgemeine, aus der Erfahrung abgeleitete Orientierungswerte sind für die konkreten Bedingungen zu präzisieren.

Ebenso wie die technischen und wirtschaftlichen Ziele sind der Prozeßinnovation auch **soziale Ziele** zugrundezulegen. Falls diese Ziele nicht berücksichtigt werden, kann schnell eine Diskrepanz zwischen den Erwartungshaltungen der Mitarbeiter und den tatsächlichen Wirkungen bei der Einführung und dem folgenden alltäglich normalen Arbeiten mit den technischen Systemen entstehen. Das beeinflußt negativ die Leistungsbereitschaft und die tatsächliche Leistung. Technische Lösungen sind durch nachträgliche soziale Bewertungen kaum noch korrigierbar. Vielmehr muß aus den wirtschaftlichen und sozialen Zielen die technische Lösung abgeleitet werden. Natürlich können dabei Zielkonflikte sichtbar werden, zum Beispiel zwischen technischen Möglichkeiten und sozialen Notwendigkeiten.

Wichtige methodische Hilfsmittel der Zielfestlegung sind: Prozeßanalysen, Informationsflußanalysen, Niveauvergleiche, Anforderungsableitung, Sollzustandsermittlung und Bewertungsverfahren. Ihre Anwendung ist ausführlich in /23/ dargestellt.

Die **Projektplanung** geht von den Zielen und von dem aus Anwenderforderungen bestehenden Lastenheft aus. Alternative Lösungswege zur Zielerfüllung werden konzipiert, bewertet und die Vorzugsvariante dem **Pflichtenheft** für die Prozeßinnovation zugrundegelegt. Pflichtenheftarbeit enthält somit wichtige kreative Arbeitsphasen. Von der gesamten Innovationsdauer und dem gesamten Entwicklungsaufwand sollten ein bedeutender Anteil (je nach Kompliziertheit und Neuheit der Innovation 10 bis 15 Prozent) für die Arbeit am Pflichtenheft eingeplant werden.

In die Pflichtenheftarbeit sind eingeordnet:

- Untersuchungen zur Marktsituation, den Kundenforderungen, dem zweckmäßigsten Marketing-Mix für die Produkte;
- Untersuchungen zum Produktlebenszyklus sowie zur Einordnung der Produkte und Technologien in die Portfolios (Marktwachstum-Marktanteil-Portfolio, Marktattraktivitäts-Wettbewerbsvorteil-Portfolio, Innovationsfeld-Portfolio, Technologie -Portfolio) /24/;
- Analysen und Prognosen der technischen Entwicklung;
- technologische Studien und Niveauvergleiche, Betriebsmittelanalysen und Untersuchungen für die günstigste Kombination von Maßnahmen der Anlagenwirtschaft;
- die Auswahl der günstigsten Lösungswege und optimaler Parameterkombinationen für die Prozeßinnovation;
- Untersuchung der Beziehungen zwischen der Zielerfüllung und den für den Innovationsprozeß im Unternehmen vorliegenden und zu schaffenden Bedingungen;
- Untersuchungen zur Wirtschaftlichkeit der Innovation;
- organisatorische Festlegungen zur Erarbeitung, Einführung und Anwendung der Innovation und der auf ihr beruhenden Investition.

Entscheidungen im Pflichtenheft sind Grundlage für das **Projektcontrolling**, für die Bewertung und Entscheidungsfindung im Innovationsprozeß und für die Gestaltung der bereichsübergreifenden Zusammenarbeit im Unternehmen. In Verbindung mit dem Pflichtenheft werden die Rahmenbedingungen für die Projektleitung festgelegt.

3.3 Wirtschaftlichkeitsbetrachtungen der Prozeßinnovationen

Bei allen Prozeßinnovationen ist das Wirtschaftlichkeitsprinzip zu beachten. Wirtschaftlichkeitsbetrachtungen sind darauf gerichtet,

- die Rang- und Reihenfolge der Prozeßinnovationen begründet festzulegen;
- die günstigste Lösungsstruktur eines Vorhabens und die günstigsten Varianten zu Teillösungen zu ermitteln;
- den Beitrag der Innovationen zur Erfüllung der Unternehmensziele zu bestimmen;
- die tatsächlich erreichte Wirtschaftlichkeit zu kontrollieren und abzurechnen;
- die Wirtschaftlichkeit zu beeinflussen und die entscheidenden Einflußfaktoren aufzudecken.

Die erreichte neue Entwicklungsstufe von Prozeßinnovationen erfordert, die Wirtschaftlichkeitsbetrachtungen in folgende drei Richtungen weiterzuentwickeln:

- Gewährleistung ganzheitlicher, unternehmensbezogener Vorgehensweisen;
- Variantengenerierung und -bewertung;
- Bewertung in Abhängigkeit von der Entscheidungssituation.

3.3.1 Gewährleistung ganzheitlicher, unternehmensbezogener Vorgehensweisen

Um die ganzheitliche, unternehmensbezogene Vorgehensweise zu gewährleisten, ist es erforderlich, die mit den Prozeßinnovationen verbundenen Prozeßveränderungen und die daraus resultierenden Wirkungsketten von Aufwand und Nutzen im Unternehmen zu ermitteln. Manche Wirkungen treten erstmalig oder in völlig neuer Größenordnung auf, woraus sich Bewertungsprobleme ergeben. Wichtig ist, den Gesamtzusammenhang der Innovationen zu wahren und komplexe Wirtschaftlichkeitsrechnungen durchzuführen. **Systemanalysen** sind dafür unerläßlich.

Aus der Analyse des Zusammenhangs zwischen den technisch-organisatorischen Parametern einer Prozeßinnovation und der Wirtschaftlichkeit ergeben sich Ansatzpunkte für eine wirtschaftlich begründete **Konzipierung und Gestaltung** der Prozeßinnovationen. Die Konzipierung und Gestaltung geht von solchen Merkmalen wie geringem Personaleinsatz, Produktivität, Flexibilität, Integration, Optimalität sowie Zuverlässigkeit aus und knüpft an den technisch-organisatorischen Quellen des Nutzens an. Bezüglich der **Personaleinsparung** sind das beispielsweise die Funktionsstruktur und Häufigkeitsverteilung der an den Menschen gebundenen handlungsaktiven Tätigkeiten. Erst ab einem bestimmten Umfang der Funktionsübertragung an automatisierte Systeme entstehen die gewünschten geblockten handlungsfreien Zeiten, die in der Fertigung Funktionserweiterung, Arbeitsplatzwechsel und direkte Personaleinsparung zulassen. Die höhere **Produktivität** der Maschinen und Anlagen resultiert daraus, daß sich im Ergebnis der Automatisierung die erforderliche Maschinenzeit je Arbeitsaufgabe verringert und sich außerdem die verfügbare Maschinenzeit je Periode erhöht. Der Nutzen entsteht aber nur dann, wenn die theoretisch mögliche Leistungsfähigkeit durch geeignete Maßnahmen der Arbeitszeitflexibilisierung

/25/ auch real genutzt wird. Ansonsten können sich neue technische oder organisatorische Maßnahmen zur Herstellung der Proportionalität im Unternehmen als notwendig erweisen. Einzelne Maßnahmen zur Verkürzung der Prozeßdauer und Erhöhung der Flexibilität verlieren im Unternehmen ihre Wirksamkeit, wenn die Wirkungsketten und Wirkungsnetze nicht bewußt das Unternehmen als Ganzes erfassen und daraus wirtschaftlich begründete Entscheidungen abgeleitet werden.

3.3.2 Variantengenerierung und -bewertung

Wirtschaftlichkeitsbetrachtungen sind nicht nur dazu notwendig, die Durchgängigkeit der Wirkungen im Unternehmen zu sichern, sondern auch, um optimale technische Lösungen zu gewährleisten. Optimierungen aus wirtschaftlicher Sicht sind unerläßlich mit der Erweiterung des Variantenfeldes und der Bewertung der Varianten verknüpft.

Das Variantenspektrum ist anschaulich am Beispiel der Optimierung der **Komplexität flexibel automatisierter Montagesysteme** zu zeigen. Hierbei ist zu entscheiden darüber,

- welche Produkte und Produkttypen sowie Bauelemente in die automatisierte Montage einbezogen werden;
- wieviel und welche Montageoperationen automatisiert werden;
- wieviel Funktionen integriert werden;
- welche technischen Mittel der Funktionserfüllung zugrundegelegt werden;
- in welchen Ausbaustufen das flexible Montagesystem verwirklicht wird.

Die systematische Variantengenerierung und -bewertung erhöht die Wahrscheinlichkeit, optimale Lösungen zu verwirklichen.

Bei **CAD/CAM-Systemen** müssen durch Optimierung folgende Fragen beantwortet werden:

- welche Objekte (Produkte, Baugruppen, Einzelteile) sind Gegenstand des CAD/CAM-Systems;
- welche Funktionen sollen computerintegriert, partiell computerunterstützt oder weiter konventionell gelöst werden;
- welche Gerätetechnik, Software und Datenbasis sind für das angestrebte CAD/CAM-System am geeignetsten;
- welche organisatorischen Konsequenzen sind abzuleiten?

Zur Beantwortung dieser Fragen gibt es mehrere Alternativen, wobei - wie bei einem morphologischem Schema - unterschiedliche Kombinationen von Antworten möglich sind. Wirtschaftlichkeitsbetrachtungen haben die Aufgabe, das Finden der aus wirtschaftlicher Sicht optimalen Lösungsstruktur zu unterstützen.

Gleiches gilt z.B. für die Optimierung des Automatisierungsniveaus, der Flexibilität, der Zuverlässigkeit. Typisch ist dabei, daß im Rahmen eines gegebenen Lösungsprinzips der Kapitaleinsatz für die Erhöhung des Automatisierungsniveaus oder der potentiellen Flexibilität ansteigt, der Nutzen sich dagegen ab bestimmten Niveaustufen möglicherweise degressiv entwickelt.

Wirtschaftlichkeitsuntersuchungen durchdringen den gesamten Innovationsprozeß. In der **Analyse-, Konzipierungs- und Gestaltungsphase** werden schrittweise Prinzip-, Struktur- und Gesamtlösungsvarianten aufgestellt, bewertet und optimal gelöst /26/. Je besser die Einsatzvorbereitung als ein Prozeß der Variantenkonzipierung, -bewertung und -auswahl verstanden wird, desto wahrscheinlicher ist die Annäherung an eine Lösung, die unter gegebenen Bedingungen höchste Wirtschaftlichkeit sichert.

3.3.3 Bewertung in Abhängigkeit von der Entscheidungssituation

Die Vorbereitung von Prozeßinnovationen ist ein mehrstufiger Prozeß, in dem auf Wirtschaftlichkeitsbetrachtungen beruhende Entscheidungen in unterschiedlicher Hierarchieebene eingeordnet sind. Dementsprechend müssen Untersuchungen zur Wirtschaftlichkeit Aussagen in unterschiedlicher Detailliertheit und Aggregation zulassen.

Die **technisch-organisatorischen und arbeitswissenschaftlichen Quellen** der Wirtschaftlichkeit liegen in den Prozessen. Prozeßanalysen müssen sichtbar machen, welche Probleme beim Prozeßvollzug auftreten und wie diese durch Innovationen überwunden werden. Dazu werden beispielsweise solche Prozeßmerkmale herangezogen wie:

- Kontinuität (Anteil der Liegezeiten an der Durchlaufzeit, Anteil der Wartezeiten des Personals an der verfügbaren Arbeitszeit, Anteil der Stillstandszeiten an der verfügbaren Maschinenzeit);
- Proportionalität (Übereinstimmung von Zeitverbrauch und verfügbarer Zeit);
- Prozeßdauer (Durchlaufzeit, Auftragsbearbeitungszeit, Prozeßstufenzahl);
- Produktivität (Anzahl der Leistungseinheiten je Zeiteinheit, Nutzung der theoretisch möglichen Produktivität);
- Qualität (Anzahl der Störungen, Anteil des Zeitverbrauchs für Ausschuß- und Garantieleistungen);
- Flexibilität (Anzahl der je Maschine möglichen Verfahren und Formelemente, Aufnahmefähigkeit für neue Arbeitsaufgaben, Umstellfähigkeit, Rüstflexibilität).

Im Rahmen der **Gesamtbetrachtung einer Prozeßinnovation** ist es notwendig, zu untersuchen, welche Wirkungen von diesen Prozeßmerkmalen auf Umsatz, Kosten und Gewinn ausgehen /27/. Je fundierter die technisch-wirtschaftlichen Zusammenhänge erfaßt werden, desto aussagekräftiger und genauer werden die aggregierten Wirtschaftlichkeitskennzahlen. Dabei ist es sehr schwierig, Größen wie Prozeßdauerverkürzung, Flexibilitätserhöhung, Produktivitätssteigerung in Kostenersparnis und Gewinnzuwachs zu transformieren. Man muß dazu die wechselseitigen Zusammenhänge zwischen den Prozeßmerkmalen berücksichtigen; prüfen, ob sich die Wirkungsketten des Nutzens im Unternehmen fortpflanzen oder ob sie abbrechen, und man muß die Beziehungen zur Marktwirksamkeit der Produkte herstellen. Da letztlich Kostenersparnis und Gewinnzuwachs die entscheidenden Kriterien für den Erfolg einer Prozeßinnovation darstellen, sind rückrechnend Anforderungen an die Gestaltung der Prozeßmerkmale abzuleiten.

Im Rahmen der **strategischen Unternehmensplanung** rücken in Verbindung mit der Produkt- und Potentialplanung die marktbezogenen Kriterien für die Entscheidung über eine Prozeßinnovation in den Vordergrund. Hierbei ist zu untersuchen, wie durch Prozeßinnovationen das Unternehmenspotential so entwickelt wird, daß

- erfolgversprechende Geschäftsfelder entstehen;
- neue Produkte schnell erfolgreich eingeführt werden und einen hohen Marktanteil erringen;
- die Unternehmen schnell, kostengünstig und qualitätsgerecht auf Kundenforderungen reagieren können /28/;
- langfristig die Unternehmensentwicklung gewährleistet wird.

Entscheidungen in einer Ebene können nicht ohne Bezug auf die anderen Ebenen getroffen werden. Deshalb laufen die Wirtschaftlichkeitsbetrachtungen iterativ und, wie oben bei der Variantengenerierung und -bewertung dargestellt, mit Variantenuntersuchungen verknüpft, ab. Die **Erfolgskriterien einer Prozeßinnovation** ergeben sich entsprechend dieser Entscheidungsebenen einerseits nach dem top-down-Vorgehen aus der wettbewerbsorientiert angelegten Unternehmensstrategie und andererseits nach dem bottom-up-Vorgehen aus den technisch-organisatorischen und arbeitswissenschaftlichen Merkmalen der Prozesse /29/.

3.4 Implementierungserfordernisse

Die Wirksamkeit einer Prozeßinnovation wird sowohl von ihren inneren Parametern als auch von den Bedingungen ihrer Einordnung in das Unternehmen bestimmt. Meist werden Prozeßinnovationen im Rahmen bestehender Potentiale und laufender Prozesse vorbereitet. In jedem Fall wird die Wirtschaftlichkeit vom gesamten Prozeß bzw. Potential bestimmt. Die Prozeßinnovation ist z.B. gekoppelt mit Veränderungen in der Kooperation, der Materialwirtschaft und den Organisationsmaßnahmen. Dazu müssen die stofflichen und informationellen Verflechtungen zwischen den Teilsystemen eines Unternehmens untersucht sowie die Wirkungszusammenhänge von Kosten und Leistungen, aber auch ihre Störfaktoren festgestellt werden. Alle auf die Wirtschaftlichkeit einwirkenden Faktoren sind hinsichtlich ihrer **Wirkungsrichtung, Wirkungsdauer und Wirkungsintensität** positiv zu beeinflussen.

Implementierung wird wesentlich geprägt durch die Rahmenbedingungen /30/ für eine Prozeßinnovation. Dazu gehören:

- die Unternehmensziele;
- die Arbeitsaufgaben;
- die Anwendungsbedingungen der Innovation;
- die Parameter der technischen Mittel.

Da die Rahmenbedingungen in gewissen Grenzen **variabel** sind, vergrößert sich damit das Entscheidungsfeld. So ist zum Beispiel bewußt auf die Arbeitsaufgabe und ihre Merkmale Einfluß zu nehmen, damit die Parameter technischer Mittel vorteilhaft genutzt werden können.

Die **Anpassung der Anwendungsbedingungen** bezieht sich auf

- das Organisationssystem;
- die Gestaltung der menschlichen Arbeit;
- die Betriebsmittel und Anlagen;
- die Einführung und Nutzung der Innovation.

Aus **organisatorischer Sicht** resultieren Anpassungsmaßnahmen aus den sich mit Prozeßinnovationen ergebenden Möglichkeiten der Daten-, Funktions- und Strukturintegration sowie der Tendenz des Übergangs zu objekt- und prozeßorientierten sowie dezentralisierten und verselbständigten Strukturen. Komplexe, aber modular aufgebaute Systeme, die den Grundsätzen der Fertigungssegmentierung und der Stoff- und Informationsflußlogistik entsprechen, führen alle Funktionen zusammen, die auf ein Objekt gerichtet sind.

Prozeßinnovationen verändern die **Arbeitsanforderungen** im Hinblick auf Konzentrationsfähigkeit, Reaktionsgeschwindigkeit und -sicherheit sowie akustische Wahrnehmungsfähigkeit. Durch optimale Teilung der Funktionen zwischen dem Menschen und der Technik sollen leistungs- und persönlichkeitsfördernde Arbeitsplätze mit optimalem Beanspruchungsniveau entstehen. Progressive Arbeitsinhalte entstehen durch Anreicherung von Funktionen und Tätigkeiten, durch Kombination von Arbeitsfunktionen sowie über die Durchsetzung neuer Berufsstrukturen und Arbeitsweisen. Es sind ganzheitliche Arbeitsinhalte, sogenannte vollständige Tätigkeiten anzustreben. Die **Neugestaltung der menschlichen Arbeit** in Verbindung mit Prozeßinnovationen bewirkt auch wirtschaftliche Vorteile, vor allem aus Erhöhung und besserer Nutzung der verfügbaren Arbeitszeit. Das Schaffen der subjektiven Leistungsvoraussetzungen für das Wirksamwerden der Prozeßinnovation ist als unverzichtbarer Bestandteil des Innovationsprozesses aufzufassen.

Anlagenwirtschaftliche Analysen machen sichtbar, welche Möglichkeiten das vorhandene Potential für die Einführung der Prozeßinnovationen bietet, wie das Potential durch Ausmusterung, Instandhaltung und Ersatzinvestitionen an die Anforderungen angepaßt werden kann und bei welchen Faktoren das Potential nur durch Rationalisierungs- oder Gründungsinvestitionen geschaffen werden kann. Den Entscheidungen ist zweckmäßigerweise die Erarbeitung von Pre-Feasibility- und Feasibility-Studien vorgelagert.

Die **Vorbereitung der Einführung und Nutzung** einer Prozeßinnovation schließt folgende Aufgaben ein:

- Gestaltung der Schnittstellen mit konventionellen Prozessen;
- Test, Probebetrieb und Anlauf;
- Vorbereitung der Wartung und Betreuung;
- Gewährleistung der Instandhaltung und Ersatzteilversorgung;
- Neugestaltung des Stoff- und Informationsflusses;
- Schulung des Personals;
- Auswertung der gesammelten Erfahrungen;
- Verbesserung der Lösung in ihrem Lebenszyklus.

4. Zusammenfassung und Ausblick

Wir haben in dieser Arbeit zeigen können, daß die Bedeutung der Prozeßinnovationen immer mehr zunimmt. Prozeßinnovationen sind im Kontext der Unternehmensstrategie zu sehen. Die beiden folgenden Fragen sind zu diskutieren:

1. Wie sind Prozeßinnovationen aus der Unternehmensstrategie abzuleiten ?
2. Welche Maßnahmen zur erfolgreichen Koordinierung von Prozeß- und Produktinnovationen sind zu ergreifen ?

Den Schwerpunkt der Untersuchung bildet das Projektmanagement der Prozeßinnovationen. Dabei sind nicht nur technische und wirtschaftliche Ziele, sondern auch soziale Ziele zu berücksichtigen. Die wichtigste Forderung lautet:

"Beachtung des Wirtschaftlichkeitsprinzips bei allen Prozeßinnovationen."

Aus dieser Forderung leitet sich ab:

1. Eine ganzheitliche, unternehmensbezogene Vorgehensweise sicherzustellen;
2. Systematisch die Varianten zu generieren und zu bewerten sowie
3. Unterschiedlich detaillierte und aggregierte Aussagen zur Wirtschaftlichkeit der Prozeßinnovationen in Abhängigkeit von der Entscheidungssituation zu formulieren.

In einem weiteren Schritt sind die Rahmenbedingungen der Prozeßinnovationen zu prüfen, durch die die Implementierung geprägt wird. Dazu sind zu zählen: Unternehmensziele, Arbeitsaufgaben, Anwendungsbedingungen der Innovation und Parameter der technischen Mittel.

Zukünftig ist davon auszugehen, daß aufgrund des verstärkten globalen Wettbewerbs, der sich schneller wandelnden Markt- und Kundenanforderungen, der dynamischen Entwicklungen der Schlüsseltechnologien sowie veränderter technischer, politischer und ökologischer Rahmenbedingungen die Bedeutung der Prozeßinnovationen noch stärker zunehmen wird.

Für die Unternehmen ist es deshalb überlebensnotwendig, die organisatorischen und personalen Voraussetzungen zu schaffen, damit die Prozesse zur Beschleunigung der Innovationen verbessert werden. Aufgabe des Innovationsmanagements ist es zudem, die Innovationsbereitschaft zu fördern und die Innovationsfähigkeit zu verbessern.

Literaturverzeichnis

/1/ Zu einem umfassenden Überblick über Innovationstheorien und empirische Ergebnisse der Innovationsforschung siehe Leder, M.: Innovationsmanagement - Ein Überblick. In: Albach, H. (Schriftltg.): Innovationsmanagement. Theorie und Praxis im Kulturvergleich. ZfB-Ergänzungsheft 1/89. Wiesbaden: Gabler 1989, S.1-54.

Vgl. dazu auch Arthur D. Little International (ADL): Innovation als Führungsaufgabe. Frankfurt am Main-New York: Campus 1988.

Vgl. auch die Beiträge in Corsten, H. (Hrsg.): Die Gestaltung von Innovationsprozessen. Berlin: E. Schmidt 1989.

/2/ Vgl. dazu die in den Geschäftsberichten vieler Industrieunternehmen (z.B. SIEMENS AG) genannten Produktinnovationsraten.

Vgl. Brockhoff, K.: Die Produktinnovationsrate als Instrument der strategischen Unternehmensplanung. In: ZfB, 55(1985), S.451-476.

Vgl. auch die Ergebnisse der PIMS-(Profit Impact of Market Strategies-) Studien bei Buzzel, R.D.; Gale, B.T.: Das PIMS-Programm. Strategien und Unternehmenserfolg. Wiesbaden: Gabler 1989.

/3/ Vgl. Brockhoff, K.: Schnittstellen-Management. Abstimmungsprobleme zwischen Marketing und Forschung und Entwicklung. Stuttgart: Poeschel 1989.

/4/ Vgl. Abernathy, W.J.; Utterback, J.M.: Patterns of Industrial Innovation. In: Tushman, M.L.; Moore, W.L. (Hrsg.): Readings in the Management of Innovation. Boston (u.a.): Pitman 1982, S.97-108.

/5/ Vgl. Zäpfel, G.: Strategisches Produktions-Management. Berlin, New York: Walter de Gruyter 1989, S.119-123.

/6/ Vgl. hierzu die folgenden Untersuchungen:

Ebadi, Y.M.; Utterback, J.M.: The Effects of Communication on Technological Innovation. In: Management Science, 30(1984)5, S.572-585.

Hartig, W.: Die Gestaltung der Organisation der Produktionsvorbereitung unter den Bedingungen rechnerunterstützter Arbeit. Dissertation B, Technische Universität Dresden 1988.

Schliebs, K.: Ökonomische Untersuchungen zur Erarbeitung und Anwendung von CAD/CAM-Lösungen und Problemen der Ermittlung ihrer Effektivität. Dissertation A, Technische Universität Dresden 1988.

Sehmisch, K.P.: Untersuchungen zur effektivitätsorientierten Gestaltung flexibler Automatisierungslösungen. Dissertation A, Technische Universität Dresden 1988.

Baum, U.: Untersuchungen zur ökonomischen Effektivität rechnergestützter Arbeitsplätze in der technischen Vorbereitung der Produktion des Maschinenbaus. Dissertation A, Technische Universität Dresden 1989.

Klingebiel, N.: Prozeßinnovationen als Instrument der Wettbewerbsstrategie. Berlin: E. Schmidt 1989.

Joseph, J.: Arbeitswissenschaftliche Aspekte der betrieblichen Einführung neuer Technologien am Beispiel von Computer Aided Design (CAD). Frankfurt am Main (u.a.): Lang 1990.

Mattern, R.: Konzept zur Schaffung eines rechnerintegrierten Betriebes im Maschinenbau mit Einzel- und Kleinserienfertigung. Dissertation B, Technische Universität Dresden 1990.

Trocki, M.: Organisatorische Grundlagen der rechnerintegrierten Produktion. Dissertation B, Technische Universität Dresden 1990.

Vratny, S.: Ermittlung und Beeinflussung der Effektivität flexibler automatisierter Fertigungssysteme und deren rechnergestützter Steuerung. Dissertation A, Technische Universität Dresden 1990.

Joseph, J.; Knauth, P.; Gemünden, H.G.: Determinanten der individuellen Akzeptanz neuer Technologien - eine empirische Analyse am Beispiel von »Computer Aided Design (CAD)«. In: Die Betriebswirtschaft, 52(1992), S.59-69.

/7/ Vgl. Hauschildt, J.: Innovationsmanagement. In: Frese, E.: Handwörterbuch der Organisation (HWO). 3., völlig neu gest. Aufl.; Stuttgart: Poeschel 1992, Sp.1029-1041, hier: Sp.1029.

/8/ Vgl. Porter, M.E.: Wettbewerbsvorteile: Spitzenleistungen erreichen und behaupten. 2. Aufl.; Frankfurt am Main-New York: Campus 1989 und

Porter, M.E.: Wettbewerbsstrategie: Methoden zur Analyse von Branchen und Konkurrenten. 6. Aufl.; Frankfurt am Main-New York: Campus 1990.

Vgl. auch Kaluza, B.: Erzeugniswechsel als unternehmenspolitische Aufgabe. Integrative Lösungen aus betriebswirtschaftlicher und ingenieurwissenschaftlicher Sicht. Berlin: E. Schmidt 1989 sowie

Hinterhuber, H.H.: Strategische Unternehmensführung. 4. Aufl.; Berlin, New York: Walter de Gruyter 1989 und

Kreikebaum, H.: Strategische Unternehmensplanung. 4. Aufl.; Stuttgart (u.a.): W. Kohlhammer 1991.

/9/ Vgl. zu einer Unterscheidung zwischen strategischen Erfolgsfaktoren als Zielgrößen, wie Kosten, Qualität und Erzeugnisvielfalt, sowie strategische Erfolgsfaktoren als Potentialgrößen, wie Betriebsgröße, Technologieposition und Organisation, Kaluza, B.: Die Betriebsgröße - ein strategischer Erfolgsfaktor von Versicherungsunternehmen? In: Zeitschrift für die gesamte Versicherungswissenschaft, 79(1990)1/2, S.251-273, hier: S.253-255.

Erfolgsfaktoren des Innovationsmanagements werden u.a. von Trommsdorf, V. (Hrsg.): Innovationsmanagement in kleinen und mittleren Unternehmen. Grundzüge und Fälle - Ein Arbeitsergebnis des Modellversuchs Innovationsmanagement. München: Vahlen 1990, diskutiert.

Einen geeigneten Bezugsrahmen für das betriebliche Innovations-Management stellt Thom vor. Vgl. Thom, N.: Innovations-Management. Herausforderungen für den Organisator. In: zfo, 52(1983)1, S.4-11, hier: Bild 1, S.5.

Vgl. auch Frese, E.; v. Werder, A.: Kundenorientierung als organisatorische Gestaltungsoption der Informationstechnologie. In: Frese, E.; Maly, W. (Hrsg.): Kundennähe durch moderne Informationstechnologien. zfbf-Sonderheft 25/89. Düsseldorf, Frankfurt am Main: Handelsblatt 1989, S.1-26.

Vgl. v. Werder, A.; Gemünden, H.G.: Kundennähe und Informationstechnologie - Zusammenfassende Würdigung der Unternehmungsberichte. In: Frese, E.; Maly, W. (Hrsg.): Kundennähe durch moderne Informationstechnologien. zfbf-Sonderheft 25/89. Düsseldorf, Frankfurt am Main: Handelsblatt 1989, S.167-190.

/10/ Vgl. hierzu insbesondere Gemünden, H.G.: Zeit - Strategischer Erfolgsfaktor in Innovationsprozessen. Arbeitspapier; Karlsruhe: Institut für Angewandte Betriebswirtschaftslehre und Unternehmensführung der Universität Karlsruhe (TH) 1992.

/11/ Vgl. Simon, H.: Die Zeit als strategischer Erfolgsfaktor. In: ZfB, 59(1989)1, S.70-93.

/12/ Vgl. Porter, M.E.: Wettbewerbsstrategie: Methoden zur Analyse von Branchen und Konkurrenten. 6. Aufl.; Frankfurt am Main-New York: Campus 1990.

Zu weiterentwickelten, mehr dynamischen Wettbewerbsstrategien, wie die "Outpacing Strategy" und die "Dynamische Produktdifferenzierungsstrategie" siehe

Kaluza, B.: Erzeugniswechsel als unternehmenspolitische Aufgabe. Integrative Lösungen aus betriebswirtschaftlicher und ingenieurwissenschaftlicher Sicht. Berlin: E. Schmidt 1989, S.29-31.

/13/ Vgl. hierzu etwa Hofmann, D.: Rechnergestützte Qualitätssicherung. Heidelberg: Hüthig 1989,

Bläsing, J.P.: CAQ (Computer Aided Quality Management). Qualitätssicherung unter CIM-Zielen. Braunschweig, Wiesbaden: Vieweg & Sohn 1990,

Verein Deutscher Ingenieure (VDI; Hrsg.): Integration der Qualitätssicherung in CIM. Moderne Strategien und Lösungen der Qualitätssicherung in der rechnerunterstützten Produktion. VDI-Berichte 929; Düsseldorf: VDI 1991,

Westkämper, E. (Hrsg.): Integrationspfad Qualität. Berlin (u.a.): Springer 1991 und

Specht, G.; Schmelzer, H.J.: Instrumente des Qualitätsmanagement in der Produktentwicklung. In: zfbf, 44(1992), S.531-547.

/14/ Vgl. Zahn, E.: Innovations- und Technologiemanagement. In: Zahn, E. (Hrsg.): Innovations- und Technologiemanagement. Berlin: Duncker & Humblot 1986, S.9-48.

Vgl. auch Kaluza, B.: Erzeugniswechsel als unternehmenspolitische Aufgabe. Integrative Lösungen aus betriebswirtschaftlicher und ingenieurwissenschaftlicher Sicht. Berlin: E. Schmidt 1989,

Scheer, A.-W.: CIM Computer Integrated Manufacturing. 4., neu bearb. u. erw. Aufl.; Berlin (u.a.): Springer 1990,

Scheer, A.-W.: EDV - orientierte Betriebswirtschaftslehre. 4., völlig neu bearb. Aufl.; Berlin (u.a.): Springer 1990,

Wildemann, H.: Einführungsstrategien für die computerintegrierte Produktion (CIM). Forschungsbericht /1/; Technische Universität München 1990 sowie

Pleschak, F.: CIM - Management. Stuttgart: Poeschel 1991.

/15/ Vgl. ausführlich dazu und zu den folgenden Betrachtungen Pleschak, F.: CIM-Management. Stuttgart: Poeschel 1991, S.29-91.

/16/ Vgl. Martin, H.: Arbeitswissenschaftliche Anforderungen an die rechnergestützte Integration von betrieblichen Funktionen. In: Noack, M.; Wegner, K.; Gluch, D.; Dienhart, U.: CIM - Integration und Vernetzung. Berlin (u.a.): Springer 1990, S.105-112.

Vgl. auch Joseph, J.: Arbeitswissenschaftliche Aspekte der betrieblichen Einführung neuer Technologien am Beispiel von Computer Aided Design (CAD). Frankfurt am Main (u.a.): Lang 1990.

/17/ Vgl. Eversheim, W.: Simultaneous Engineering - eine organisatorische Chance. In: Verein Deutscher Ingenieure - Gesellschaft Produktionstechnik (VDI-ADB; Hrsg.): Simultaneous Engineering. Neue Wege des Projektmanagements. VDI-Berichte 758; Düsseldorf: VDI 1989, S.1-26.

Vgl. auch Perilleux, R.: Der Zeitfaktor im strategischen Technologiemanagement. Berlin: E. Schmidt 1987,

Schmelzer, H.J.: Steigerung der Effektivität und Effizienz durch Verkürzung von Entwicklungszeiten. In: Reichwald, R.; Schmelzer, H.J. (Hrsg.): Durchlaufzeiten in der Entwicklung. München, Wien: Oldenbourg 1990, S.27-63 und

Corsten, H.; Reiß, M.: Integrationsbedarfe im Produktentstehungsprozeß. In: Hanssen, R.A.; Kern, W. (Hrsg.): Integrationsmanagement für neue Produkte. zfbf-Sonderheft 30/92. Düsseldorf, Frankfurt am Main: Handelsblatt 1992, S.31-51.

/18/ Vgl. Gemünden, H.G.: Innovationen in Geschäftsbeziehungen und Netzwerken. Arbeitspapier; Karlsruhe: Institut für Angewandte Betriebswirtschaftslehre und Unternehmensführung 1990.

/19/ Vgl. Kummer, W.A.: Projekt-Management: Leitfaden zu Methode und Teamführung in der Praxis. 3. Aufl.; Zürich: Industrielle Organisation 1989.

Vgl. auch Madauss, B.J.: Projektmanagement. Ein Handbuch für Industriebetriebe, Unternehmensberater und Behörden. 3. Aufl.; Stuttgart: Poeschel 1990,

Rinza, P.: Projektmanagement. Planung, Überwachung und Steuerung von technischen und nichttechnischen Vorhaben. 2. Aufl.; Düsseldorf: VDI 1986,

Schmitz, H.; Windhausen, M.P.: Projektplanung und Projektcontrolling. Planung und Überwachung von besonderen Vorhaben. 3. Aufl.; Düsseldorf: VDI 1986 und

Gemünden, H.G.: Erfolgsfaktoren des Projektmanagements - eine kritische Bestandsaufnahme der empirischen Untersuchungen. In: Projektmanagement, (1990)1/2, S.4-15.

Vgl. zum Projektmanagement und zu weiteren Organisationsstrukturen zur Förderung der Innovationsfähigkeit Corsten, H.: Überlegungen zu einem Innovationsmanagement - Organisationale und personale Aspekte. In: Corsten, H. (Hrsg.): Gestaltung von Innovationsprozessen. Hindernisse und Erfolgsfaktoren im Organisations-, Finanz- und Informationsbereich. Berlin (u.a.): E. Schmidt 1989, S.1-56, hier: S.27-33.

/20/ Vgl. dazu und zum Entwurf eines Innovationsinstrumente-Mix Thom, N.: Grundlagen des betrieblichen Innovationsmanagements. 2., völlig neu bearb. Aufl..; Königstein/Taunus: Hanstein 1980.

/21/ Vgl. Verein Deutscher Ingenieure (VDI; Hrsg.): Systematische Produktplanung. Düsseldorf: VDI 1983.

/22/ Vgl. Pleschak, F.: Prozeßinnovationen. Stuttgart: Poeschel 1991.

/23/ Vgl. Heyde, W.; Laudel, G.; Pleschak, F.; Sabisch, H.: Innovationen im Industrieunternehmen. Wiesbaden: Gabler 1991.

/24/ Vgl. Sabisch, H.: Produktinnovationen. Stuttgart: Poeschel 1991.

Vgl. auch Pfeiffer, W.; Metze, G.; Schneider, W.; Amler, R.: Technologie-Portfolio zum Management strategischer Zukunftsgeschäftsfelder. 5., unveränd. Aufl.; Göttingen: Vandenhoeck und Ruprecht 1989,

Specht, G.; Michel, K.: Integrierte Technologie- und Marktplanung mit Innovationsportfolios. In: ZfB, 58(1988)4, S.502-540 sowie

Zahn, E.: Innovations- und Technologiemanagement. In: Zahn, E. (Hrsg.): Innovations- und Technologiemanagement. Berlin: Duncker & Humblot 1986, S.9-48.

/25/ Vgl. hierzu insbesondere die Beiträge in Wildemann, H. (Hrsg.): Zeitmanagement. Strategien zur Steigerung der Wettbewerbsfähigkeit. Frankfurt am Main: Frankfurter Allgemeine Zeitung 1992.

/26/ Vgl. Verband für Arbeitsstudien und Betriebsorganisation e.V. (REFA; Hrsg.): Methodenlehre der Betriebsorganisation: Planung und Gestaltung komplexer Produktionssysteme. 2. Aufl.; München: Hanser 1990.

/27/ Vgl. Pleschak, F.: Flexible Automatisierung - wirtschaftliche Gestaltung und Einsatzvorbereitung. Zürich: Industrielle Organisation 1988.

Vgl. auch Zäpfel, G.: Wirtschaftliche Rechtfertigung einer computerintegrierten Produktion (CIM). In: ZfB, 59(1989)10, S.1058-1073.

/28/ Diese Forderungen werden auch in der von Kaluza entwickelten Dynamischen Produktdifferenzierungsstrategie erhoben. Vgl. Kaluza, B.: Wettbewerbsstrategien und sozioökonomischer Wandel. In: Czap, H. (Hrsg.): Unternehmensstrategien im sozioökonomischen Wandel. Berlin: Duncker & Humblot 1990, S.57-73.

/29/ Siehe dazu auch das Innovationsinstrumente Mix bei Thom, N.: Innovations-Management. Herausforderungen für den Organisator. In: zfo, 52(1983)1, S.4-11.

/30/ Vgl. dazu u.a. Corsten, H.: Überlegungen zu einem Innovationsmanagement - Organisationale und personale Aspekte. In: Corsten, H. (Hrsg.): Gestaltung von Innovationsprozessen. Hindernisse und Erfolgsfaktoren im Organisations-, Finanz- und Informationsbereich. Berlin (u.a.): E. Schmidt 1989, S.1-56.

Horst Geschka
Gerd Laudel

Die Konzeptionsphase von Innovationsprojekten - zwischen Intuition und Systematik

1. Die Stufen der Konzeptionsphase von Innovationsprojekten

Der wirtschaftliche Erfolg von Innovationsprojekten wird maßgeblich schon in deren Konzeptionsphase bestimmt. Im Vorfeld der eigentlichen Projektrealisierung sind die in Abbildung 1 dargestellten Aktivitäten notwendig, die als Stufen der Konzeptionsphase bezeichnet werden.

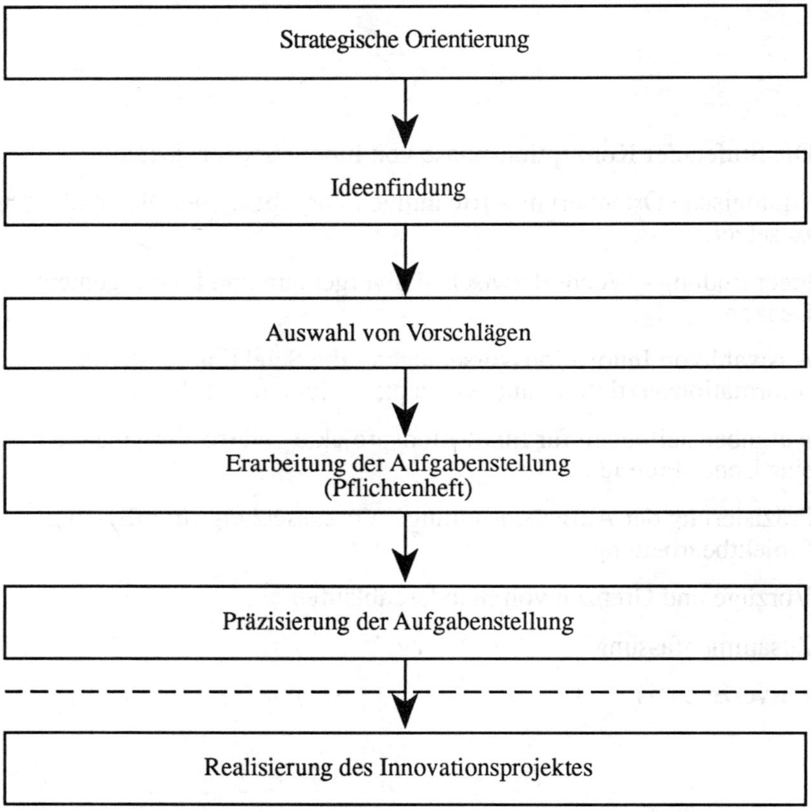

Abb. 1: Stufen der Konzeptionsphase von Innovationsprojekten

Innovationsvorhaben sind dadurch gekennzeichnet, daß ***neue*** Lösungen für ein Problem gesucht werden. Ohne die originäre Idee für eine bisher nicht übliche Problemlösung bleibt es beim bisherigen Zustand, wird allenfalls eine schlichte Weiterentwicklung oder eine Scheininnovation vollzogen. Das Hervorbringen neuartiger, ungewöhnlicher Lösungsansätze, die Intuition bei der Problemlösung, stellt somit einen wichtigen Erfolgsfaktor für echte Innovationen dar. Das verlangt entsprechende Freiräume für das Denken, ein unvoreingenommenes Herangehen und eine gewisse Spontaneität - was zunächst im Gegensatz zu der oben dargestellten systematischen Abarbeitung der Stufen der Konzeptionsphase steht. Bei näherer Betrachtung wird aber deutlich, daß sich Intuition und Systematik nicht gegenseitig ausschließen. Beide Faktoren bilden vielmehr ein Widerspruchspaar, das den gesamten Prozeß der Vorbereitung (Planung) und Realisierung von Innovationsvorhaben durchdringt.

Schematisch dargestellt läßt sich dieser Prozeß als Folge ständiger Wechsel zwischen der Aufweitung der Suchräume, bei der die Intuition dominiert, und anschließender Einengung durch Selektion von Alternativen zeigen (siehe Abbildung 2).

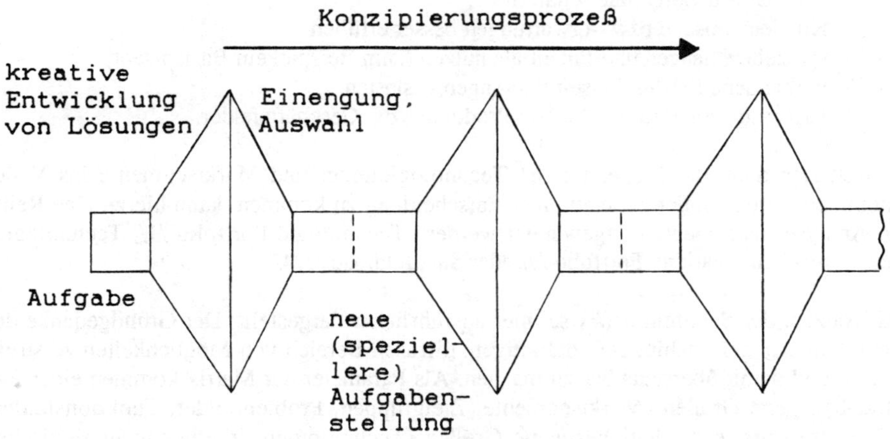

Abb. 2: Vorgehensphilosophie in der Konzeptionsphase von Innovationsprojekten

In der praktischen Arbeit tritt das Spannungsfeld Intuition/Systematik in vielgestaltigen differenzierten Abläufen in Erscheinung, von denen einige ausgewählte Gegenstand der folgenden Ausführungen sind.

2. Strategische Orientierung - Richtungen vorgeben, ohne Beschränkungen zu setzen

Innovationen haben für ein Unternehmen immer strategische Bedeutung: Es werden die Umsatz- und Gewinnträger der Zukunft geschaffen. Aus diesem Grunde sollte die strategische Planung eines Unternehmens Aussagen zu den angestrebten Innovationen machen. Welche Marktsegmente, welche Funktionsfelder, welche Produkttechnologien, welche Prozeßtechnologien usw. sind auszubauen oder aufzubauen? Häufig finden sich jedoch in den strategischen Planungen keine konkreten Vorgaben dieser Art sondern allgemeiner formulierte Vorgaben oder Wünsche. Zum Beispiel: "50 Prozent unseres Umsatzes soll mit neuen Produkten realisiert werden, die es vor 5 Jahren noch nicht gab!" Oder: "Jedes Jahr sollen zwei neue Produkte auf den Markt gebracht werden!" Dem Innovationsplaner oder Entwicklungsleiter signalisieren solche Aussagen der strategischen Planung zwar, daß Innovationen einen hohen Stellenwert besitzen, sie geben ihm jedoch für seine konkrete Planung keine Hilfe. Er muß sich häufig selbst durch Analysen die Leitlinien für die Innovationsaktivitäten schaffen.

Zunächst ist zu überlegen, welche strategische Rolle die angestrebte Innovation erfüllen soll. Folgende Möglichkeiten kommen zum Beispiel in Frage:

- Marktposition ausbauen
- gegenüber dem Wettbewerb nachziehen
- neue Umsatzpotentiale schaffen
- Kundenwünsche bzw. -erwartungen besser erfüllen
- spezielle Chancen und Potentiale nutzen (zum Beispiel ein Basispatent)
- vorhandene Produktionseinrichtungen auslasten
- Risikoausgleich für gefährdete Produkte bzw. Geschäftsfelder.

Es stellt sich dann die Frage, welche Technologiefelder und Marktsegmente ins Visier genommen werden sollen. Um zu einer Entscheidung zu kommen, kann hierzu eine Reihe von Analyse-Instrumenten angewendet werden: Technologie-Portfolio /1/, Technologie-Szenarien /2/, Innovations-Portfolio /3/ oder Suchfeldmatrix /4/.

Das Konzept der Suchfeldmatrix sei hier ausführlicher dargestellt: Der Grundgedanke der Suchfeldmatrix geht dahin, den vielfältigen, diffusen Bereich von Möglichkeiten zu strukturieren und damit überschaubar zu machen. Als Parameter der Matrix kommen einerseits markt-bezogene Größen (Marktsegmente, Zielgruppen, Problemfelder, Funktionsfelder) und andererseits technologiebezogene Größen (Technologien, internes technologisches Know-how, Werkstoffe, Verfahren, und ähnliches) in Frage. Für die Innovationsplanung hat sich die Suchfeldmatrix, die aus "Know-how-Stärken" und "Attraktiven Marktsegmenten" gebildet wird, besonders bewährt. Ein Beispiel gibt Abbildung 3. Die Suchfeldmatrix wird intensiv - Feld für Feld - durchgearbeitet. Felder, die hinsichtlich der Potentiale sowie der Erfüllung der Ziele als aussichtsreich eingeschätzt werden, werden festgehalten. Gegebenenfalls müssen von diesen Suchfeldern wieder einige wenige ausgewählt werden, auf die sich die weitere Innovationsfindung konzentriert.

3. Ideenfindung - Wechsel zwischen divergentem und konvergentem Denken

Die Phase Ideenfindung sollte vor allem durch die Förderung kreativen Denkens geprägt sein. Dies kann jedoch im Sinne einer Methodik nicht bedeuten, lediglich Freiräume zu gewähren, ansonsten aber auf die Einfälle der beteiligten Mitarbeiter zu warten. Eine solche Einstellung hieße, vieles dem Zufall zu überlassen; auch müßte man bereit sein, großzügig Zeit verstreichen zu lassen. Dies ist im harten internationalen Wettbewerb vielfach nicht mehr möglich.

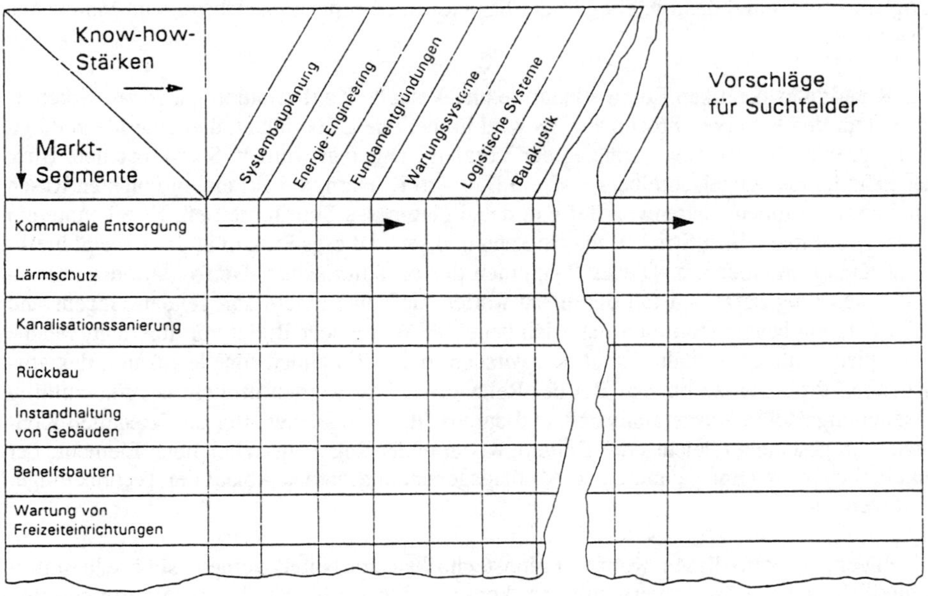

Abb. 3: Beispiel einer Suchfeldmatrix

Wir haben gelernt, auch mit kreativen Prozessen methodisch umzugehen. Eine Erkenntnis geht beispielsweise dahin, daß bei komplexen Problemlösungsprozessen divergente und konvergente Denkprozesse aufeinander folgen müssen. Die divergente Phase besteht darin, bei einer vorliegenden Aufgabenstellung alle Ideen und Gedanken einzubringen; das Feld der Möglichkeiten soll voll ausgelotet werden. In dieser Vielfalt und Breite der Ideen kann man jedoch nicht weiterarbeiten. Um im Problemlösungsprozeß voranzukommen, muß eine Verdichtung und Auswahl folgen (Konvergente Phase).

Für die divergente Phase stehen die Kreativitätstechniken als Instrumentarium zur Verfügung. Vielfach ist nur das Brainstorming bekannt. Weltweit werden jedoch über 50 Kreativitätstechniken praktiziert. In der deutschen Industriepraxis haben sich vor allem bewährt: Kartenumlauftechnik, Reizwortanalyse, Visuelle Konfrontation, Morphologisches Tableau (Morphologischer Kasten) /5/. Diese Techniken werden nachfolgend kurz beschrieben.

Die Kartenumlauftechnik ist eine Brainwriting-Technik; d.h. die Ideen werden nicht ausgesprochen sondern auf Karten (Metaplankarten) geschrieben und im Umlaufverfahren ausgetauscht. Ansonsten gelten die Brainstorming-Regeln: Keine Kritik; alle Ideen - auch verrückte - sind erwünscht; die Ideen der anderen Teilnehmer sollen konstruktiv weiterentwickelt werden. Dieses Brainwriting hat eine Reihe von Vorteilen: Gruppendynamische Probleme treten kaum auf, da sich das Fehlverhalten meist in der verbalen Kommunikation in Form von Langatmigkeit, Besserwisserei, vorschneller Kritik äußert. Besondere Moderatorfähigkeiten sind nicht erforderlich. Des weiteren eröffnet die Methode die Möglichkeit, ungestört individuell über Problemlösungen nachzudenken und die Ideen in allseits verständlicher Form niederzuschreiben. Schließlich erleichtert das Arbeiten mit Karten den

Ideenaustausch in der Ideenfindungsphase vor allem aber anschließend die Gruppierung und Protokollierung der Ideen. Die Ideenkarten werden an einem großen Tisch nach Gleichartigkeit sortiert und dann in endgültiger Struktur mit Gruppenüberschriften an Pinnwände übertragen.

Die Kreativitätstechniken Reizwortanalyse und Visuelle Konfrontation bauen auf Erkenntnisse über den kreativen Prozeß auf. Es wird immer wieder berichtet, daß gute Ideen durch völlig problemfremde Gegenstände oder Vorgänge angeregt wurden. So beobachtete Biro, der Erfinder des Kugelschreibers, daß ein Ball von Kindern, die auf einem feuchten Rasen spielten, über einen Plattenweg lief und dabei eine nasse Spur hinterließ. Er erkannte ein Prinzip, wie man einen Strich erzeugen kann und setzte dieses Prinzip in das neue Schreibgerät Kugelschreiber um. Dieses Phänomen der schöpferischen Konfrontation wurde in Techniken umgesetzt. Anstatt darauf zu warten, daß man einem anregenden Gegenstand oder Vorgang begegnet, nimmt man sich beliebige Worte oder Bilder vor, überlegt, welche Prinzipien in ihnen enthalten sind und versucht diese Prinzipien für die Lösung des vorliegenden Problems zu nutzen. Bei der Reizwortanalyse werden in diesem Sinne zufällig zusammengestellte Worte analysiert und daraus Ideen abgeleitet. Bei der Visuellen Konfrontation geschieht Gleiches mit Bildern, wobei in der Regel zusätzlich noch Elemente der Inkubationsphase (Entspannung und Abstandsgewinnung) in den Ablauf der Technik eingebaut werden.

Die Ideen, die mit diesen Konfrontationstechniken erarbeitet werden, sind sehr unterschiedlich: Vage Lösungsvermutungen, konkrete Ideen für Details, Anforderungen und Wünsche, abstrakte Lösungsrichtungen stehen nebeneinander. In diesem Ideenwirrwar finden sich jedoch häufig völlig neuartige, originelle Lösungsansätze; darin liegt die Stärke und Chance dieser Techniken.

Bei der Arbeit mit dem Morphologischen Tableau (in der Literatur häufig Morphologischer Kasten genannt) wird ein komplexes Problem in voneinander unabhängig gestaltbare Teilprobleme (Parameter) aufgespalten. Für diese Parameter werden dann Einzellösungen zusammengestellt. Nun lassen sich Gesamtlösungen bilden, indem von jedem Parameter eine Lösung ausgewählt wird und diese Einzellösungen miteinander kombiniert werden. Die Stärke des Verfahrens besteht darin, daß komplexe Probleme systematisch bearbeitet werden können und ein Potential für eine große Zahl von Lösungen aufgebaut wird. Das Herausfinden der besten Lösungskombinationen stellt allerdings ein Problem dar. Bei der Bildung des Morphologischen Tableaus wird in hohem Maße auf analytischem, abstrahierenden Denken aufgebaut; es wird in strikter Weise ein System entwickelt. Die Auswertung des Morphologischen Tableaus läßt dagegen einerseits eine außerordentliche hohe Lösungsvielfalt zu und erfordert andererseits bei der Interpretation der Lösungskombinationen wirkliches kreativen Denken. Die Bildung von Gesamtlösungen sollte deshalb nicht als mechanistische Kombinatorik sondern als kreative Aufgabe innerhalb eines vorgegebenen Rahmens aufgefaßt werden.

Noch vor einigen Jahren galt eine Ideenfindungssitzung als erfolgreich, wenn als Ergebnis eine lange Liste unterschiedlichster Ideen vorlag. Vielfach wurde jedoch die Erfahrung gemacht, daß diese Listen nicht weiter verfolgt wurden; man blieb in der divergenten Phase stecken. Es hat sich außerdem gezeigt, daß die Teilnehmer es als unbefriedigend empfinden, wenn als Ergebnis "nur" eine Liste von Ideen vorlag. Eine Bewertung, eine Rangfolgebildung oder die Verdichtung zu Realisierungskonzepten oder -maßnahmen wird eher als Ergebnis angesehen.

Grundsätzlich sollte daher unmittelbar nach der Anwendung einer Kreativitätstechnik eine spontane Bewertung der Ideen durch die Teilnehmer vorgenommen werden. So kann jeder Teilnehmer deutlich machen, welche Ideen er wirklich für verfolgenswert hält. Das Punktekleben hat sich hierzu als pragmatisches und schnelles Verfahren bewährt. (Jeder Teilnehmer bekommt eine Anzahl von Klebepunkten, die im Verhältnis zur Zahl der Ideen knapp sind, und verteilt sie auf die von ihm präferierten Ideen.)

Eine weitere Form, das konvergente Denken in Kreativsitzungen einzubringen, besteht darin, direkt nach der breiten Ideenfindung und -bewertung eine Verdichtung und konzeptionelle Weiterentwicklung vorzunehmen. Folgendes Vorgehen ist zu empfehlen: Die Gruppe wird in zwei oder drei Teilgruppen von jeweils 3-4 Teilnehmern aufgeteilt. Diesen Teilgruppen werden die am besten bewerteten Ideen zugeteilt. Sie haben die Aufgabe, die Idee zu vervollständigen und zu konkretisieren; dabei sollen andere Ideen (gleichartige oder ergänzende) aus der Ideensammlung (Flipchart-Niederschrift bzw. strukturierte Karten an der Pinnwand) eingearbeitet werden. In etwa 30 Minuten lassen sich so aus den ausgewählten meist vagen Ideen erste grobe Konzepte erstellen; aus den Ideen werden Vorschläge. Sollen mehr Ideen in diesem Sinne weiterentwickelt und konkretisiert werden, so ist eine weitere Runde der Kleingruppenarbeit anzuschließen; dabei sollten die Teilgruppen im Hinblick auf die zu bearbeitenden Ideen neu zusammengesetzt werden.

Führt man Kreativsitzungen in der vorangehend beschriebenen Weise durch, so erhält man in der Regel 10-12 verfolgenswerte Vorschläge aus einer Sitzung. Zusätzlich gibt es immer auch Ideen und Vorschläge, die von Einzelnen eingebracht werden oder einfach schon "da" sind. Da für ein Suchfeld meist mehrere Kreativsitzungen durchgeführt werden - mit unterschiedlichen Teilbereichen als Schwerpunkte - und in der Regel 3-5 Suchfelder nach Innovationsideen durchforstet werden, kommen häufig über 50, gelegentlich sogar über 100 Ideen zusammen.

4. Auswahl von Innovationsvorschlägen - die Selektion wird von Informationsvertiefung und Konzeptentwicklung begleitet

Die Auswahl von Innovationsvorschlägen ist zunächst ein analytischer Prozeß: Es sind unternehmens- und situationsspezifische Bewertungs- und Entscheidungsverfahren aufzubauen. Ferner ist diese Phase durch die gezielte Beschaffung von Informationen und deren Interpretation geprägt. In theoretischen Darstellungen, aber auch in der Praxis, wird häufig übersehen, daß der Vorgang der Auswahl von Ideen und Vorschlägen auch kreative Elemente enthalten sollte.

Bevor auf die Systematik näher eingegangen wird, seien diese kreativen Aspekte kurz beleuchtet. Sie finden sich in zweierlei Form: Wenn ein Mitglied eines Innovationsteams einen Vorschlag zu bewerten hat, dann geht es im Grunde nicht darum, ein Urteil über die vorliegende Formulierung abzugehen, sondern der Bewerter muß den Vorschlag kreativ interpretieren und daraus eine Vision des realisierten Produkts oder Prozesses im zukünftigen Anwendungsumfeld entwickeln. Das potentielle Ergebnis einer Idee ist also zu bewerten!

Die zweite kreative Aufgabe besteht darin, die Innovationsvorschläge, die in der Regel einen mehrstufigen Auswahlprozeß durchlaufen, sukzessive weiterzuentwickeln, sie ausreifen zu lassen. Für diese Weiterentwicklung bilden der zunehmende Informationsstand aber auch die soeben aufgezeigten Visionen des Endergebnisses die Basis. In der Regel gehen in den Auswahlprozeß viele unausgereifte grobe Vorschläge hinein und in der Endauswahl werden einige wenige differenziert ausgearbeitete Konzepte präsentiert. (Vgl. Abbildung 4)

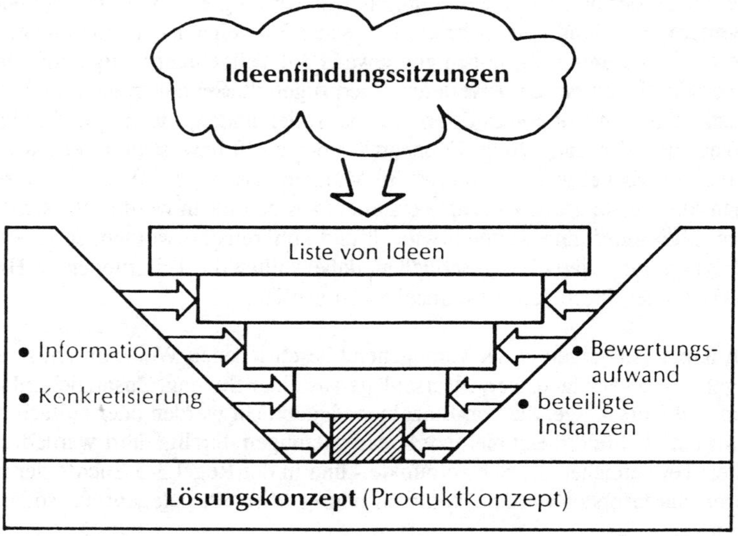

Abb. 4: Ideenauswahl als mehrstufiger Prozeß

Wie oben bereits erwähnt, liegen nach der Ideenfindungphase in der Regel mehr als 50 Vorschläge vor. Für eine systematische und nachvollziehbare Auswahl sollten folgende Leitlinien beachtet werden /4/:

- Die Auswahl ist in Stufen vorzunehmen. 3 bis 4 Stufen haben sich als zweckmäßig erwiesen.
- Aufgrund einzelner Bewertungen werden in jeder Stufe Ideen ausgeschieden, so daß man sich in den folgenden Stufen auf die verbleibenden Ideen konzentrieren kann.
- Die Bewertung erfolgt anhand von Kriterien, die aus den Zielen und Randbedingungen abgeleitet werden.
- Für das Ausscheiden von Ideen werden vorab Entscheidungsregeln aufgestellt.
- Von Stufe zu Stufe werden zusätzliche und tiefergehende Informationen zur Kriterienprüfung herangezogen.
- Die Kriterien sollten nacheinander (also nicht alle in einer Stufe) geprüft werden.
- Zuerst sollte man die Kriterien prüfen, die den geringsten Informationsaufwand erfordern, und dann nach und nach zu den aufwendigeren Kriterien übergehen.
- Außerdem sollten die Kriterien früh im Prozeß zur Anwendung kommen, die eine starke Ausscheidewirkung haben.

Nachfolgend wird ein vierstufiges Auswahlverfahren vorgestellt, das auf diesen Leitlinien aufbaut. Es hat sich in der Praxis bewährt.

Erste Auswahlstufe: Abweisen
Für die Stufe des Abweisens werden Kriterien herangezogen, die auf jeden Fall erfüllt sein müssen (Muß-Kriterien oder k.o.-Kriterien). In der Regel handelt es sich um Kriterien, die aus den Randbedingungen und den Unternehmenszielen abgeleitet sind. Die einzelnen Ideen erfüllen diese Kriterien oder sie erfüllen sie nicht (dichotomer Charakter); es gibt keine Zwischenform. Sie werden daher als Ja/Nein-Fragen gestellt.

Zweite Auswahlstufe: Sieben
In der Stufe des Siebens werden ebenfalls Kriterien dichotomen Charakters geprüft. Sie sind jedoch etwas "weicher" (Soll-Kriterien). Wird ein Kriterium nicht erfüllt, so kann dies dann akzeptiert werden, wenn die meisten anderen Kriterien positiv beurteilt werden.

Dritte Auswahlstufe: Auswählen (Nutzwertanalyse)
In der dritten Stufe werden Kriterien graduellen Charakters herangezogen; sie werden in absoluten oder skalierten Werten gemessen. Außerdem können sich diese Kriterien gegenseitig kompensieren, d.h. wenn eine Idee bei einem Kriterium einen niedrigen Erfüllungsgrad aufweist, so kann dies durch hohe Erfüllungsgrade bei anderen Kriterien kompensiert werden.

Das adäquate Verfahren für diese Kriterien ist die einfache Nutzwertanalyse. (Das Konzept geht aus Tabelle 1 hervor.) Im Gegensatz zu den beiden vorgehenden Stufen, werden Ideen jetzt nicht ausgeschieden, sondern es werden die Ideen ausgewählt, die im Vergleich aller Ideen untereinander am besten abschneiden.

Kriterien	Gewichtsfaktoren	Vorschlag A		Vorschlag B		Vorschlag C	
		Punkte	Nutzenbeiträge	Punkte	Nutzenbeiträge	Punkte	Nutzenbeiträge
Marktvolumen	1,0	3	3,0	5	5,0	2	2,0
Wettbewerbsintensität	0,85	4	3,4	1	0,85	4	3,4
Marktwachstum	0,7	2	1,4	2	1,4	3	2,1
Investitionsvolumen	0,65	1	0,65	3	1,95	4	2,6
Synergistische Nutzung vorhandenen Know-hows	0,5	3	1,5	4	2,0	2	1,0
Zeitbedarf für Entwicklung und Aufbau	0,4	3	1,2	1	0,4	5	2,0
Bekanntheitsgrad beim Kunden	0,3	3	0,9	3	0,9	3	0,9
Punkteskala: 1, 2, 3, 4, 5		Summe	12,05		12,5		14,0

Der relativ beste Vorschlag ist der Vorschlag C.

Tab. 1: Die einfache Nutzwertanalyse

Typische Kriterien für diese Stufe sind:

- Investitionskosten
- Nutzung des fertigungstechnischen Know-hows
- Marktvolumen
- Entwicklungszeit
- Wettbewerbsgrad

Wenn die Zahl der Kriterien dieser Stufe groß ist (zum Beispiel mehr als 10), so empfiehlt es sich, wiederum Unterstufen mit Zwischen-Auswahlentscheidungen einzuführen; so läßt sich Informationsbeschaffungsaufwand einsparen. Dabei sind die wichtigsten Kriterien zuerst und die weniger wichtigen (Wunschkriterien) in der folgenden Unterstufe zu behandeln.

Vierte Auswahlstufe: Entscheiden
Die letzte Stufe des Auswahlprozesses unterscheidet sich deutlich von den vorangehenden. Es geht jetzt nicht mehr darum, die Zahl der Alternativen drastisch zu reduzieren, sondern es wird jetzt entschieden, welche Innovationskonzepte realisiert werden sollen.

Als Grundlage dieser Entscheidung können verschiedene Bewertungs- und Darstellungsverfahren angewandt werden. Es hängt von der Tradition und den Präferenzen des Unternehmens ab, welches Verfahren als Unterstützung für diesen Entscheidungsprozeß herangezogen wird. Häufig werden mehrere Verfahren ergänzend zueinander praktiziert und ausgewertet. In Frage kommen folgende Verfahren:

- verfeinerte Nutzwertanalysen
- Erfolgsfaktoren-Modellrechnungen (zum Beispiel PRUV)
- Know-how-Nutzungsmatrix
- Wirtschaftlichkeitsrechnungen (ROI, ROA, Pay-off-Periode und ähnliches)

5. Aufgabenstellungen für Innovationsprojekte - starre Vorgabe oder elastischer Freiraum?

An die Realisierung von Innovationsprojekten werden Erwartungen geknüpft, die sich aus der langfristigen Unternehmensstrategie und den aktuellen Markterfordernissen ableiten und in konkrete technische und wirtschaftliche Ziele münden. Die Aufgabenstellung für solche Projekte enthält deshalb - meist in der Form eines Pflichtenheftes - die wichtigsten Kenngrößen, Qualitätsforderungen, Kompatibilitätsbedingungen usw., die das neue Produkt bzw. die technologische Lösung für einen Prozeß in technischer Hinsicht charakterisieren. Darüber hinaus werden Zielgrößen für die abzusetzende Erzeugnismenge und die angestrebten Verkaufserlöse festgelegt, die zulässigen Herstellungs- und Entwicklungskosten fixiert, die verfügbare Entwicklungskapazität bestimmt, Ecktermine und Verantwortliche festgelegt.

Das Pflichtenheft ist insofern Instrument der Projektplanung und damit Grundlage für das Projektcontrolling. Es dient zur Ableitung von Teilaufgaben, als Orientierung in Entscheidungssituationen und als Maßstab für die Bewertung der tatsächlich erreichten Ergebnisse./6/

Diese Funktionen kann eine Aufgabenstellung (ein Pflichtenheft) nur erfüllen, wenn die formulierten Ziele konkret genug bestimmt sowie hinreichend detailliert sind und wenn sie während der Entwicklung des neuen Produkts oder der neuen Prozeßtechnologie stabil gehalten werden. Andererseits muß das Unternehmen auf veränderte Bedingungen flexibel reagieren. Neue technische Entwicklungen, neue Anwenderbedürfnisse oder veränderte Wettbewerbsbedingungen erzwingen Korrekturen an den Parametern der Aufgabenstellung für das Innovationsprojekt. Ein Streben nach maximaler Flexibilität, das heißt nach ständiger unverzüglicher Anpassung der Entwicklungsziele an veränderte Umgebungsbedingungen, führt tendenziell dazu, daß das Innovationsprojekt niemals fertiggestellt werden kann.

Der *Widerspruch zwischen Stabilität und Flexibilität* kann gemildert werden durch fundierte Voruntersuchungen, bevor die Aufgabenstellung für das Innovationsprojekt fixiert wird. Erfordernisse zur Korrektur der ursprünglichen Ziele werden dann minimiert, wenn es gelingt, mit gründlichen Analysen den Trend der künftigen technischen Entwicklung und der Marktbedingungen weitgehend zu erfassen und die eigenen Ziele mit einem entsprechenden "Vorhaltewinkel" festzulegen.

Eine andere Politik kann bei Produktinnovationen darin bestehen, wünschenswerte Änderungen erst ins Nachfolgemodell aufzunehmen, wobei eine dichte Modellfolge gewährleistet sein muß.
Die Aufgabenstellung sollte die Parameter des neuen Produkts bzw. Prozesses auch nur insoweit festschreiben, wie das notwendig ist, um das gewünschte Ergebnis des Innovationsvorhabens eindeutig zu kennzeichnen. Zu detaillierte Vorgaben schränken den Suchraum unnötig ein, führen eher zum "Fortschreiben" bisher genutzter Lösungswege oder zum Nachvollziehen von Konkurrenzentwicklungen. Mit der Aufgabenstellung soll also nur ein notwendiger Rahmen festgelegt werden, der auch Freiräume für ungewöhnliche Lösungsideen bietet. Insbesondere sollten sich die Festlegungen auf das zu erreichende Ziel konzentrieren, auf Gebrauchseigenschaften des neuen Produkts bzw. die Anforderungen an die Neugestaltung eines technologischen Prozesses - ohne schon den zu beschreitenden Lösungsweg zu fixieren.

Ungeachtet der notwendigen Beschränkung auf die wesentlichen Parameter ist eine solche *Komplexität der Aufgabenstellung* erforderlich, die der Vielseitigkeit der Einzelziele und der bestehenden Restriktionen entspricht. Innovationsprojekte sind mit zahlreichen heterogenen Forderungen verbunden, die sich zum Beispiel auf die Leistungsfähigkeit des neuen Produkts beziehen, auf die Herstellbarkeit unter den gegebenen technologischen Bedingungen bzw. die notwendigen Anlageinvestitionen, Erfordernisse der Qualitätssicherung in der Fertigung, Gewährleistung des Service beim Kunden, Qualitätssicherung bei den Zulieferern, Nutzung neuer Vertriebskanäle, Preispolitik in der Einführungsphase usw. Diese vielfältigen Gesichtspunkte werden in mittleren und größeren Unternehmen arbeitsteilig eingebracht. Marketing und Vertrieb sind für die Marktaspekte zuständig. Der Entwicklungsbereich konzentriert sich auf die konstruktiven Parameter. Die Produktion hat die Erfordernisse einer rationellen Herstellung im Auge.

Mündet das notwendige arbeitsteilige Herangehen in ein Denken in Ressortschranken, wird zum einen die gemeinsame Verantwortung aller Unternehmensbereiche für das Gelingen des Innovationsvorhabens aufgegeben, zum anderen werden auch Optimierungsmöglichkeiten außer acht gelassen, die nur im Dialog genutzt werden können.

Optimierungsgesichtspunkte ergeben sich aus der Tatsache, daß zwischen den Einzelzielen eines Innovationsvorhabens teilweise gegenläufige Beziehungen bestehen. Eine Verbesserung der technischen Parameter des Innovationsobjektes, eine höhere Leistungsfähigkeit - allgemein gesprochen: ein höheres technisches Niveau - läßt sich in der Regel erreichen, wenn man bereit ist, einen höheren Aufwand zu verausgaben bzw. eine längere Entwicklungsdauer in Kauf zu nehmen. Zum anderen ist eine Verkürzung der Entwicklungsdauer gegenüber einem Normalablauf ohne Abstriche bei den technischen Zielgrößen oft nur möglich, wenn ein Anstieg des Entwicklungsaufwandes infolge erhöhter Personalkosten und des verstärkten Einsatzes technischer Mittel akzeptiert wird. Technisches Niveau, Projektdauer und verausgabter Aufwand beeinflussen letztlich den mit dem neuen Produkt erreichbaren Gewinn, so daß ein Kompromiß zwischen den Einzelzielen gesucht werden muß.

Ähnlich gegenläufige Tendenzen werden deutlich, wenn man die Zusammenhänge zwischen ausgewählten Parametern eines Erzeugnisses im Rahmen einer Maschinenstundenkostenrechnung betrachtet. Beispielsweise erhöhen sich mit steigendem Automatisierungsgrad von Verarbeitungsmaschinen deren Anschaffungskosten und somit die beim Anwender anfallenden Abschreibungskosten sowie die Instandhaltungskosten. Andererseits verringern sich gleichzeitig die Lohnkosten sowie die Ausschußkosten. Das führt zur Suche nach einem optimalen Automatisierungsgrad. Auch zwischen der Erhöhung der Arbeitsgeschwindigkeit von Verarbeitungsmaschinen und der Entwicklung verschiedener Bestandteile der Stückkosten der auf ihnen gefertigten Produkte zeigen sich solche gegenläufigen Beziehungen./7/

Eine Optimierung im mathematischen Sinne läßt sich zwar wegen der mangelnden Datenbasis nicht ausführen. Nützlich sind aber schon hinreichende Variantenuntersuchungen und entsprechende Abstimmungen zwischen den Unternehmensbereichen *vor* Festlegung der Projektziele im Pflichtenheft. Mit den zu formulierenden Zielen eng verbunden ist die *Entscheidung über das bestimmende Arbeits- und Wirkprinzip*, das dem neuen Produkt zugrundegelegt werden soll *(Produkttechnologie)* bzw. über das Verfahren, das die Basis eines neu zu projektierenden Prozesses bilden wird *(Prozeßtechnologie)*.

Das Beibehalten eines bewährten Lösungsprinzips ist der einfachere Weg, mit dem das technische Risiko minimiert wird, der aber gleichzeitig auch nur zu einem geringen Neuheitsgrad führt. Wird das betreffende Produkt schon längere Zeit unter Nutzung dieses Lösungsprinzips - bei permanenten Weiterentwicklungen - angeboten, wird es zunehmend schwieriger, Verbesserungen zu erreichen, die sich beim Anwender in spürbaren Vorteilen niederschlagen.

Aus vielfältigen Untersuchungen abgehoben, läßt sich verallgemeinert die zeitliche Entwicklung der Leistungsfähigkeit eines Erzeugnistyps (seines "technischen Niveaus") mit der in Abbildung 5 dargestellten Kurve veranschaulichen.

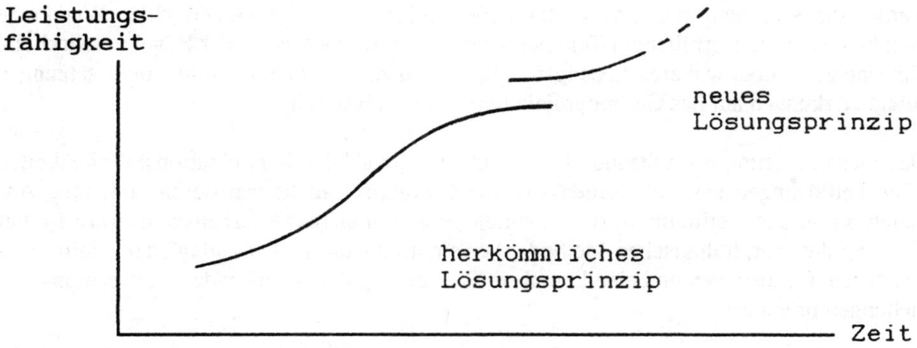

Abb. 5: Entwicklunglinie des Leistungsfähigkeit eines Erzeugnistyps

Wird ein Produkt auf Basis eines neuen Arbeits- und Wirkprinzips auf den Markt gebracht, findet es zunächst wenig Mit-Wettbewerber. Auftauchende Konkurrenzprodukte weisen nur geringfügige Verbesserungen gegenüber dem Erstling auf, weil die neue Produkttechnologie erst unzureichend beherrscht wird und der Bedarf nach dem neuartigen Produkt begrenzt bleibt. In der anschließenden Wachstumsphase gelangen in rascher Folge zahlreiche Konkurrenzprodukte auf den Markt, die jeweils verbesserte Gebrauchseigenschaften aufweisen. Die Entwicklungslinie des technischen Niveaus erreicht und überschreitet ihren Wendepunkt. Die neue Produkttechnologie ist zur Basistechnologie der Branche geworden.

In der Sättigungsphase stößt die weitere Entwicklung auf Grenzen technischer und wirtschaftlicher Art. Das gegebene Arbeits- und Wirkprinzip ist in seinen Möglichkeiten weitestgehend ausgeschöpft. Neue Produkte, die auf dem gleichen Prinzip basieren, weisen nur geringfügige technische Verbesserungen auf. Oder aber: Weitere Verbesserungen der Produkteigenschaften müssen mit unverhältnismäßig hohem Aufwand erkauft werden. Der Lebenszyklus der bisherigen Produkttechnologie nähert sich seinem Ende. Eine für den Anwender relevante Verbesserung des technischen Niveaus bei dieser Produktart kann nur unter Nutzung eines neuen Arbeits- und Wirkprinzips erreicht werden.

Die Entscheidung für die Beibehaltung der gegebenen Produkttechnologie oder für die Suche nach einem geeigneten neuen Wirkprinzip muß bei der Erarbeitung der Aufgabenstellung gefällt werden. Um diese Entscheidung in fundierter Weise treffen zu können, sind Langzeituntersuchungen über die bisherige Entwicklung des technischen Niveaus der betreffenden Produktgruppe wünschenswert, aus denen ersichtlich wird, welche Phase im Lebenszyklus der Produkttechnologie derzeit erreicht ist. Abgesehen vom dafür erforderlichen Aufwand erwachsen die Probleme vor allem aus den Schwierigkeiten einer Prognose über die weiteren Entwicklungspotentiale. Insofern läßt sich eine solche Entscheidung in letzter Instanz nicht determiniert herleiten, sondern basiert auch auf Schätzungen, Mut zum Risiko und Intuition.

Um aber überhaupt zu Entscheidungsmöglichkeiten zu gelangen, ist die Erarbeitung alternativer Varianten für das Innovationsvorhaben unabdingbare Voraussetzung. Untersuchungen zu verschiedenen Zeitpunkten und in unterschiedlichen Branchen weisen darauf hin, daß das Variantendenken oft unzureichend entwickelt ist. Das ingenieurmäßige Herangehen ist zwar dadurch gekennzeichnet, daß für das einzelne technische Problem zunächst unterschiedliche Lösungsansätze gesucht werden. Dies geschieht aber sporadisch und zudem werden die Varianten in den seltensten Fällen in ihrer Komplexität betrachtet. Wenn eine gangbare (funktionserfüllende) Teillösung gefunden ist, wird sie in der Regel verwirklicht, ohne sie gegenüber weiteren Lösungsmöglichkeiten zu bewerten und ihre Voraussetzungen sowie Wirkungen auf das Gesamtprojekt hinreichend abzuschätzen.

Das Gesamtoptimum müßte durch Variantenvergleich der Kombinationsmöglichkeiten *aller* Teillösungen gesucht werden - was sich praktisch nicht realisieren läßt. Eine Annäherung an das Optimum wird aber durch eine systematische Arbeitsweise (etwa unter Nutzung der morphologischen Methoden) erreicht, die auf die "Ordnung" der intuitiv entstandenen Teillösungen und eine komplexe Betrachtung der entstehenden Verflechtungsbeziehungen orientiert.

Der Verzicht auf eine umfassende Variantensuche und -bewertung erklärt sich zumeist aus dem Zeitdruck, dem Innovationsprojekte unterliegen. Damit wird die Entscheidung zwischen einer anzustrebenden hohen Qualität des Entwicklungsergebnisses und seiner raschen Fertigstellung zugunsten der kürzeren Projektdauer gefällt.

6. Präzisierung der Aufgabenstellung - Voraussetzung für effiziente Projektbearbeitung

Die mit dem Pflichtenheft fixierte Aufgabenstellung ergibt sich als Kompromiß zwischen Erfordernissen aus der Marktentwicklung, allgemeinen Tendenzen des technischen Fortschritts und unternehmensspezifischen Möglichkeiten. Mit ihr werden die unterschiedlichen Positionen der verschiedenen Unternehmensbereiche auf einen Nenner gebracht und in wesentlich verkürzter Form dokumentiert. Aus der Sicht der nachfolgenden Projektbearbeitung ist eine Überprüfung dieser vorgegebenen Aufgabenstellung und die Aufspaltung der komplexen Ziele notwendig, um das Projekt arbeitsteilig verwirklichen zu können.

Für diese Präzisierung und Detaillierung der Aufgabenstellung empfiehlt sich ein sehr systematisches Herangehen. In dieser Phase geht es darum, die für die Lösung der Gesamtaufgabenstellung gravierenden Einzelprobleme zu erkennen. Das ist Voraussetzung für den Erfolg der weiteren Projektbearbeitung. Ein streng geordnetes Vorgehen, wie es sich im A2-Programm der *"Systematischen Heuristik"* /8/ niedergeschlagen hat, hat sich dabei als sehr hilfreich erwiesen.

Um die zu lösenden Detailprobleme (die sogenannten "Defekte") zu erkennen, werden folgende Bestimmungsgrößen hinterfragt:

- das der Aufgabenstellung zugrundeliegende Bedürfnis,
- die geforderten Ausgangsgrößen (das angestrebte Endergebnis),
- die notwendigen Eingangsgrößen (Voraussetzungen),
- die vorliegenden Umstände der Bearbeitung (Nebenbedingungen),
- die zu erwartenden Nebenwirkungen,
- das zur Problemlösung zu nutzende Verfahren.

In der Regel ergibt die Analyse, daß die Aufgabenstellung hinsichtlich dieser Aspekte noch nicht konkret genug gefaßt ist. Ist eine Klärung nicht unmittelbar möglich, werden systematisch sogenannte Schicht- und Schrittübergänge vollzogen. Mit ihnen wird die Betrachtungsebene gewechselt (zum Beispiel indem man sich auf den Standpunkt des Anwenders der angestrebten Produktinnovation begibt) oder Erfahrungen aus früheren Problemlösungsprozessen herangezogen. Alle offen gebliebenen Fragen werden als Defekte gekennzeichnet. In ihrer Behebung besteht der Kern des nachfolgenden Problemlösungsprozesses.

Die Erfahrungen beweisen, daß solche tiefgründigen Überlegungen im Vorfeld der Projektbearbeitung zwar mit erheblichem Aufwand verbunden sind, daß sie aber zum frühzeitigen Erkennen der zu lösenden Probleme führen, eine zweckmäßige Gliederung des Gesamtvorhabens in Teilaufgaben ermöglichen und durch die systematische Betrachtung angrenzender Prozesse (Schicht- und Schrittübergänge) insgesamt einem rationelleren Vollzug von Innovationsprozessen dienen.

7. Vorzüge und Grenzen von Standardabläufen

Die Vorbereitung während der Konzeptionsphase wie auch die folgende Realisierung von Innovationsprojekten erfordert das Zusammenwirken verschiedener Funktionsbereiche, Zuarbeiten und Analysen einzelner Mitarbeiter, die Bestätigung konzeptioneller Vorstellungen durch die zuständigen Vorgesetzten u.a.m. Um diese bereichsübergreifenden Aktivitäten nicht dem Zufall zu überlassen, sind Regelungen sinnvoll, die für die notwendige Zusammenarbeit und Abfolge der Arbeiten im Unternehmen einen Rahmen bilden. Sie klären die Verantwortlichkeiten, dienen als "Fahrplan" und sichern, daß nichts vergessen wird, was im weiteren Projektablauf Verzögerungen durch Nacharbeit hervorrufen würde.

Nach den Erfahrungen solcher Großunternehmen wie IBM, General Motors, 3M, Northern Telecom und Emerson Electric hat die Einführung standardisierter Abläufe für Produktinnovationen insbesondere folgende positive Effekte bewirkt /9/:

- bessere Zusammenarbeit im Team und bessere Kommunikation,
- weniger "Bearbeitungsschleifen" und Nachbesserungen,
- höhere Erfolgsraten der Produkteinführungen,
- bessere Markteinführung,
- kürzere Innovationszeiten.

Je detaillierter solche Ablaufregelungen gehalten sind, umso klarer ist die Schrittfolge und umso eindeutiger ist die Verantwortlichkeit für jede Teilfrage bestimmt. Gleichzeitig wird damit allerdings auch die Tendenz zum Ressortgeist verstärkt, und es entsteht die Gefahr, sehr verschiedenartige Innovationsprozesse in einen einheitlichen Rahmen zwängen zu wollen.

Dem notwendigen Teamwork sind solche Detailfestlegungen zum Projektablauf vor allem dann hinderlich, wenn sie auf maximale Sicherheit im Hinblick auf jedes Teilergebnis orientieren. Werden die Ergebnisse eines Teilprozesses erst dann zur Weiterverarbeitung im Folgeprozeß übergeben, wenn nahezu absolute Gewißheit über die Zweckmäßigkeit der erarbeiteten Lösung besteht, führt das zu einer wesentlich verzögerten Fertigstellung des Gesamtprojektes. Gleichzeitig ist mit einer solchen Arbeitsweise die Tendenz verbunden, sich in der Folge für die übergebenen Teilergebnisse, von deren Richtigkeit und Sinnfälligkeit die Bearbeiter überzeugt sind, nicht mehr verantwortlich zu fühlen und damit die Beziehung zum Endergebnis zu verlieren.

Das zeigt die Notwendigkeit, den *Widerspruch zwischen hoher Entwicklungsqualität* (bezogen auf Teilergebnisse) *und kurzer Entwicklungsdauer* zu bewältigen. Den Projektablauf steuernde Regelungen dürfen nicht die beschriebene vordergründig bereichsorientierte Denkhaltung und Arbeitsweise fördern. Wenn zum Beispiel angeforderte Zuarbeiten anderer Funktionsbereiche eher dazu dienen, sich absichern zu wollen, als sie als Anregung für eigene Überlegungen zu verwenden und gegebenenfalls weiterzuentwickeln, bleiben wesentliche Möglichkeiten zur Verbesserung des Endergebnisses ungenutzt.

Die das "Simultaneous engineering" kennzeichnende flexible Arbeitsweise, die das angestrebte Endergebnis als gemeinschaftliche Aufgabe betont und die strenge funktionsorientierte Arbeitsteilung zu überwinden sucht, muß schon bei der Erarbeitung der Aufgabenstellung für Innovationsprojekte zum Tragen kommen.

Intensive Kommunikation wird zum Erfolgsfaktor sowohl in der Phase der Konzeptbildung und Planung wie auch bei der Projektrealisierung. Die Steuerung des Gesamtprojektes sollte einem kleinen multidisziplinären Kernteam übertragen werden, das die bereichsorientierte Sichtweise nach der Art des "Throw it over the wall" überwindet./10/

Formale Regelungen zum Projektablauf (zum Beispiel in Gestalt einer Richtlinie, eines Standard-Netzplanes, als Bestandteil eines Qualitätssicherungssystems usw.) sind als Rahmenordnung sinnvoll, um die Komplexität des Innovationsvorhaben zu beherrschen, sollten aber nicht zu detailliert gefaßt sein, obligatorische Aktivitäten von fakultativen unterscheiden und keinesfalls als Dogma verstanden werden.

8. Zusammenfassung

Es zeigt sich, daß Innovationsprojekte ihren Erfolg sowohl auf Intuition als auch auf systematischem Vorgehen bei deren Vorbereitung und Realisierung gründen. In den einzelnen Phasen der Projektvorbereitung tritt jeweils einer der beiden Aspekte stärker in den Vordergrund. Insgesamt können aber folgende *Grundsätze* formuliert werden:

- Innovationsprojekte bedürfen einer strategischen Orientierung; es sind Richtungen und Felder festzulegen, die die Suche nach Innovationsideen ausrichten, ohne sie völlig einzuengen.
- Die Ideenfindung sollte im Wechselspiel von divergentem und konvergentem Denken erfolgen. Das divergente (kreative) Denken allein führt nicht weiter; es muß immer die Einengung, Konzentration und Konkretisierung vorgenommen werden.
- Die Kreativitätstechniken bieten einen methodischen Rahmen für das Hervorbringen von Ideen. Sie sind so angelegt, daß ideenstimulierende Prinzipien zur Wir-

kung kommen. Mit ihrer Hilfe kann Ideenfindung gezielt angegangen werden; sie wird planbar.

- Bewertung und Auswahl sind zwar primär analytische Prozesse; sie sollten aber auch kreative Elemente enthalten.
- Der Auswahlprozeß sollte in mehreren Stufen durchgeführt werden, wobei von Stufe zu Stufe andere Kriterien und Bewertungsverfahren zur Anwendung kommen und tiefergehende Informationen benötigt werden.
- Aufgabenstellungen für Innovationsvorhaben müssen die angestrebten Ziele, die Restriktionen und Verantwortlichkeiten konkret genug als Orientierung für die Bearbeiter fixieren, dürfen das Gesichtsfeld für die Lösungssuche aber nicht vorzeitig einschränken, sondern müssen vielmehr Raum für originelle Lösungen und Optimierungsmöglichkeiten lassen.
- Fundierte Entscheidungen zur Produkttechnologie sowie zur "optimalen" Kombination der angestrebten technischen und wirtschaftlichen Ziele sind nur mit gründlichen Analysen und Trenduntersuchungen zu erlangen. Der dafür investierte Aufwand erspart spätere Korrekturen der Ziele und notwendige Nachbesserungen der Teilergebnisse.
- Betriebliche Leitlinien über das Zusammenwirken der verschiedenen Funktionsbereiche bei der Vorbereitung von Innovationsprojekten, die die Vollständigkeit notwendiger Zuarbeiten sichern und die jeweilige Verantwortlichkeit fixieren, sind als Rahmen zu betrachten, innerhalb dessen ein flexibles Teamwork vorherrschen muß - orientiert am angestrebten Endergebnis.
- Eine systematisch betriebene "Präzisierung" der Projektaufgabenstellung führt zur besseren Identifikation der Bearbeiter mit der vorgegebenen Zielstellung. Der dafür erforderliche Aufwand macht sich durch das frühzeitige Erkennen der zu lösenden Teilprobleme und der sinnvollen Aufgliederung des Gesamtprojektes bezahlt. Er vermindert Reibungsverluste in den folgenden Stufen des Innovationsprozesses und führt zu schnellerer Marktwirksamkeit.

Literaturverzeichnis

/1/ **Vgl. Pfeiffer, W.; Metze, G.; Schneider, W., Amler, R.:**
Technologie-Portfolio zum Management strategischer Zukunftsgeschäftsfelder. 5. Aufl. Göttingen 1988.

/2/ **Vgl. Geschka, H., Winckler, B.:**
Szenarien als Grundlage strategischer Unternehmensplanung. In: Technologie & Management *38* (1989) 4, S. 16-23.

/3/ **Vgl. Specht, G.; Michel, K.:**
Integrierte Technologie- und Marktplanung mit Innovationsportfolios. In: Zeitschrift für Betriebswirtschaft *58* (1988) 4, S. 502-520.

/4/ **Vgl. Geschka, H.:**
Diversifikation. In: L. Poth (Hrsg.):Marketing. (Loseblatt-Werk) 2. Aufl. Neuwied 1988, Kapitel 28, S. 1-53.

/5/ **Vgl. Geschka, H.; Yildiz, A.:**
Kreativitätstechniken: Probleme in den Griff bekommen. In: Gabler's Magazin (1990), Nr. 4, S. 36-40, sowie

Geschka, H.:
Kreativitätstechniken. In: Staudt, E. (Hrsg.): Das Management von Innovationen. Frankfurt 1986, S. 147-160.

/6/ **Vgl. Heyde, W; Laudel, G.; Pleschak, F.; Sabisch, H.:**
Innovationen in Industrieunternehmen: Prozesse, Entscheidungen, Methoden. Wiesbaden 1991, S. 91 ff.

/7/ **Vgl. Pleschak, F.:**
Prozeßinnovationen. Stuttgart: 1991.

/8/ **Vgl. Programmbibliothek zur Systematischen Heuristik für Naturwissenschaftler und Ingenieure. 3. Auflage. Hrsg. von Koch, P.; Müller, J.:**
Technisch wissenschaftliche Abhandlungen des Zentralinstituts für Schweißtechnik, Nr. 97, Halle/Saale 1973, S. 45.

/9/ **Vgl. Cooper, R.G.; Kleinschmidt, E.J.:**
Formal Processes for Managing New Products: The Industry Experience. Hamilton: McMaster University 1991.

/10/ **Vgl. Geschka, H.:**
Verkürzung der Innovationszeiten als Marktstrategie. RKW-Sonderheft, Eschborn 1992.

Wolfgang Gaul
Gabriele Theuner
Ulrich Lutz

Hinweise auf Innovationsvorgänge in Unternehmen der neuen Bundesländer am Beispiel EDV-Einsatz

1. Einleitung

Mit Beginn des Übergangs von der Planwirtschaft zur sozialen Marktwirtschaft stehen die ehemals staatlich geleiteten Unternehmen aus den neuen Bundesländern vor der Aufgabe, sich kurzfristig auf marktwirtschaftliche Bedingungen und Anforderungen einzustellen. Dazu gehört eine marktorientierte Unternehmensführung mit den hierfür notwendigen organisatorischen, strukturellen, personellen und finanziellen Voraussetzungen ebenso wie ein wettbewerbsfähiges Produkt- und Leistungsprogramm für die eventuell neu zu definierenden Zielmärkte.

Daß die Zeiträume für die Entwicklung und Gestaltung von Produkten und Leistungen sowie für die Umstrukturierung von Produkt- und Leistungsprogrammen schrumpfen, ist ein allgemein zu beobachtendes Phänomen. Kürzer werdende Lebenszyklen für die eigenen Angebote aufgrund sich wandelnder Kundenwünsche, durch sich verschärfenden Wettbewerb auf den Zielmärkten und durch den raschen Erkenntniszuwachs in Wissenschaft und Technik führen in den Unternehmen zu einem wachsenden Innovationsdruck.

Die im Zuge der Wiedervereinigung erfolgten abrupten Änderungen in bezug auf Absatz- und Beschaffungsmärkte zwingen die Unternehmen der neuen Bundesländer allerdings in besonderem Maße, sich schnell auf diese neue Situation einzustellen. Eine der Voraussetzungen hierfür ist die kurzfristige Orientierung auf Bereiche und Aktivitäten, die mit Produkt- und Prozeßinnovationen in Beziehung stehen.

Ein Indikator für das Innovationsverhalten, speziell für Innovationsstrategien auf dem Gebiet der Prozeßinnovation, kann der geplante EDV-Einsatz in Unternehmen sein. Dabei wird wegen der zunehmenden Komplexität der betrieblichen Aufgabenstellungen und der durch kundenspezifische Problemlösungen und Marktbedingungen initiierten Flexibilitätsanforderungen die Bedeutung des EDV-Einsatzes eher noch zunehmen.

Im Rahmen eines gemeinsamen Forschungsprojektes des Instituts für Entscheidungstheorie und Unternehmensforschung der Universität Karlsruhe und der Fakultät für Wirtschaftswissenschaften der TU Dresden wurde eine Studie durchgeführt, um auf der Basis von Informationen über den geplanten EDV-Einsatz Entwicklungen beim Übergangsprozeß von der Plan- zur Marktwirtschaft zu erfassen. Dabei leisteten 156 Unternehmen mit der Ausfüllung der an sie übergebenen Fragebögen einen wertvollen Beitrag zur Erstellung einer ersten Analyse und zur Unterstützung der mit dem genannten Forschungsprojekt verbundenen Aufgabenstellungen.[1]

Aufgrund der Ergebnisse der Studie sind Aussagen möglich über

- die branchenbezogene personelle und finanzielle Ausgangssituation der befragten Unternehmen,
- die prinzipielle Einstellung der Unternehmen hinsichtlich der Nutzung neuester verfügbarer Technik,
- den Umfang des Einsatzes vorhandener und geplanter EDV-Lösungen im betriebswirtschaftlichen Bereich, im Fertigungsbereich sowie in Forschung und Entwicklung,

1 Dafür gilt unser Dank den verantwortlichen Mitarbeitern dieser Unternehmen.

- das Informationsverhalten bei und die Gestaltung von Kaufentscheidungsprozessen,
- die mit EDV-Anschaffungen verbundenen Investitionsziele und
- das erreichte und geplante Niveau integrierten Rechnereinsatzes.

Eine ausführlichere Darstellung der Untersuchung findet man in Gaul; Theuner; Lutz (1992). Im folgenden sollen ausgewählte Ergebnisse der Befragung im Hinblick auf Innovationsvorgänge in den Unternehmen der neuen Bundesländer zusammengefaßt dargestellt werden.

2. Allgemeine Entwicklungstrends

Die im ersten Halbjahr 1991 durchgeführte Studie erlaubte einen Einblick in die wirtschaftliche Ausgangssituation der befragten Unternehmen in diesem Zeitraum sowie Schlußfolgerungen bzgl. einiger Entwicklungstrends. Für Veränderungen hinsichtlich der Beschäftigtenstrukturen in den Unternehmen war der für Mitte 1991 terminierte Beschäftigtenabbau aufgrund auslaufender Übergangsregelungen zum Kündigungsschutz ein wichtiges Ereignis.

Eine Aussage über den geplanten Beschäftigtenabbau machten 127 der befragten 156 Unternehmen. Auf dieser Basis ergab sich ein geplanter Beschäftigtenrückgang ab Juli 1991 gegenüber Juni 1991 von 29,2 Prozent. Durch Zuordnung der befragten Unternehmen entsprechend ihrer angegebenen Beschäftigtenzahlen zu 7 Unternehmensgrößenklassen[2] wurde deutlich, daß ca. 50 Prozent der Unternehmen in den Größenklassen 5 bis 7 durch den geplanten drastischen Beschäftigtenabbau ab Juli 1991 der nächst niedrigeren Unternehmensgrößenklasse zuzuordnen waren.

Am deutlichsten zeigte sich der geplante Beschäftigtenabbau bei Unternehmen mit mehr als 500 Beschäftigten. Hier sind z.B. etwa 27 Prozent der Unternehmen der Größenklasse 6 künftig der Größenklasse 5 zuzurechnen. Unternehmen mit weniger als 150 Beschäftigten planen z.T. Neueinstellungen, ohne jedoch in eine nächst höhere Unternehmensgrößenklasse zu wechseln. Diese Ergebnisse lassen sich aus der in Abbildung 1 dargestellten Entwicklung der Beschäftigtenzahlen nach Unternehmensgrößenklassen entnehmen.

In der Literatur (vgl. Spiegel-Verlag (1988), Leder (1990), S. 24ff., Trommsdorf; Schneider (1990)) wird ein möglicher Zusammenhang zwischen Unternehmensgröße und Innovationskraft auch in Verbindung mit der Branchenzugehörigkeit diskutiert, so z.B., daß Innovationen in den Branchen Chemie und Elektronik i.d.R. von großen Unternehmen ausgehen und daß es sich im Maschinenbau oftmals um kleine Hersteller von Spezialmaschinen handelt, die besonders innovative Lösungen anbieten.

---

2 Die Einteilung der Unternehmensgrößenklassen (UGK) benutzt Vorgaben des Statistischen Bundesamtes (z.B. Statistisches Bundesamt (1990a)): UGK 1: 1-19 Beschäftigte; UGK 2: 20-49 Beschäftigte; UGK 3: 50-99 Beschäftigte; UGK 4: 100-199 Beschäftigte; UGK 5: 200-499 Beschäftigte; UGK 6: 500-999 Beschäftigte; UGK 7: 1000 und mehr Beschäftigte.

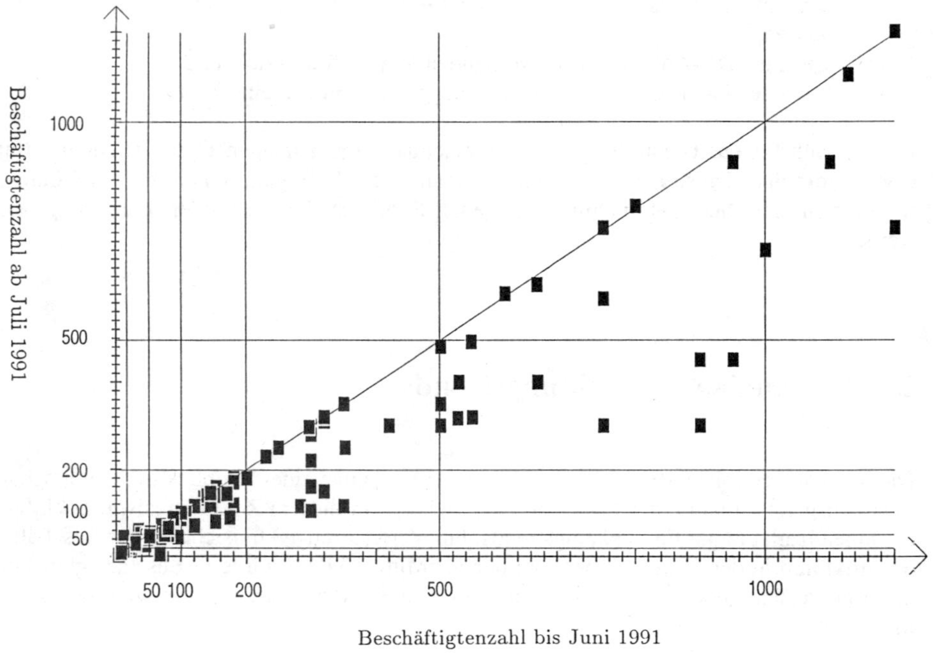

Abb. 1 Entwicklung der Beschäftigtenzahlen nach Unternehmensgrößenklassen (Gesamtstichprobe)

Angaben zur Veränderung des Beschäftigtenstandes nach Branchen sind in Abbildung 2 wiedergegeben und weisen auf die im Jahr 1991 in den neuen Bundesländern zu beobachtenden Schwierigkeiten in den Branchen Maschinenbau und Elektrotechnik hin (vgl. VDMA (1992)). So hatte z.B. der Maschinenbau im 1. Halbjahr 1991 einen Auftragsrückgang von 26,4 Prozent gegenüber dem 2. Halbjahr 1990 zu verzeichnen. Im gleichen Zeitraum ging der Export für Unternehmen dieser Branche in den neuen Bundesländern um 9 Prozent zurück (vgl. z.B. Statistisches Bundesamt (1990b und 1991)).

In den befragten Unternehmen des Maschinenbaus und der Elektrotechnik nimmt gemäß Abbildung 2 die Beschäftigtenzahl mit über 40 Prozent nach Juli 1991 am meisten ab. Dagegen besitzen Branchen wie das Bauwesen und die Dienstleistungen seit Beginn des Überganges von der Plan- zur Marktwirtschaft aufgrund eines vorhandenen heimischen Marktes wesentlich bessere Konsolidierungs- und Wachstumschancen.

Daten zum Anteil der Mitarbeiter im Verwaltungsbereich und im Bereich der Fertigung lagen von 98 Unternehmen vor. Auf dieser Basis ergab sich ein Verhältnis der Beschäftigtenzahlen zwischen Verwaltung und Fertigung von 1 zu 2,7 für die Gesamtstichprobe.

Die angestrebten Kostensenkungen durch Beschäftigtenabbau können neben der Optimierung der Leistungsprozesse und der hiermit verbundenen Innovationen wichtige Voraussetzungen für erfolgversprechende Unternehmensstrategien schaffen, um in gesättigten bzw. stagnierenden oder gar in der Entwicklung rückläufigen Märkten bestehen zu können (vgl. z.B. Picot (1984)).

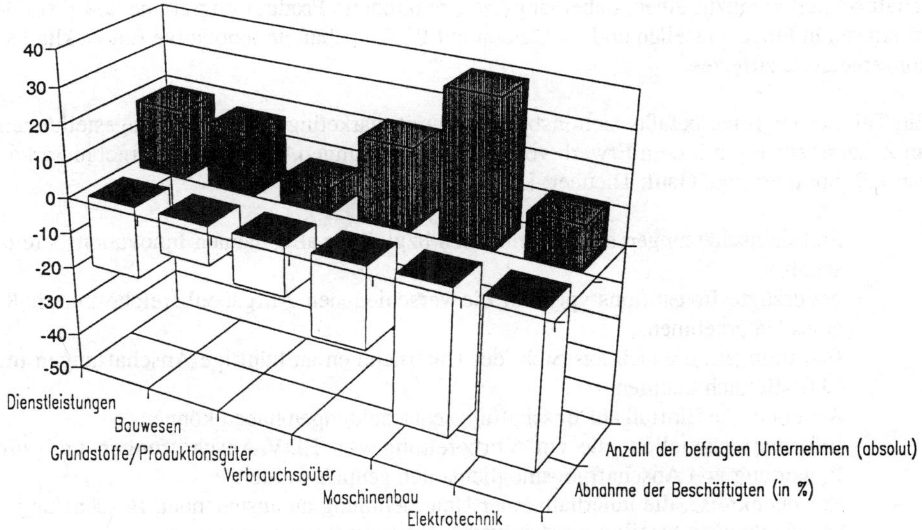

Abb. 2: **Veränderungen der Beschäftigtenzahlen nach Branchen**

Die Gegenüberstellung der Umsatzerwartungen je Beschäftigten für die befragten Unternehmen im Jahr 1991 und der entsprechenden Umsatzwerte für die Unternehmen der alten Bundesländer im Jahr 1990 (vgl. z.B. IdW (1991)) ergab, daß das Niveau der alten Bundesländer im Jahr 1991 zu 40 Prozent erreicht würde. Entsprechende für das Jahresende gültige Kennzahlen blieben allerdings hinter diesen Erwartungen zurück, so daß beispielsweise im Dezember 1991, bezogen auf die Gesamtindustrie der neuen Bundesländer, etwas über 30% der westdeutschen Umsatzzahlen pro Beschäftigten wirklich realisiert wurden (vgl. o.V. (1992), S. 14).

Es ist zu erwarten, daß Innovationen in den Unternehmen dann einen höheren Stellenwert erhalten, wenn für die zum Befragungszeitpunkt noch dominierenden eigentumsrechtlichen und strukturellen Problemfelder der meisten Unternehmen eine Lösung erfolgt ist. Erste Hinweise für die Beurteilung des Innovationsverhaltens der Unternehmen ergaben sich aus den Analyseergebnissen bzgl. der mit EDV-Anschaffungen verbundenen Erwartungen für die Verbesserung des unternehmerischen Erfolgs und bzgl. der geplanten Investitionstypen (Ersatz-, Erweiterungs- und Neuinvestition) in Verbindung mit dem geplanten Einsatz von EDV in den verschiedenen Aufgabenbereichen der Unternehmen.

3. Innovationsbereitschaft und Erwartungen

Um erfolgreich auf sich schnell ändernde Situationen reagieren zu können, sind nicht nur die Unternehmen der neuen Bundesländer einem erheblichem Innovationsdruck ausgesetzt. Aber diesen Unternehmen fällt es gerade in der sich augenblicklich abspielenden tiefgreifenden Umstellungsphase besonders schwer, den Wechsel von der Plan- zur Marktwirtschaft schnell voranzutreiben, dabei langjährig praktizierte Produktprogramme und Prozeßstrukturen in Frage zu stellen und stattdessen mit Risiko behaftete innovative Entwicklungskonzepte durchzusetzen.

Ein Teil der Umfrage befaßte sich insbesondere mit marketingorientierten Fragestellungen im Zusammenhang mit dem Erwerb von EDV-Ausstattungen. Auswertungsergebnisse liegen z.B. vor über (vgl. Gaul; Theuner; Lutz (1992)):

- Selbsteinschätzungen der Unternehmen bzgl. ihrer allgemeinen Innovationsbereitschaft,
- bevorzugte Investitionstypen für die verschiedenen Aufgabenbereiche innerhalb eines Unternehmens,
- Erwartungen, die sich aus Sicht der Unternehmen an künftige Anschaffungen im EDV-Bereich knüpfen,
- Kriterien, die Einfluß auf Beschaffungsentscheidungen haben können,
- Informationsquellen, die zur Vorbereitung von EDV-Anschaffungen und zur Bewertung von Anschaffungsmöglichkeiten genutzt werden,
- Personenkreise, die innerhalb einer Unternehmung an anstehenden Beschaffungsentscheidungen beteiligt werden bzw. diese beeinflussen, sowie
- im Hardware- und Softwarebereich bevorzugte Anbieter und Anforderungen hinsichtlich ergänzender Leistungen, die an diese Anbieter gestellt werden.

Die Mehrzahl der befragten Unternehmen charakterisierte ihre Innovationsbereitschaft mit der Antwortalternative, daß der Einsatz neuester Techniken "abhängig vom zu lösenden Problem" vorgenommen werde. Wie aus Abbildung 3 ersichtlich wird, konzentrieren sich die in der Stichprobe vertretenen Branchen auf diese Antwortmöglichkeit.

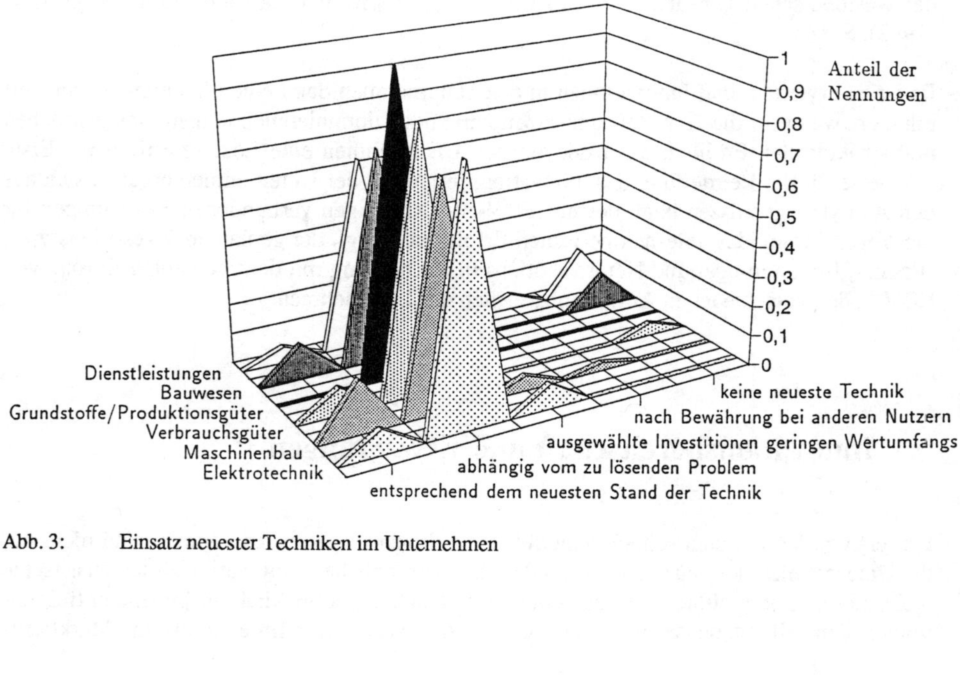

Abb. 3: Einsatz neuester Techniken im Unternehmen

Unternehmen, denen durch Meidung "neuester Techniken" ein eher konservatives Innovationsverhalten zuzuschreiben ist, sind vor allem im Dienstleistungssektor und im Bauwesen anzutreffen, während die Maschinenbaubranche den höchsten Anteil derjenigen Unternehmen aufweist, die bereit wären, Technik "entsprechend dem (jeweils) neuesten (verfügbaren) Stand" einzusetzen.

Die Frage nach den mit künftigen EDV-Anschaffungen verbundenen Erwartungen der Unternehmen führte zu den in Abbildung 4 dargestellten branchenspezifischen Ergebnissen.

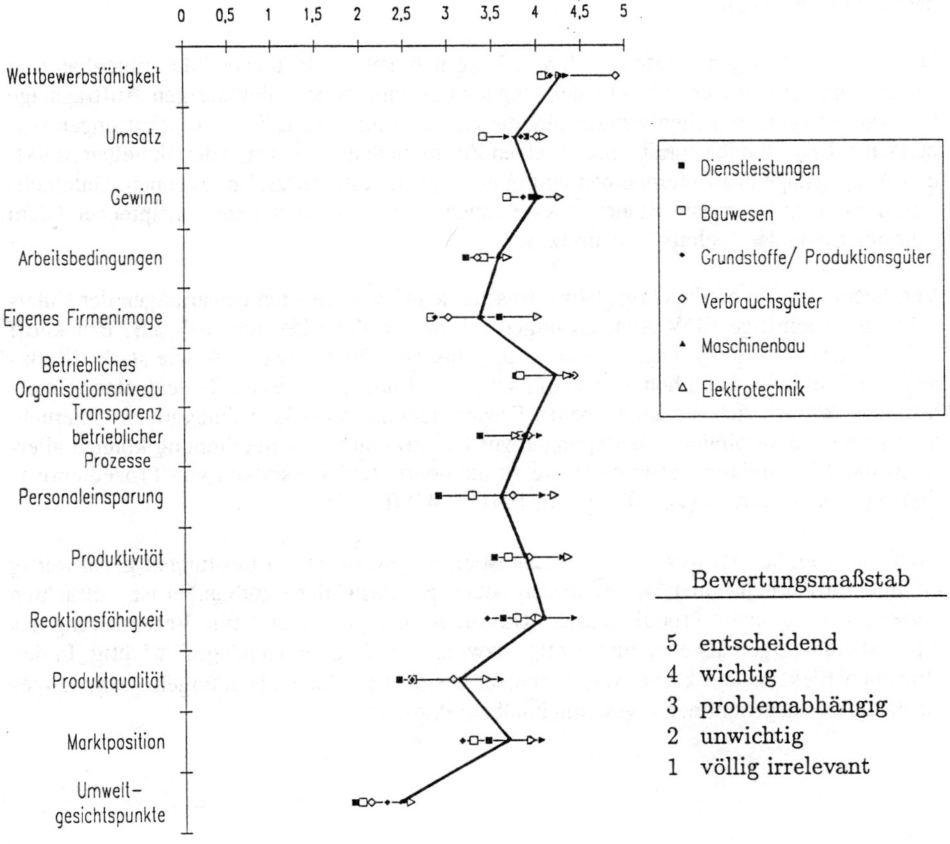

Abb. 4: Erwartungen an künftige EDV-Anschaffungen

Hinweis:
In Abbildung 4 und in entsprechenden Abbildungen dieser Art bezieht sich die Skalenausprägung mit Wert Null auf die Antwortmöglichkeit "unbekannt", die im Fragebogen durchgängig benutzt wurde. Die dargestellten Ergebnisse wurden jeweils bzgl. dieser Antwortkategorie bereinigt.

Die unterschiedlich markierten Skalenwerte zeigen den Durchschnitt aller Wertungen an, die von den antwortenden Unternehmen aus den verschiedenen Branchen abgegeben wurden. Der durchgängige Linienzug spiegelt die Bedeutung entsprechender Erwartungen für die Gesamtstichprobe wider. Beurteilungen einzelner Branchen können über die in der Legende beschriebene Symbolik durch eigenständiges Verbinden der entsprechenden Markierungen dargestellt werden. Eine insgesamt große Bedeutung wurde dem eher übergeordneten Unternehmensziel der Stärkung der "Wettbewerbsfähigkeit" (insbesondere Verbrauchsgüterhersteller trugen zu dieser Wertung bei), der Ausprägung "betriebliches Organisationsniveau" und der Erhöhung der "Reaktionsfähigkeit" auf Kunden- und Markterfordernisse beigemessen.

Diese Einschätzungen wurden auch von Unternehmen der Branchen Maschinenbau und Elektrotechnik getragen, die mit der eingangs beschriebenen rückläufigen Auftragslage konfrontiert sind. Branchenbezogen läßt die Auswertung der mit EDV-Anschaffungen verbundenen Erwartungen somit einen direkten Zusammenhang zwischen der aktuellen Markt- und Auftragslage der Unternehmen und ihren EDV-Investitionszielen erkennen. Unternehmen der beiden genannten Branchen waren auch eher bereit, Techniken "entsprechend dem neuesten Stand der Technik" einzusetzen.

Vergleicht man die als "wichtig" bzw. "entscheidend" bezeichneten Erwartungen der Unternehmen an künftige EDV-Anschaffungen mit den in der Literatur (vgl. z.B. Brockhoff (1989a), Cooper (1988)) angegebenen Erfolgsfaktoren für Innovationen wie starke Marktposition, Flexibilität und hohes technologisches und organisatorisches Niveau eines Unternehmens, können sich die angegebenen Erwartungen mit künftigen innovativen Unternehmensstrategien verbinden. Überlegungen zur Umsatz- und Gewinnerhöhung können allerdings nicht in direkten Zusammenhang zu ökonomischen Wirkungen von Prozeßinnovationen gebracht werden (vgl. Hauschildt 1991, S. 468ff.).

Branchen wie das Bauwesen und die Dienstleistungen, für deren Leistungen gegenwärtig ein außerordentlich hoher Bedarf in den neuen Bundesländern vorhanden ist, betrachten Personaleinsparungen, Produktqualität, Umweltgesichtspunkte und eine Verbesserung der Arbeitsbedingungen als eher "unwichtig" bzw. als nur "problemabhängig" wichtig. In den Branchen Elektrotechnik und Maschinenbau besitzen solche Zielstellungen - Umweltgesichtspunkte ausgenommen - wesentlich höhere Priorität.

4. Innovationsvorgänge und EDV-Einsatz

Die Gegenüberstellung des geplanten EDV-Einsatzes in den Aufgabenbereichen der Unternehmen und der geplanten Investitionsaktivitäten in bezug auf künftige EDV-Anschaffungen läßt wegen des hohen Anteils an geplanten Neuinvestitionen Rückschlüsse auf Vorhaben der innovativen Prozeßumgestaltung zu. Prozeßinnovationen hinsichtlich der Einführung "weitreichender" bzw. "umfassender" EDV-Lösungen könnten in Aufgabenbereichen wie z.B. Unternehmensführung, Vertrieb, Anlagenwirtschaft, Beschaffung und Logistik sowie Produktionsplanung und -steuerung künftig branchenübergreifend zum Tragen kommen.

Für das angestrebte "weitreichende" bis "umfassende" Niveau des EDV-Einsatzes ließen sich aus den Ergebnissen der mündlichen Befragung u.a. folgende drei Gründe belegen:

- der notwendige drastische Abbau der Beschäftigten im Verwaltungsbereich der Unternehmen,
- die hinzugekommenen neuen Aufgabenstellungen im betriebswirtschaftlichen Bereich und
- das seit der Marktöffnung zur Verfügung stehende breite Angebot an Hard- und Software.

Die branchenspezifische Analyse zum EDV-Einsatz (vgl. Gaul; Theuner; Lutz (1992) für detaillierte branchenabhängige Analyseergebnisse) machte deutlich, daß der Maschinenbau und die Elektrotechnik für betriebswirtschaftliche Aufgabenstellungen und für die Bereiche Fertigung sowie Forschung und Entwicklung größtenteils "weitreichende" bzw. "umfassende" EDV-Einsatzmöglichkeiten planen.

Einzelergebnisse für den betriebswirtschaftlichen Bereich zeigten, daß die befragten Unternehmen der Branche Elektrotechnik - außer in den Bereichen Rechnungswesen und Personal - über das höchste Ausgangsniveau beim EDV-Einsatz verfügten. Im Rechnungswesen berichtet z.B. das Bauwesen bereits über einen relativ "weitreichenden" Einsatz von EDV-Lösungen, im Personalwesen ist vor allem der Maschinenbau zu nennen. Schwerpunkte für EDV-Investitionen und damit für innovative Prozeßgestaltungen sehen Unternehmen des Maschinenbaus vor allem in den Bereichen Unternehmensführung, Vertrieb, Rechnungswesen sowie Beschaffung und Logistik. Die Unternehmen der Elektrotechnik wollen künftig verstärkt in der Unternehmensführung und im Rechnungs- und Personalwesen mit Computern arbeiten. Das Bauwesen weist den höchsten Investitionsbedarf für EDV-Lösungen im Bereich Anlagenwirtschaft auf. Allgemein sollen verstärkt Aufgaben in den Bereichen Unternehmensführung, Vertrieb, Beschaffung und Logistik sowie bei der allgemeinen Verwaltung EDV-gestützt gelöst werden. Einen Überblick über diese Ergebnisse liefert Abbildung 5.

Für die befragten Unternehmen des Dienstleistungsbereichs und des Handels liegen die Investitionsschwerpunkte vorrangig im Ausbau der "vereinzelt" und "problemabhängig" bereits vorhandenen EDV-Lösungen mit Hilfe geeigneter Software. Innovationsvorgänge sind in diesem Zusammenhang unter der Bedingung zu erwarten, daß die EDV-Anschaffungen in Verbindung mit zunehmend differenzierteren Kundenforderungen organisatorische Veränderungen der Arbeitsabläufe, der Informationstätigkeit und der Kooperation nach sich ziehen.

Wie die Auswertung der Befragungsergebnisse in Hinblick auf vorhandene und geplante betriebswirtschaftliche EDV-Lösungen im nichtproduzierenden Gewerbe zeigte, werden nach der Realisierung der geplanten EDV-Lösungen weiterhin das Rechnungswesen Rang 1 und die Unternehmensführung Rang 7 innehaben. Informationen dieser Art lassen sich der nachfolgenden Abbildung 6 entnehmen.

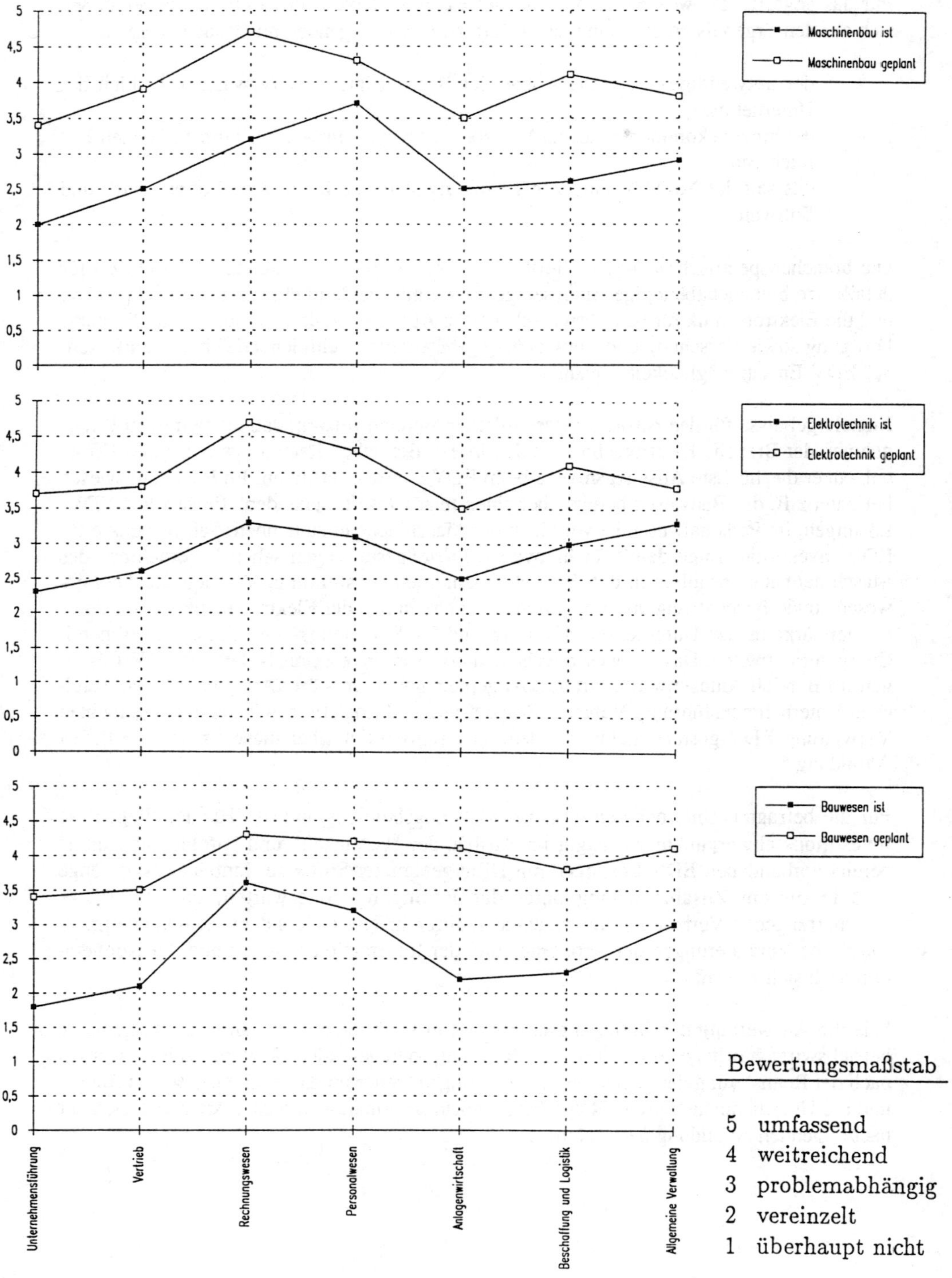

Abb. 5: Umfang des Einsatzes vorhandener und geplanter betriebswirtschaftlicher EDV-Lösungen nach ausgewählten Branchen

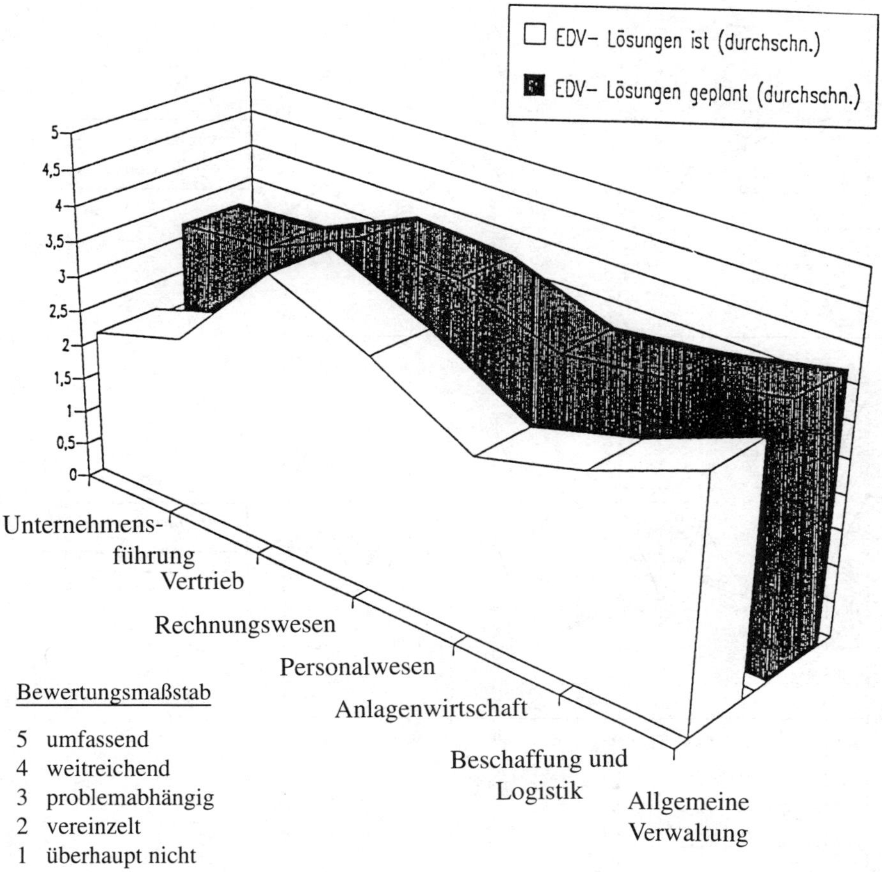

Bewertungsmaßstab

5 umfassend
4 weitreichend
3 problemabhängig
2 vereinzelt
1 überhaupt nicht

Abb. 6: Umfang des Einsatzes vorhandener und geplanter betriebswirtschaftlicher EDV-Lösungen im nichtproduzierenden Gewerbe

Im Fertigungsbereich sowie in Forschung und Entwicklung können, abhängig vom Produkt- und Leistungsprogramm und den unterschiedlichen Wettbewerbsbedingungen, Prozeßinnovationen branchenspezifisch eine sehr differenzierte Ausprägung annehmen. Abbildung 7 zeigt den Umfang des Einsatzes vorhandener und geplanter EDV-Lösungen für die o.g. Bereiche, gegliedert nach den Branchen Maschinenbau, Elektrotechnik und Bauwesen.

Bei den Nennungen vorhandener und geplanter CAD-Lösungen ist die Branche Elektrotechnik führend. Innovative Prozeßumgestaltungen sind in der Projektierung und der Angebotserarbeitung zu erwarten. Die computergestützte Arbeitsplanerstellung ist in der Branche Maschinenbau "problemabhängig" vorhanden. In diesen Aufgabenbereichen liegen auch Schwerpunkte geplanter Investitionen. Weiterhin sind Innovationsvorgänge bei Unternehmen der Branche Elektrotechnik wahrscheinlich, die bedeutende Investitionen im gesamten PPS-Bereich sowie für automatische Lagersteuerung, Transportsysteme, flexible Fertigungssysteme und CNC-Maschinen im CAM-Bereich planen.

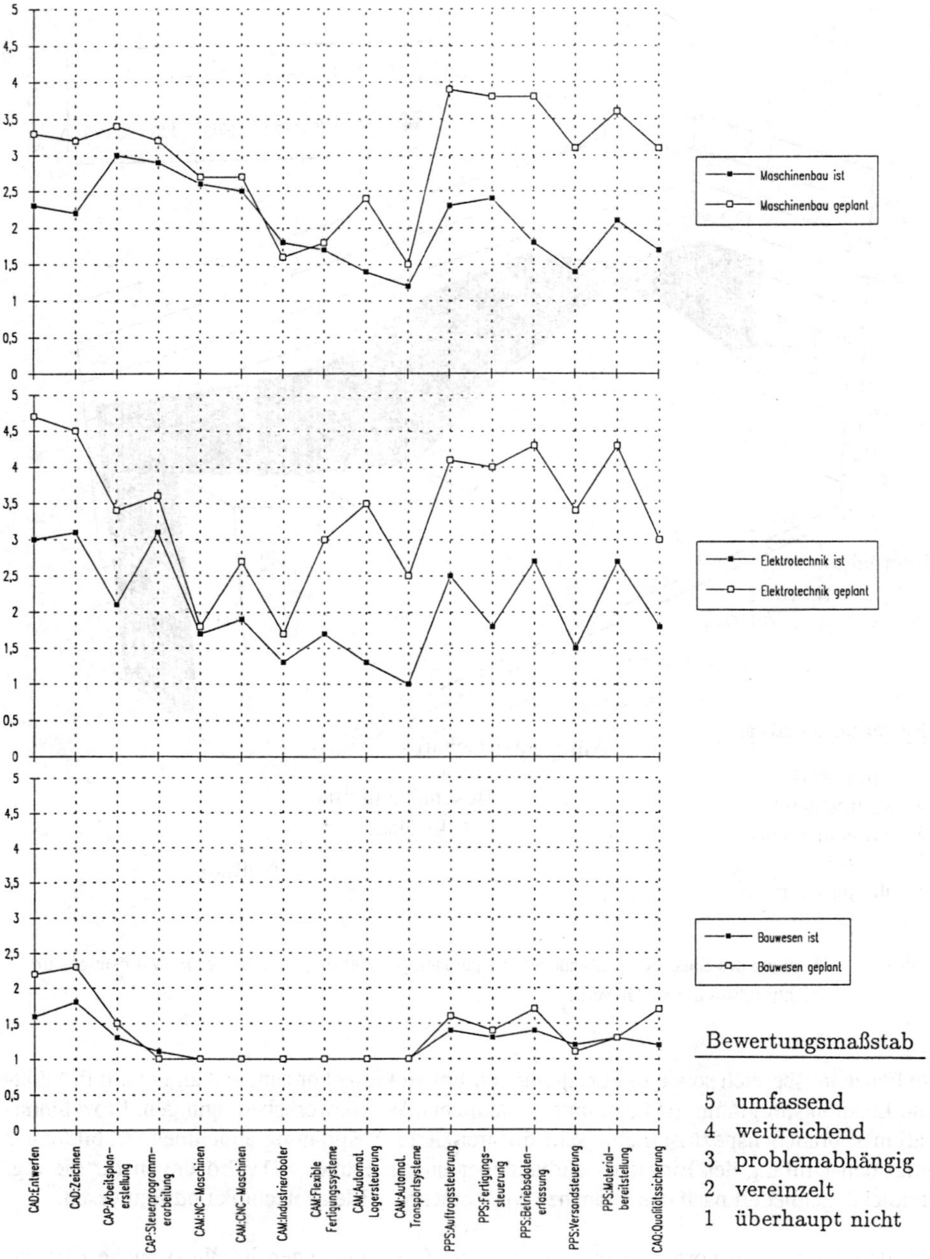

Abb. 7: Umfang des Einsatzes vorhandener und geplanter EDV-Lösungen in den Bereichen Fertigung sowie Forschung und Entwicklung nach Branchen

Der Maschinenbau geht z.T. von ähnlichen Innovations- und Investitionsschwerpunkten wie die Elektrotechnik aus. CAQ soll in den Branchen Elektrotechnik und Maschinenbau aufbauend auf vorhandene "vereinzelte" Lösungen "problemabhängig" erweitert werden.

Unternehmen im Bauwesen besitzen und planen für sich betrachtet im CAD-, PPS- und CAQ-Bereich nur "vereinzelt" EDV-Ausstattung. CAM-Lösungen werden, bedingt durch den Charakter der im Baugewerbe zu bewältigenden Aufgaben, weder eingesetzt noch geplant.

Die Struktur der geplanten Investitionsaktivitäten bei künftigen EDV-Anschaffungen wurde für die Gesamtstichprobe in Abbildung 8 dargestellt. Die Höhe der Balken im Diagramm ergibt sich aus der Anzahl der Unternehmen, die innerhalb der einzelnen Aufgabenbereiche vorwiegend die entsprechenden Investitionsaktivitäten vornehmen würden. Neuinvestitionen sind im betriebswirtschaftlichen Bereich z.B. bei der Unternehmensführung (vgl. z.B. Gaul; Both (1990) für einen Überblick über Einsatzmöglichkeiten von Management-Informationssystemen und Entscheidungsunterstützungssystemen) und in den Bereichen Fertigung sowie Forschung und Entwicklung z.B. bei CIM-Bausteinen vorgesehen, in denen nur "vereinzelte" EDV-Lösungen existieren. In einzelnen betriebswirtschaftlichen und technisch orientierten Funktionsbereichen, in denen bereits eine intensivere EDV-Nutzung realisiert wurde, sind häufiger Erweiterungsinvestitionen geplant bzw. fallen entsprechende Ersatzinvestitionen an.

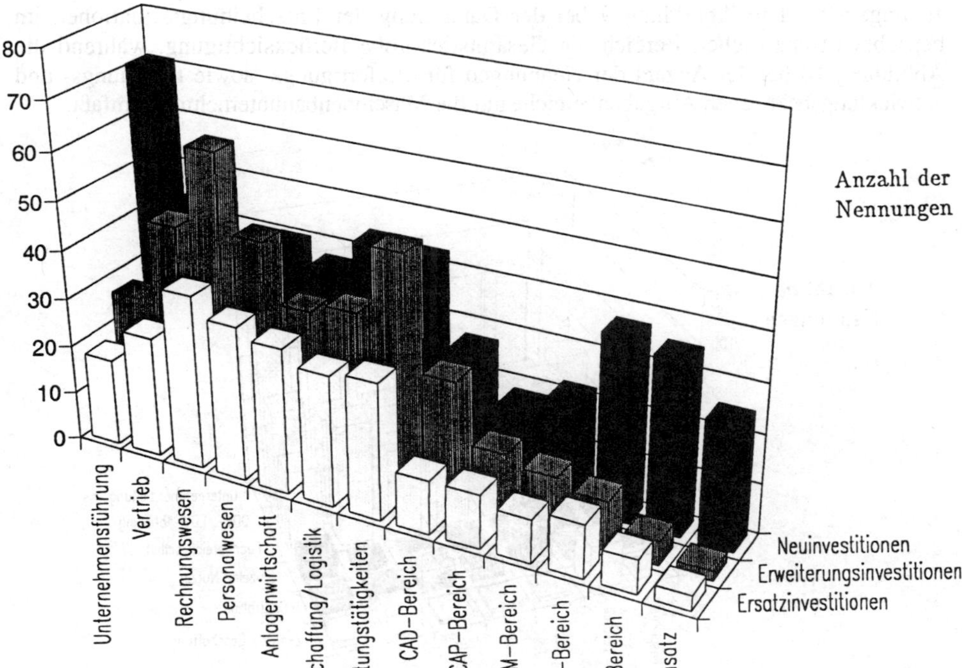

Abb. 8: Investitionsaktivitäten in bezug auf künftige EDV-Anschaffungen

Die Befragung ergab in diesem Zusammenhang, daß Investitionen in hohem Maße vom Anwendernutzen (z.B. Zuverlässigkeit, Service und Bedienung, Benutzerfreundlichkeit, Leistungsfähigkeit, Kompatibilität), von finanziellen Aspekten (z.B. Wirtschaftlichkeit,

Preis und Zahlungsbedingungen, Finanzierungsmöglichkeiten) und von Anbietereigenschaften (z.B. Anbieter Know-How, Anbieterseriosität) beeinflußt werden. Staatliche Fördermöglichkeiten und die Verfügbarkeit von Referenzanlagen treten demgegenüber in ihrer Bedeutung zurück.

Imagegesichtspunkte (eigenes Firmenimage, Anbieterimage, Herstellernationalität) spielen nach Angaben der befragten Unternehmen eine eher untergeordnete Rolle bei der EDV-Beschaffungsentscheidung. Hinsichtlich der Rangfolge solcher Kaufkriterien im EDV-Bereich ergibt sich insgesamt für die verschiedenen in die Untersuchung einbezogenen Branchen ein recht homogenes Bild (siehe Gaul; Theuner; Lutz (1992)).

"Make or Buy"-Entscheidungen fallen in Zusammenhang mit EDV-Anschaffungen vorrangig für die Softwareerstellung an, im Hardwarebereich dominiert der Kauf. Das hat zur Folge, daß Prozeßinnovationen auf diesem Gebiet mit EDV-Investitionen verbunden sein können, oder - anders ausgedrückt - , daß EDV-Investitionen Prozeßinnovationen verursachen.

Im Rahmen der vorliegenden Umfrage wurde auch untersucht, welche organisatorischen Einheiten innerhalb der Unternehmen vorwiegend als Träger der EDV-Investitions- bzw. Beschaffungsentscheidungen auftreten. Um der Branchenstruktur der Stichprobe Rechnung zu tragen, fand in Abbildung 9 bei der Darstellung der Entscheidungssituationen im betriebswirtschaftlichen Bereich die Gesamtstichprobe Berücksichtigung, während die Abbildung 10 bei der Anzahl der Nennungen für die fertigungs- sowie forschungs- und entwicklungsbezogenen Aufgabenbereiche nur die Maschinenbauunternehmen umfaßt.

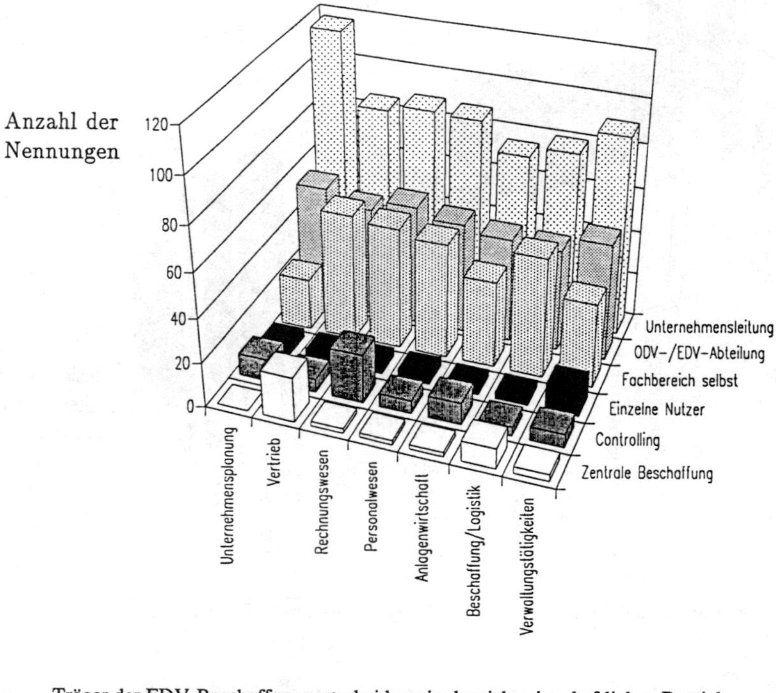

Abb. 9: Träger der EDV-Beschaffungsentscheidung im betriebswirtschaftlichen Bereich (Gesamtstichprobe)

Es wird deutlich, daß die Unternehmensleitung für die betriebswirtschaftlichen Aufgabenbereiche als maßgeblicher Entscheidungsträger fungiert. In kleinen Unternehmen (bis 20 Beschäftigte) entscheidet vorwiegend die Geschäftsleitung allein über EDV-Investitionen. In größeren Unternehmen erfolgt in stärkerem Maße die Einbeziehung von verschiedenen Fachleuten (Buying Center) in die Entscheidungsfindung.

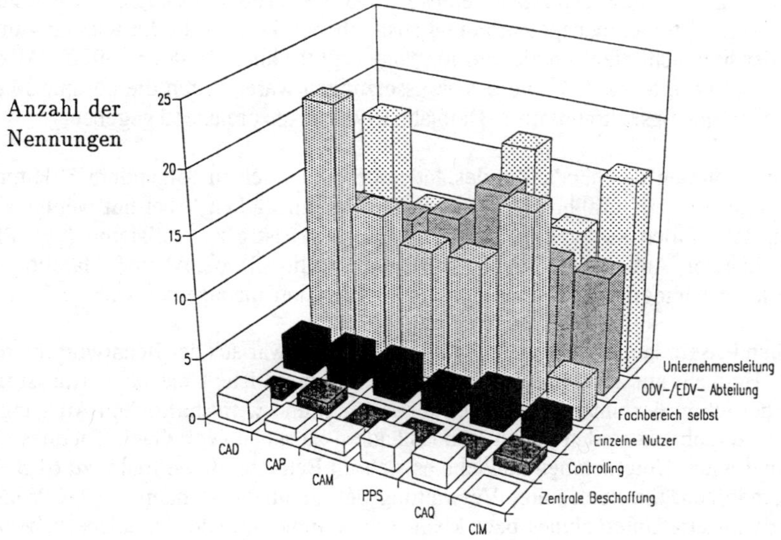

Abb.10: Träger der EDV-Beschaffungsentscheidung in den Bereichen Fertigung sowie Forschung und Entwicklung (Maschinenbauunternehmen)

Daneben gehören der Fachbereich selbst, für den die EDV-Investition getätigt werden soll, und - im Falle ihrer Existenz - die separate ODV- bzw. EDV-Abteilung zu den Gremien, die Anteil an den Beschaffungsentscheidungen haben. Die Einflußnahme des eigentlichen Nutzers der anzuschaffenden EDV-Ausrüstung ist außer im Bereich der "Allgemeinen Verwaltungstätigkeiten" auffallend gering. Insgesamt geht das Gewicht der Unternehmensführung im Buying Center in einigen technischen Bereichen zugunsten des betroffenen Fachbereichs zurück. Eine Ausnahme bildet hier die strategisch/langfristig orientierte Beschaffungsentscheidung bei den CIM-Komponenten.

Die aus der Umfrage ermittelten Entscheidungsstrukturen für EDV-Beschaffungsvorhaben tragen interdisziplinären Charakter. Die rechtzeitige Einbeziehung der Fachbereiche, für die in der Regel durch den EDV-Einsatz Änderungen der Arbeitsprozesse eintreten, unterstützt Prozeßinnovationen im Unternehmen (siehe Brockhoff (1989b), Strothmann; Kliche (1989), S. 167ff. u.a.).

5. Ausblick

Ein großer Teil der Unternehmen in den neuen Bundesländern planen ihren unternehmerischen Erfolg auf Basis von Produkt- und Prozeßinnovationen. Für die Konzipierung und erfolgreiche Durchsetzung von Innovationsstrategien benötigen diese Unternehmen neben Vorstellungen über den Ablauf eines innovativen Problemlösungsprozesses auch das entsprechende Unternehmenspotential und ausreichende Zeit für die Entwicklung und Einführung der beabsichtigten Innovationsvorgänge (vgl. Bühner (1988), S. 392ff., Albach; de Pay; Rojas (1991), S. 320ff.). Diese Voraussetzungen waren durch die abrupte Marktöffnung zum Befragungszeitraum im 1. Halbjahr 1991 nur unzureichend gegeben.

Viele Unternehmen der neuen Bundesländer befinden sich in folgendem Dilemma: Sie müßten innovativ sein, um ihre Wettbewerbsposition zu stärken. Aber nur wenige sind gegenwärtig tatsächlich in der Lage, Innovationen kurzfristig zu realisieren (vgl. Pfeiffer; Metze; Schneider; Amler (1982) zu Technologieportfolios; Booz, Allen & Hamilton (1991) zu Vorteilen des integrierten Technologie- und Innovationsmanagements).

Ein Vorhandensein längerfristiger Innovationsstrategien war aus der Beantwortung der Fragen im 1. Halbjahr nur ansatzweise erkennbar. Eine wesentliche Ursache hierfür ist in erster Linie sicherlich in der unterschiedlichen juristischen und wirtschaftlichen Ausgangssituation der Unternehmen in den neuen Bundesländern zu sehen (vgl. Gaul; Theuner (1992)). Bei den befragten Unternehmen handelte es sich im Betrachtungszeitraum zu 61,5 Prozent um Unternehmen, die noch unter Verwaltung der Treuhand standen, zu 16 Prozent um bereits privatisierte Unternehmen bzw. kleine schon immer private Handelsbetriebe, zu 11,5 Prozent um neugegründete Unternehmen, die sich in der Erarbeitungsphase strategischer Konzepte befinden, und zu 4,5 Prozent um vorwiegend von westeuropäischen Unternehmen übernommene, d.h. nicht eigenständige Firmen.

Die geplante Wiederholung der Befragung im 1. Halbjahr 1992 soll Aufschluß darüber geben, inwieweit mit zunehmender Privatisierung eine fortschreitende strategische Unternehmensplanung das Antwortverhalten prägt.

Die Befragungsergebnisse zum EDV-Einsatz lassen erste Rückschlüsse auf geplante Prozeßinnovationen zu. Fragen zur Produktinnovation wurden mit dieser Themenstellung nicht berührt.

Der hohe Anteil an geplanten EDV-Neuinvestitionen in allen Unternehmensbereichen deutet darauf hin, daß viele Aktivitäten und die damit verbundenen Prozesse, z.B. im betriebswirtschaftlichen Bereich, in der Fertigung sowie bei Forschung und Entwicklung künftig auf einem wesentlich höheren Niveau rechnergestützt ablaufen sollen. Dies bedingt in der Regel eine Neugestaltung der entsprechenden Prozesse.

Besonders deutlich werden die geplanten innovativen Vorhaben zur Prozeßgestaltung, wenn man das Ausgangsniveau des EDV-Einsatzes in den Unternehmensbereichen, das - bezogen auf die Gesamtstichprobe - im Durchschnitt mit nur "vereinzelt" vorhanden angegeben wurde, mit dem geplanten Niveau vergleicht, für das ein "weitreichender" EDV-Einsatz prognostiziert wurde. Als Unternehmensbereiche, für die der EDV-Einsatz innovativen Charakter annehmen kann, traten im betriebswirtschaftlichen Bereich das Rechnungswesen, die Anlagenwirtschaft sowie die Beschaffung und Logistik hervor. In den Bereichen der Forschung und Entwicklung sowie der Fertigung werden Prozeßinnovationen in Verbindung mit dem EDV-Einsatz in den Branchen Maschinenbau und Elektrotechnik vor allem mit dem Einsatz von "weitreichenden" bis "umfassenden" CAD- und PPS-Lösungen erreicht werden. Das Ausgangsniveau liegt gegenwärtig noch bei nur "vereinzelten" oder "überhaupt nicht vorhandenen" EDV-Lösungen (vgl. Gaul; Theuner; Lutz (1992)).

Weitere durch die Befragung erhaltene Ergebnisse zum Investitions- und Beschaffungsverhalten der Unternehmen zeigten, daß während des Beschaffungszeitraumes ein unmittelbarer Zusammenhang zwischen den mit EDV-Anschaffungen verbundenen Investitionszielen und der aktuellen Marktlage bestand.

Da nur 32 Prozent der befragten Unternehmen ihre Hauptkonkurrenten benennen konnten, erwächst hieraus eine weitere von den Unternehmen zu lösende Aufgabe auf dem Gebiet der Marktforschung. Von allen befragten Unternehmen als "wichtig" bzw. "entscheidend" für EDV-Investitionsentscheidungen eingeschätzt, setzt die Verbesserung der Wettbewerbsfähigkeit z.B. die Kenntnis der Mitbewerber und spezifischer Kundenwünsche voraus.

Die im 1. Halbjahr 1991 befragten Unternehmen befanden sich aufgrund der kurzen Zeitspanne nach der Wende erst am Anfang des Weges zur Marktwirtschaft. Es ist daher zu erwarten, daß gleichartige Befragungen künftig zu einem wesentlich strukturierteren Antwortverhalten führen werden.

Literaturverzeichnis

Albach, H.; de Pay, D.; Rojas, R.
Quellen, Zeiten und Kosten von Innovationen, in: ZfB 61 (1991) 3, S. 309-324.

Booz, Allen & Hamilton (Hrsg.)
Integriertes Technologie- und Innovationsmanagement, Berlin (1991).

Brockhoff, K.
Schnittstellen-Management: Abstimmungsprobleme zwischen Marketing und Forschung und Entwicklung, Stuttgart (1989a).

Brockhoff, K.
Forschung und Entwicklung, Planung und Kontrolle, 2. Auflage, München (1989b).

Bühner, R.
Technologieorientierung als Wettbewerbsstrategie, in: ZfbF 40 (1988) 5, S. 387-406.

Cooper, R.G.
Predevelopment Activities Determine New Product Success, in: Industrial Marketing Management 17 (1988) 2, S. 237-247.

Gaul, W.; Both, M.
Computergestütztes Marketing, Heidelberg (1990).

Gaul, W.; Theuner, G.

Tendenzen der Unternehmensentwicklung in den neuen Bundesländern, Manuskript (1992).

Gaul, W.; Theuner, G.; Lutz, U.

Unternehmen aus den neuen Bundesländern beim Übergang zur Marktwirtschaft: Zusammenfassung von Ergebnissen einer empirischen Studie am Beispiel EDV-Einsatz, Arbeitspapier (1992).

Hauschildt, J.

Zur Messung des Innovationserfolges, in: ZfB 61 (1991) 4, S. 451-475.

IdW (Institut der deutschen Wirtschaft)

Zahlen zur wirtschaftlichen Entwicklung der Bundesrepublik Deutschland, Köln (1991).

Leder, M.

Innovationsmanagement - Ein Überblick, in: Albach, H. (Hrsg.): Innovationsmanagement - Theorie und Praxis im Kulturvergleich, Wiesbaden (1990), S. 1-54.

o.V.

Ostdeutsche Industrie - Produktivität hinkt hinterher, in: Wirtschaftswoche Nr. 15 (1992), S. 14.

Pfeiffer, W.; Metze, G.; Schneider, W.; Amler, R.

Technologie-Portfolios zum Management strategischer Zukunftsgeschäftsfelder, Innovative Unternehmensführung, Band 7, Göttingen (1982).

Picot, A.

Alternativen der Unternehmenspolitik bei rückläufiger Wirtschaftsentwicklung: Die Rolle der Kostenpolitik, in: Pack, L.; Börner, D. (Hrsg.): Betriebswirtschaftliche Entscheidungen bei Stagnation, Wiesbaden (1984), S.145-163.

Spiegel-Verlag (Hrsg.)

Innovatoren - Eine Pilotstudie zum Innovationsmarketing in Maschinenbau und Elektroindustrie; Hamburg (1988).

Statistisches Bundesamt (Hrsg.)

Statistisches Jahrbuch 1990 für die Bundesrepublik Deutschland, Stuttgart (1990a).

Statistisches Bundesamt (Hrsg.)

Außenhandel, in: Fachserie 7, Reihe 1: Zusammenfassende Übersichten für den Außenhandel, Stuttgart (1990b).

Statistisches Bundesamt (Hrsg.)

Produzierendes Gewerbe, in: Fachserie 4, Reihe 2.2: Auftragseingang und Umsatz im Verarbeitenden Gewerbe, Auftragseingang und Auftragsbestand, Stuttgart (1991).

Strothmann, K.-M.; Kliche, M.

Innovationsmarketing, Wiesbaden (1989).

Trommsdorf, V.; Schneider, P.

Grundzüge des betrieblichen Innovationsmanagement, in: Trommsdorf, V. (Hrsg): Innovationsmanagement in kleineren und mittleren Unternehmen, München (1990), S. 1-26.

VDMA
Die deutschen Unternehmen produzieren zu teuer - Der Importdruck wächst. Maschinenbauer hoffen auf Belebung der Konjunktur im zweiten Halbjahr, in: Handelsblatt, 13.3.1992, S. 1-2.

Gerhard Schewe
Cornelia Zanger

Imitation — Ausweg aus der technologischen Krise?

1. Zum Problem

Ohne Zweifel hat das Experiment der quasi stichtagsbezogenen Umstellung einer gesamten Volkswirtschaft von planwirtschaftliche auf marktwirtschaftliche Regelmechanismen zu Krisenerscheinungen mit gigantischem Ausmaß geführt. Das ostdeutsche Sozialprodukt schrumpfte von 1989 bis 1991 um 46 %.[1] Über Jahre zurückgestaute Probleme äußern sich für viele Unternehmen in einer manifesten Krisensituation mit Insolvenztendenz. Während im Jahr 1991 über 401 Unternehmen in den neuen Bundesländern die dem westdeutschen Konkursverfahren ähnelnde Gesamtvollstreckung eröffnet wurde, waren es im ersten Vierteljahr 1992 bereits 189 Betriebe.[2] Die Krisenursachen sind vielfältig, doch spielt der technologische Rückstand in vielen Bereichen ganz offensichtlich eine große Rolle.

Ein Ausweg aus der Krise erfordert insbesondere bei technologieorientierten Unternehmen eine intensive Ausrichtung der verfolgten Technologiestrategie an den wettbewerblichen Gegebenheiten. Die Bedeutung dieser technologischen Dimension der Wettbewerbsstrategie kennzeichnet Porter folgendermaßen:

> "Technological change can be a great equalizer that nullifies the advantages of incumbents and creates opportunities for newcomers and followers. Technological change is perhaps the single most important source of major market share changes among competitors for this reason, and is probably the most frequent cause of the demise of entrenched dominant firms."[3]

Der vorliegende Beitrag will durch eine detaillierte Auswertung von Krisenursachen und wettbewerbsstrategischen Alternativen vornehmlich eine Antwort auf die Frage nach der zu verfolgenden Technologiestrategie für Unternehmen in den neuen Bundesländern geben. Besonderes Augenmerk wird dabei auf die Analyse der Chancen und Risiken einer Imitationsstrategie gelegt.

2. Die technologische Dimension der Unternehmenskrise in den neuen Bundesländern

Die Unternehmenskrise ist seit langem Gegenstand betriebswirtschaftlicher Forschung, wofür die Vielzahl an wissenschaftlichen Veröffentlichungen auf diesem Gebiet Indiz sind.[4] Aus betriebswirtschaftlicher Sicht wird die Unternehmenskrise dabei als Prozeß angesehen, "der in der Lage ist, den Fortbestand der Unternehmung substanziell zu gefährden oder sogar unmöglich zu machen."[5] Als besonders wichtig für ein erfolgreiches Überwinden von Unternehmenskrisen muß die exakte Analyse der Krisenursachen angesehen werden. In der Regel kommt es zu einem Zusammentreffen von exogenen Ursachen, die außerhalb der

---

1 Vgl. Canibol, H. P.(Anpassung 1992), S.13

2 Vgl. o. V. (Genügend Masse 1992), S.12

3 Porter (Competitive Strategy 1983) S. 3.

4 Vgl. zu einem relativ vollständigen Überblick bis 1986 Müller (Krisenmanagement 1986).

5 Krystek (Krisenbewältigungsmanagement 1981), S. 6.

Einflußsphäre des Unternehmens liegen und endogene Ursachen, die aus dem Unternehmen selbst erwachsen.[1]

Beide Ursachenkomplexe bestimmen ebenfalls die sich gegenwärtig in den neuen Bundesländern abzeichnenden Unternehmenskrisen, wie aus den nachfolgenden Tabellen deutlich wird.[2] Betrachtet man die Zusammenstellung der Faktoren, so zeigt sich die Richtigkeit der These, daß die große Krise eines Unternehmens aus dem Zusammentreffen vieler kleiner Krisen resultiertund oft das Ergebnis alter, nicht vollständig bewältigter Probleme ist.[3]

Exogene Faktoren

(1) Markt:
- Wegfall Binnenmarktmonopol (Verkäufermarkt - Käufermarkt)
- Große Anzahl neuer Konkurrenten mit starkem Goodwill-Potential bei Kunden (große Bekanntheit westlicher Markenartikel)
- Änderung des Käuferverhaltens (Menge - Qualität)
- Wegfall der günstigen Zugangsmöglichkeiten zu osteuropäischen Märkten

(2) Wirtschaftspolitik:
- Wegfall von staatlichen Subventionen und Preisbindungen
- Reprivatisierung

(3) Rechtssystem:
- Unklare Eigentumsverhältnisse
- Vielzahl neuer gesetzlicher Regelungen, insb. im Steuerrecht, Gesellschaftsrecht, Recht der Betriebs- und Unternehmensverfassung, Wettbewerbsrecht usw.

(4) Ökologie
- Härtere Forderungen an Umweltverträglichkeit der Produktion

(5) Technologie:
- Schnelle Weiterentwicklung des internationalen technologischen Standes

Tab. 1: Exogene Krisenfaktoren für Unternehmen der neuen Bundesländer

Welche Rolle spielt nun innerhalb dieses Ursachenkomplexes die Technologie bzw. der technologische Rückstand in den Unternehmen der ehemaligen DDR? Welche technologische Dimension hat die Unternehmenskrise?

1 Diese Unterscheidung geht auf Fleege-Althoff ((Die notleidende Unternehmung 1930) zurück

2 Vgl. Zanger (Unternehmenskrise 1991), S. 21 f.

3 Hauschildt (Unternehmenskrisen 1988), S. 2.

Endogene Faktoren

(1) Strategie:
- Unklare Strategie zur Sanierung des Unternehmens insgesamt sowie einzelner Teilbereiche (insb. Finanzierung, Produktionsprogramm, Ausgliederung von Funktionen usw.)

(2) Management:
- Kompetenz- und Akzeptanzprobleme
- Festhalten an alten Konzepten / fehlende Bereitschaft, Krisensituation voll anzuerkennen
- Extreme Unsicherheit bei Entscheidungsparametern

(3) Finanzbereich:
- Drohende Illiquidität
- Überschuldung / "Altlasten"
- Fehlende Investitionsmittel
- keine Kreditsicherheiten

(4) Organisation und Planung:
- Starkes Beharrungsvermögen ineffizienter Organisations- und Planungsstrukturen
- Zu langsame Durchsetzung neuer Planungs- und Controllingkonzepte
- Widerstände beim Personal aus Furcht vor Entlassung
- Fehlende oder veraltete Informations- und Kommunikationsinfrastruktur

(5) Forschung und Entwicklung:
- Fehlende FuE-Konzeption
- Widerstand gegen Abbruch unwirtschaftlicher Projekte und zeitliche Straffung von Aufgaben
- Fehlende inhaltliche Autonomie von dezentral organisierten FuE-Abteilungen in den Betrieben (aufgrund des Wegfalls der Arbeitsteilung mit zentralen FuE-Einrichtungen beim ehemaligen Kombinat)

(6) Produktion / Investition:
- Veralteter Anlagenbestand, da dringend notwendige Modernisierung oft über Jahre verzögert
- Know How-Defizit
- Nicht konkurrenzfähige, hohe Produktionskosten, ungünstiges Preis- Qualitäts-Verhältnis führt zu Umsatzeinbrüchen

(7) Personal:
- Hauptkostenfaktor, Remanenz trotz Drosselung der Produktion
- Notwendigkeit zur Qualifizierung (Know How-Defizite abbauen)
- Personalreduzierung in treuhänderisch verwalteten Unternehmen erschwert

(8) Absatz:
- Unzureichende Marketingerfahrungen und -aktivitäten
- Probleme bei After-Sale-Service
- Marktforschung / Werbung erst in Entwicklung begriffen
- Neuorganisation von Vertriebswegen notwendig

(9) Rechnungswesen:
- fehlende Nachkalkulation
- keine marktwirtschaftliche Erfolgsrechnung
- fehlende Deckungsbeitragskontrolle
- keine aktuelles Controlling

Tab 2: Endogene Krisenfaktoren für Unternehmen der neuen Bundesländer

Eine von uns im Jahr 1991 durchgeführte empirische Untersuchung bei 26 Unternehmen unterschiedlicher Branchen im Raum Thüringen zeigte, daß für 85 % der Unternehmen deutliche Krisenerscheinungen zu verzeichnen waren. Die Forschung nach den Krisenursachen ergab drei Hauptkomplexe.

- Probleme im Bereich der *Anpassung des Managements* des Unternehmens an die marktwirtschaftlichen Bedingungen.
- Vorhandensein eines *Technologischen Rückstandes* und Probleme bei dessen schneller Beseitigung.
- *Akute Absatzprobleme* auf Grund des Wegfalls der traditionellen Absatzmärkte in Osteuropa.

Abbildung 1 zeigt die prozentuale Verteilung der drei Ursachenkomplexe für die ermittelten Krisenunternehmen.

Den einzelnen Problemfeldern liegt folgende Operationalisierung zugrunde:

- Managementprobleme: Einschätzung der Leistungsfähigkeit des Controllings, des Niveaus des Informations- und Kommunikationsverhaltens im Unternehmen und der Eignung des Managementpersonals.
- Technologischer Rückstand: Einschätzung des Grades der technologischen Neuerung bei Neuprodukteinführungen sowie der Altersstruktur des Produktionspotentials.
- Absatzproblem: Einschätzung der Absatzsituation (Umsatz) auf dem Binnen- wie auf den osteuropäischen Märkten im Vergleich zum Zeitpunkt vor Einführung der Marktwirtschaft.

Die Einschätzung wurde durch die Unternehmensleitung der befragten Unternehmen vorgenommen, wobei überwiegend ordinale Maße Verwendung fanden.

Versuchen wir diese Verteilung der Krisenursachen zu interpretieren, so zeigt sich:

- Es besteht eine starke Überlagerung der Probleme. In der Regel kommen mehrere Ursachenkomplexe zusammen, die die Unternehmenskrise verursachen.
- Probleme im Bereich des Managements treten am häufigsten auf. Die betriebswirtschaftliche Neuorientierung der Unternehmen in der Marktwirtschaft bereitet der Geschäftsführung der Unternehmen in 70 % der Gesamtfälle, bezogen auf die 22 "Krisenunternehmen" in 82 % aller Fälle Probleme, die i.d.R. zu bestehenden Schwierigkeiten im Bereich Technologie und Absatzmarkt hinzukommen.
- Einen erwartet breiten Raum nehmen bei über der Hälfte (54 %) aller Unternehmen, bzw. 64 % der "Krisenunternehmen" die technologischen Krisenursachen ein. Bei ca. 2/3 der Krisenunternehmen liegen damit die Hauptursache für diese Entwicklung im technologischen Rückstand gegenüber den Wettbewerbern, was sich für 18 % Krisenunternehmen (das sind 29 % der Unternehmen mit technologischen Problemen) in nicht wettbewerbs- und damit verkaufsfähigen Produktsortimenten bemerkbar macht.
- Für die ausgewählte Stichprobe waren in geringerem Umfang als erwartet akute Absatzprobleme infolge des Verlustes von Absatzmärkten die Hauptursache der Unternehmenskrise. Nur 12 % der Gesamtunternehmen, das sind 14 % der Krisenunternehmen wiesen auf Absatzschwierigkeiten als Krisenursache hin.

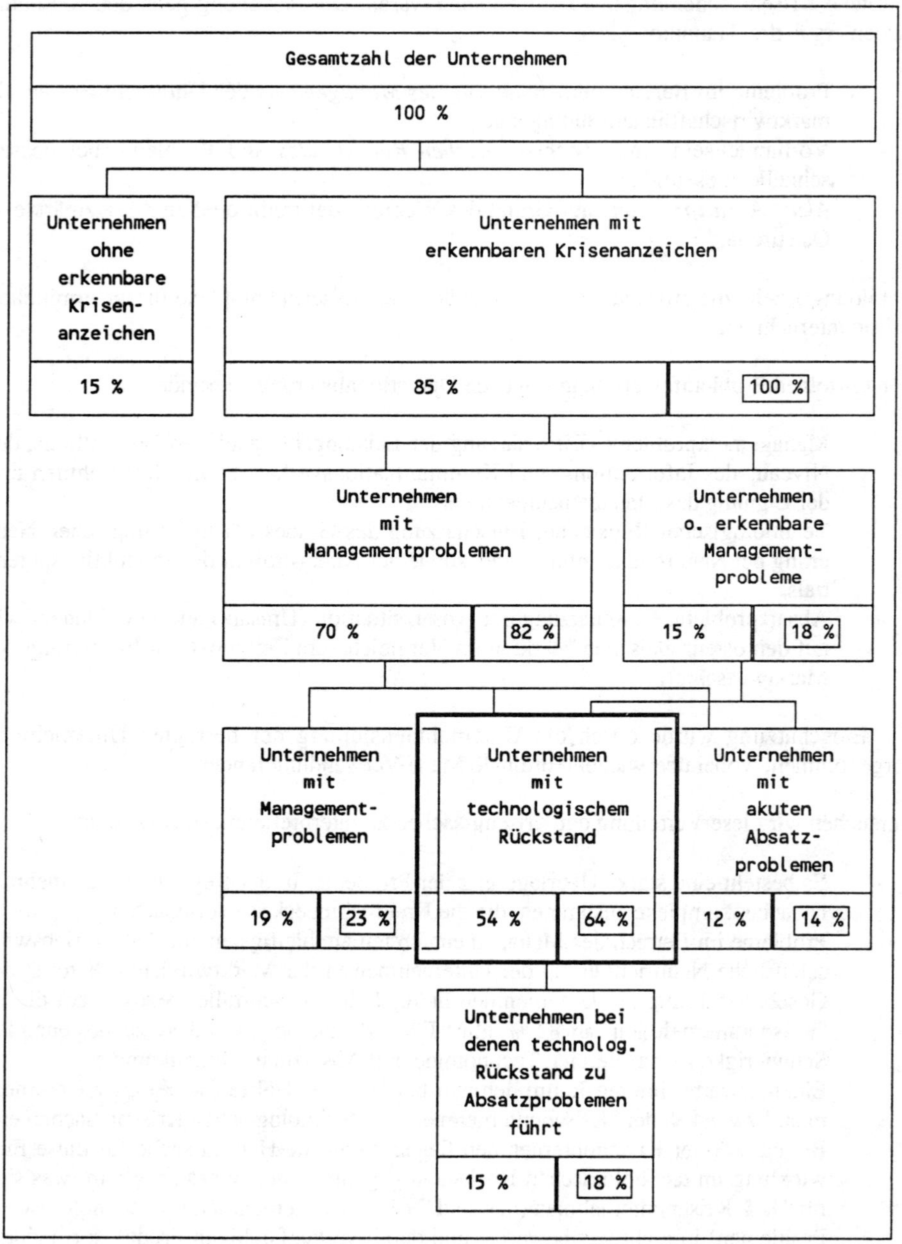

Abb. 1: Verteilung der Krisenursachen nach Unternehmen

Die empirische Untersuchung stützt damit die eingangs geäußerte Vermutung, daß die Krisensituation für viele Unternehmen in den neuen Bundesländern technologiebedingt ist. Eine Sanierung dieser Unternehmen ist folglich nur bei einer Technologiestrategie denkbar, die ein mögichst schnelles Schließen der technologischen Lücke mit dem Ziel der Herstellung der Wettbewerbsfähigkeit erlaubt.

Es ergibt sich für uns die Frage, welche strategischen Ansätze der Bedeutung der Technologiedimension in den neuen Bundesländern gerecht werden und einen Ausweg weisen.

3. Technologie als strategische Entscheidungsvariable

3.1 Zum Stand der Forschung

Diese enorme Bedeutung der Technologiedimension hat zu einer Vielzahl von Ansätzen geführt, die idealtypische Technologiestrategien meist einer eher normativen Betrachtungsweise unterziehen.

Der klassische Ansatz in diesem Bereich wurde bereits 1967 von Ansoff/Stewart[1] vorgelegt. Den Ausgangspunkt ihrer Analyse bilden fünf strategische Entscheidungsvariablen, die bei der Ausgestaltung einer F&E-Strategie zu berücksichtigen sind:[2]

- Forschung versus Entwicklungsintensität (research versus development),
- Kooperation zwischen den Unternehmensfunktionen (downstream coupling),
- Produktlebenszyklus (product life cycle),
- Höhe der F&E-Investitionen im Verhältnis zu den Wettbewerbern (investment ratios) und
- Stand der Technik (state of the art).

Durch Gestaltung dieser Parameter kann ein Unternehmen aktiv ihre Wettbewerbsposition gegenüber der Konkurrenz verändern. So besitzen forschungsintensive Unternehmen eher die Möglichkeit, ihre Wettbewerbsposition durch Innovationen zu verbessern, als entwicklungsintensive. Hohe F&E-Investitionen im Verhältnis zu den Wettbewerbern können zu verstärkter technologischer Kompetenz führen. Gleiches gilt auch, wenn Unternehmen möglichst nahe am Stand der Technik produzieren und entwickeln. Die jeweiligen Ausprägungen dieser Entscheidungsvariablen bestimmen die Strategiealternativen, die von Ansoff/ Stewart als Marketingstrategien bezeichnet werden. Der Marketing- beziehungsweise Wettbewerbsaspekt kommt dadurch zum Ausdruck, daß die Strategien sich hinsichtlich des Timings eines Produktes am Markt unterscheiden. Idealtypisch werden vier Strategien unterschieden:[3]

---

1 Vgl. Ansoff/Stewart (Strategies 1967).

2 Vgl. Ansoff/Stewart (Strategies 1967) S. 72 ff.

3 Vgl. Ansoff/Stewart (Strategies 1967) S. 84 ff.

- *"First-to-Market"*-Strategie,
- *"Follow-the-Leader"* -Strategie,
- *"Application-Engineering"* -Strategie und
- *"Me-too"* -Strategie.

Auch Porter[1] wählt als Typisierungskriterium für seine Technologiestrategien den Markteintrittszeitpunkt. Aufbauend auf die Analyse allgemeiner Wettbewerbsstrategien,[2] lassen sich demnach zwei Ebenen unterscheiden, die es Unternehmen ermöglichen, ihre technologische Wettbewerbsposition zu fixieren: die Ebene der Technologieposition und die Ebene des Markteintritts.[3]

Auf der Ebene der Technologieposition unterscheidet Porter den *technologischen Führer* vom technologischen Folger, wobei er lediglich die *technologische Folgerschaft* näher charakterisiert:

> "Here I consider technological followership as an active strategy aimed at developing particular strategic purposes, and do not discuss the passive follower who knowingly or unknowingly disregards technological change."[4]

Auf der Ebene des Markteintritts unterscheidet er den *"Pioneer"* vom *"Late Entrant"*,[5] wobei diese Dimension nicht als vollständig unabhängig von der Dimension der Technologieposition angesehen werden kann. Da der Pionier als Erster am Markt zwangsläufig den Stand der Technik auf diesem Markt bestimmt, ist seine Rolle auch gleichzeitig immer die eines technologischen Führers. Die Position des technologischen Führers und die des Pioniers sind somit für Porter ex definitione nicht voneinander zu trennen, ein Pionier kann niemals technologischer Folger sein. Anders verhält es sich, wenn man den späten Markteintritt berücksichtigt. Hier kann entweder die Position des technologischen Führers oder die des technologischen Folgers gewählt werden.

Mit seinem Ansatz geht Porter über die Arbeiten von Ansoff/Stewart hinaus, indem er verdeutlicht, daß es für einen Technologieführer auch durchaus sinnvoll erscheinen mag, nicht als Pionier am Markt aktiv zu werden.[6]

---

1 Vgl. Porter (Competitve Strategy 1983).

2 Vgl. Porter (Competitive Strategy 1980) S. 35 ff., der drei grundsätzliche Strategien unterscheidet:
- "Overall-Cost-Leadership": Die Realisierung eines Kostenvorsprungs im Verhältnis zur Konkurrenz.
- "Overall-Differentiation": Die Vornahme von Leistungsänderungen, um durch Einzigartigkeit des Produktangebots spezifische Nachfragebedürfnisse zu befrieden. Die dadurch erreichte starke Nachfrageloyalität ermöglicht es, den Preis als Wettbewerbsdimension zu vernachlässigen.
- "Focus": Die Konzentration auf ein bestimmtes Marktsegment, in dem dann wieder Kostenvorteile oder Leistungsänderungen angestrebt werden.

Vgl. Servatius (Technologie-Management 1985) S. 21 und Michel (Technologie 1987) S. 41, die den Ansatz Porter's als richtungsweisend im Rahmen der Analyse strategischer Wettbewerbsstrategien bezeichnen.

3 Vgl. Porter (Competitive Strategy 1983) S. 25 ff.

4 Porter (Competitive Strategy 1983) S. 12.

5 Vgl. Porter (Competitive Strategy 1983) S. 27 f.

6 Vgl. hierzu auch Servatius (Technologie-Management 1985) S. 108, der analog zu Porter das "aktive Vorauseilen" von der "reaktiven Nachfolge" in Bezug auf den Markteintrittszeitpunkt unterscheidet. Vgl. hierzu auch die Weiterentwicklung des Porterschen Ansatzes bei Zörgiebel (Wettbewerbsstrategie 1983).

Eine stärkere Berücksichtigung der Wettbewerbswirkungen der Timing-Komponente nehmen Maidique/Patch[1] in ihrem Ansatz vor, der jedoch im wesentlichen auf die Arbeit von Ansoff/Stewart aufbaut.[2] Auch Maidique/Patch gehen von Entscheidungsvariablen der Technologiepolitik aus, die jede technologieorientierte Unternehmung für sich strategisch zu gestalten hat. Im einzelnen sind dies:[3]

- die Auswahl bestimmter Technologien,
- der Grad der technologischen Kompetenz,
- die Technologiequellen,
- das F&E-Investitionsniveau,
- das wettbewerbsorientierte Timing des Markteintrittszeitpunktes und
- die Organisation des F&E-Bereichs.

Ausgehend von diesen Entscheidungsgrößen definieren Maidique/Patch vier idealtypische Technologiestrategien, die sich jeweils hinsichtlich des Zeitpunktes des Markteintritts unterscheiden. Diese Strategien werden wie folgt charakterisiert:[4]

- *"First-to-Market"*-Strategie: Diese Strategie versucht, durch technologische Kompetenz ein zeitlich begrenztes Monopol aufzubauen.
- *"Second-to-Market"*-Strategie: Unternehmen, die diese Strategie verfolgen, versuchen, möglichst schnell in der neuen Technologie oder mit dem neuen Produkt nachzuziehen. Sie versuchen hierbei, durch Produktverbesserungen den Anforderungen des Marktes besser gerecht zu werden.
- *"Late-to-Market"*-Strategie: Diese Strategie zielt auf eine verbesserte Kostensituation im Verhältnis zum Wettbewerb ab. Der Markteintritt erfolgt erst während der Wachstumsphase des Produktes.
- *"Market-Segmentation"*-Strategie: Bei dieser Strategie spezialisiert sich ein Unternehmen auf ein bestimmtes Marktsegment und versucht hierbei, spezifische Kundenanforderungen zu befriedigen.

Im Vergleich zum Ansatz bei Porter nehmen Maidique/Patch eine eindeutige Erweiterung der strategischen Handlungsoptionen vor. Porter sieht die Ebene des Markteintrittszeitpunktes zwar eindeutig als strategische Option an,[5] billigt ihr allerdings im Rahmen des strategischen Technologiemanagements nur eine untergeordnete Rolle zu. Als Ausgangspunkt für nachfolgende strategische Optionen steht für Porter eindeutig die Frage hinsichtlich der technologischen Führerschaft oder der technologischen Folgerschaft im Vordergrund. Demgegenüber zeigen Maidique/Patch[6] bei ihrer differenzierten Zeitpunktbetrachtung des Markteintritts, daß das Timing des Markteintritts sehr wohl hohe strategische Bedeutung besitzt, insbesondere wenn man den Markteintrittszeitpunkt nicht nur dichotom sieht, sondern zwischen frühen und späten Folgern unterscheidet. Je nach Wahl des Markteintrittszeitpunktes lassen sich verschiedenartige Wettbewerbspositionen besetzen. So zielt

1 Vgl. Maidique/Patch (Technological Policy 1982).
2 Vgl. Maidique/Patch (Technological Policy 1982) S. 276.
3 Vgl. Maidique/Patch (Technological Policy 1982) S. 275 f.
4 Vgl. Maidique/Patch (Technological Policy 1982) S. 276 ff.
5 Vgl. Porter (Competitive Strategy 1983) S. 27.
6 Vgl. Maidique/Patch (Technological Policy 1982) S. 277.

die "Second-to-Market"-Strategie eher auf eine Produktverbesserung, wohingegen die "Late-to-Market"-Strategie eher auf Kostenvorteile setzt.[1]

Darüber hinaus findet in vielen Ansätzen die Zeitdimension als Option des strategischen Technologiemanagements nur implizite Berücksichtigung. Exemplarisch soll an dieser Stelle lediglich der Ansatz von Urban/Hauser[2] vorgestellt werden.

Ausgehend von der grundlegenden Haltung des Anpassens an den Kontextrahmen und des Beeinflussens des Kontextrahmens leiten Urban/Hauser jeweils vier verschiedene "Reactive Strategies" und "Proactive Strategies" ab. Für uns von besonderem Interesse sind die reaktiven Strategien, bei denen Urban/Hauser folgende vier unterscheiden:

- *"Defensive"*: Defensive Unternehmen versuchen, sich gegenüber neuen Produkten dadurch zu behaupten, indem sie ihren alten Produkten neue Eigenschaften zuschreiben, um sie so in den Augen der Nachfrager als neu erscheinen zu lassen.
- *"Imitative"* oder *"Me-too"*: Hier versuchen Unternehmen, ein Neuprodukt schnell zu kopieren und zwar bevor die Innovation zum Markterfolg wurde.
- *"Second-but-Better"*: Diese Strategie ist darauf gerichtet, ein Neuprodukt nicht bloß zu kopieren, sondern es darüber hinaus auch noch zu verbessern.
- *"Responsive"*: Diese Strategie ist darauf gerichtet, entsprechend nachfrageindividuellen Bedürfnissen eine Innovation zu verändern.

3.2 Konsequenzen für die Ausgestaltung einer Technologiestrategie

Vergleicht man diese Vielfalt der Ansätze, so fällt auf, daß im wesentlichen zwei strategische Entscheidungsparameter zu gestalten sind:

- Die Wahl der *Technologieposition* und
- die Wahl der *Marktposition.*

Die Wahl hinsichtlich der angestrebten Technologieposition unterscheidet damit den technologischen Führer oder Innovator vom technologischen Folger oder Imitator. Abgrenzen lassen sich beide Strategien hinsichtlich dreier Charakteristika:

- Der Markteintritt des Imitators erfolgt nach dem des Innovators.
- Die Technologie der Imitation muß der der Innovation weitgehend entsprechen.
- Die Anwendungs- und Verwendungsmöglichkeiten der Imitation müssen aus Sicht der Nachfrage möglichst weitgehend denen der Innovation entsprechen.

---

[1] Ausgehend von den oben dargestellten Ansätzen analysiert Perillieux (Zeitfaktor 1987) eingehend die zeitliche Dimension des strategischen Technologiemanagements. Hierbei trennen er die Inventions- von der Innovationsebene und unterscheidet unter zeitlichem Aspekt den Inventionsführer vom Inventionsfolger in Bezug auf Forschung und Entwicklung sowie den Innovationsführer vom Innovationsfolger in Bezug auf den Markteintrittszeitpunkt, wobei die Ausprägungen der Inventionsebene mit denen der Innovationsebene strategische Kombinationsmöglichkeiten darstellen.

[2] Vgl. Urban/Hauser (New Products 1980) S. 19 ff. sowie ähnlich Foxall (Innovation 1984) S. 60 ff., dessen Ansatz die Ausführungen von Urban/Hauser im wesentlichen übernimmt.

Eine solche Operationalisierung verdeutlicht, daß in unserem Zusammenhang durchaus von Imitationen mit einem unterschiedlichen Imitationsgrad gesprochen werden kann.

Die Wahl hinsichtlich der angestrebten Marktposition unterscheidet zwischen einer Konzentration auf den Gesamtmarkt und der Konzentration auf ein bestimmtes Marktsegment. Ein solches Marktsegment können beispielsweise bestimmte Kundengruppen oder aber auch bestimmte regionale Märkte sein. Ebenso wie bei der angestrebten Technologieposition sind auch hier graduelle Abstufungen denkbar.

Stellt man beide Entscheidungsgrößen in den Mittelpunkt der weiteren Überlegungen, so sind unterschiedliche Strategiealternativen denkbar (Abbildung 2), die hier jeweils mit ihren extremen Ausprägungen dargestellt sind:[1]

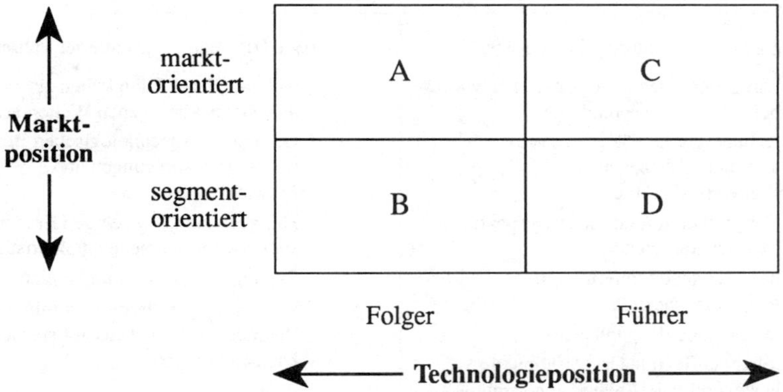

Abb. 2: Idealtypische Strategieprofile

Die Wahl der jeweiligen Strategie ist an spezielle Voraussetzungen gebunden.[2] Tabelle 3 gibt hierzu einen Überblick:

1 Vgl. ähnlich Zörgiebel (Wettbewerbsstrategie 1983), S. 109.

2 Vgl. hierzu Ansoff/Stewart (Strategies 1967) S. 84 ff., Maidique/Patch (Technological Policy 1982) S. 279, Crawford (Management 1983) S. 100 ff., Porter (Competitive Strategy 1983) S. 25 ff. und Zörgiebel (Wettbewerbsstrategien 1983) S. 109 ff.

Strategie A: "Marktorientierter Folger"	Strategie C: "Marktorientierter Führer"
- vorhandenes technologisches Know-how bei bekannten Technologien - Veränderungen im Markt und in der Technologie werden schnell erkannt - leistungsfähiges Marketingpotential zur Erreichung sämtlicher Marktsegmente - leistungsfähiges Produktionspotential mit dem Ziel der Erreichung von Kostenführerschaft und Großserienproduktion - Zugang zu großen Kapitalbeträgen - hochgradig starre Organisation aufgrund des Primates der Kostenorientierung	- leistungsfähiges Technologiepotential mit dem Ziel der Erreichung der Technologieführerschaft; Beherrschung des Standes der Technik - vorhandenes Marketingpotential zur Erschließung eines innovativen Gesamtmarktes - Zugang zu Risikokapital - relativ hohe organisatorische Flexibilität im Rahmen einer kreativen Forschung und Entwicklung
Strategie B: "Segmentorientierter Folger"	**Strategie D:** "Segmentorientierter Führer"
- vorhandenes technologisches Know-how bei bekannten Technologien - technologische Fähigkeiten zur anwendungsbezogenen Weiterentwicklung - Vertrautheit mit den segmentspezifischen Marktcharakteristika - hohe Kostenorientierung im Produktionsbereich - relativ hoher Kapitalbedarf - relativ unflexible Organisation, da kostenoptimale Abläufe angestrebt werden	- technologische Fähigkeiten zur anwendungsbezogenen Weiterentwicklung - Offenheit des technologischen Bereichs für externe Anregungen und Entwicklungen - Fähigkeit zum frühzeitigen Erkennen spezifischer Segmentcharakteristika - Zugang zu Risikokapitalbereich - hohe organisatorische Flexibilität im Rahmen des Eingehens auf spezielle Kundenwünsche

Tab. 3: Wesentliche Anforderung an idealtypische Strategien des Technologiemanagements

3.3 Imitation als eine Technologiestrategie für Unternehmen aus der ehemaligen DDR

Sollen Strategieempfehlungen für Unternehmen in den neuen Bundesländern erörtert werden, so erscheint es zunächst ratsam, die Frage nach der Technologiestrategie in der Vergangenheit zu stellen, denn ganz offensichtlich führen diese, wie der prozentual hohe Anteil der befragten Unternehmen mit technologisch bedingten Krisenursachen anzeigt, zu Problemen für die Wettbewerbsfähigkeit der Unternehmen in der Marktwirtschaft.

Betrachten wir einen Bereich mit besonders starker Technologieabhängigkeit, den der Hardware- und Softwareherstellung. Seit Beginn des Aufbaus einer eigenen Hardware- und Softwareherstellung Ende der 60er, Anfang der 70er Jahre in der ehemaligen DDR läßt sich die typische Konstellation eines Führer-Folger-Konzepts im Sinne der dargestellten Ansätze erkennen. Es wurde eine Imitationsstrategie in Anpassung an den Marktführer der jeweiligen Rechnerklasse (in den letzten Jahren z.B. Großrechner-IBM; Workstation-DEC; PC-IBM) über Jahrzehnte durchgeführt. Unter den Bedingungen planwirtschaftlicher Regelmechanismen erwies sich diese Imitationsstrategie für das einzelne Unternehmen insofern als erfolgreich, da

- für potentielle weitere Folger *Imitationsbarrieren in Form eines künstlichen Binnenhandelsmonopols* bedingt durch die zentrale Ressourcenverteilung errichtet werden konnten und
- ein *kaum zu befriedigender Bedarf auf den osteuropäischen Märkten* existierte. Auf Grund der Möglichkeit von Geschäften in nichtkonvertierbarer Währung (Transfer-Rubel) und der staatlichen Subventionierung von Exporten wurde Hardware und Software aus der ehemaligen DDR trotz des beachtlichen technologischen Rückstandes im Vergleich zum internationalen Stand der Technik in beachtlichen Mengen abgesetzt.

Strategisch wurde ein hoher Imitationsgrad angestrebt, um innerhalb der ehemaligen RGW-Länder eine möglichst große Vereinheitlichung im Bereich von Hardware und Software zu erreichen, was allerdings durch den unterschiedlichen technischen Entwicklungsstand erschwert wurde und bestenfalls bei der Großrechnertechnik im Ansatz gelang.

In der Literatur wird, wie eingangs gezeigt, einer Imitationsstrategie nur dann langfristig ein wirtschaftlicher Erfolg attestiert, wenn es gelingt:

(i) Die Innovation schnell zu kopieren und auf den Markt zu bringen ("Fast Second"),
(ii) das Neuprodukt nicht als bloße Kopie erscheinen zu lassen, sondern als verbessertes Neuprodukt ("Second-but-Better") oder
(iii) mit dem imitierten Produkt Kostenvorteile im Vergleich zu den Wettbewerbern zu erreichen, was in aller Regel nur dem späten Folger gelingt ("Late-to-market").

Vorteil (i) konnte auf Grund der Existenz der COCOM-Liste und der im engen Rahmen der Planwirtschaft nicht möglichen schnellen, flexiblen Reaktion auf Innovationen bei der Hardware- und Softwareherstellung nicht genutzt werden.

Verbesserungen wie Veränderungen am imitierten System waren resultierend aus dem Vereinheitlichungsbestreben kaum erwünscht und trafen bei ihrer Realisierung schnell auf restriktive Grenzen der Ressourcenbereitstellung. D.h. Vorteil (ii) konnte gleichfalls nicht erreicht werden.

Kostenvorteile konnten aus der späten Folgerschaft - Vorzug (iii) - gleichfalls bedingt durch die geringe Produktivität, sowohl im F&E-Bereich als auch im Produktionsbereich nicht gezogen werden.

Resümierend läßt sich feststellen, daß die Imitationsstrategie im Bereich der Hardware- und Softwareproduktion zu einem ständig größer werdenden "Time-Lag" im technologischen Bereich führte und auf Grund des niedrigen Produktivitätsniveaus ohne staatliche Regulierung keine effiziente Produktion ermöglichte. Die Unternehmenskrise im Bereich Hard- und Software war infolgedessen mit der Öffnung der Unternehmen zum internationalen Markt unvermeidbar.

Ein ähnliches Bild zeigt sich in anderen technologiegebundenen Branchen, beispielsweise in der optischen Industrie, der Mikroelektronik oder bei technischen Konsumgütern.

Was sind nun die Folgen dieser auf Grund des Wirtschaftsmechanismus ganz offensichtlich unter den geänderten Rahmenbedingungen verfehlten Imitationsstrategie? Im wesentlichen lassen sich hier unterscheiden:

- die bereits konstatierte *technologische Lücke* in Forschung und Entwicklung sowie Fertigung.
- *Mangelnde Wettbewerbsfähigkeit* der Produkte auf den Märkten aufgrund des geringen technologischen Niveaus <u>und</u> der überhöhten Stückkosten.
- *Verzicht auf Grundlagenforschung* im Bereich der Industrie zugunsten einer hohen Entwicklungsintensität und damit wenig Chancen auf innovativem Wege die Wettbewerbschancen zu verbessern.
- *Minderung der Fähigkeiten zu kreativer, innovativer Arbeitsweise* beim Personal durch jahrelange Adaption von bereits vorhandenen Lösungen.
- Durch politisch motivierte Einschränkung der fachlichen Informations- und Qualifikationsmöglichkeiten des Personals *Defizite im Know-how.*
- *Fehlende "corporate identity"* der Unternehmen, da über Jahre eigener Stil und eigene Ideen nicht realisiert werden konnten.

Vor dem Hintergrund dieser Problemaspekte und den normativen Anforderungen an eine strategische Technologieoption stellt sich damit die Frage, welche Technologiestrategie in der bestehenden Situation Aussichten auf einen Sanierungserfolg bietet. Kann die Imitation dabei eventuell doch einen Ausweg aus der Unternehmenskrise darstellen?

4. Eine Strategieempfehlung für Unternehmen in den neuen Bundesländern

Der Erfolg der einzelnen Technologiestrategien wird nun nicht nur allein von den strategieentsprechenden Unternehmensfähigkeiten bestimmt, sondern ist darüber hinaus auch abhängig von der jeweiligen Wettbewerbssituation des jeweiligen Unternehmens.

Bezogen auf die Unternehmen in den neuen Bundesländern muß demzufolge die Strategiewahl im Technologiebereich vor dem Hintergrund des sich gewandelten Umfeldes erfolgen. Wie wir gesehen haben, spielen insbesondere drei Gründe hier eine entscheidende Rolle:

- Die Abschottung des Marktes der ehemaligen DDR nach Westen ist schlagartig zusammengebrochen, was dazu führte, daß die Unternehmen einem intensiven Wettbewerb ausgesetzt waren. Erschwerend kam hinzu, daß aufgrund einer zentral geplanten Produktions- und Absatzmenge ein leistungsfähiges Marketingpotential bei einem Großteil der Unternehmen nicht vorhanden war. Eine marktmäßige Reaktion auf die westliche Konkurrenz war damit nahezu unmöglich.
- Die Einführung einer einheitlichen Währung im gesamten Deutschland führte dazu, daß sich für die angestammten Handelspartner des ehemaligen RGW-Raumes aufgrund deren Devisenknappheit die Waren drastisch verteuerten.
- Erschwerend kommt für die Unternehmen in den neuen Ländern weiter hinzu, daß ihr Produktionspotential unverändert blieb. Es wies damit eine wertmäßig geringere Arbeitsproduktivität auf als jenes in westdeutschen Unternehmen. Dieser

Umstand ist zu einem gravierenden Wettbewerbsnachteil geworden, als die Löhne auf-grund ihrer rapiden Steigerungsrate nicht mehr dem Grad der Produktivität entspra-chen.

Vergleicht man diese wettbewerblichen Rahmenbedingungen mit den jeweiligen Strategieanforderungen, so sind folgende Konsequenzen denkbar:

- *Führer-Folger-Entscheidung*: Das Einnehmen einer technologischen Führerposition ist nur dann durchführbar, wenn bereits ausreichende technologische Fähigkeiten vorliegen. Ferner sind hierfür finanzielle Mittel erforderlich, um die Technologieführerschaft zu behaupten: Dies ist höchstwahrscheinlich nicht der Fall, da enorme finanzielle Anstrengungen notwendig sind, um das Produktionspotential wettbewerbsfähig zu gestalten.
- *Segmentierungsgrad*: Eine Konzentration auf den Gesamtmarkt erfordert ein leistungsfähiges Marketingpotential, welches im allgemeinen nicht vorhanden ist. Insofern bietet sich hier in erster Linie eine Allianz mit einem westlichen Partner an, der in der Lage ist, diese Defizite zu kompensieren.

Lediglich im Marktsegment Osteuropa wären spezifische Wettbewerbsvorteile vorhanden. In diesem Markt aus Beziehungen und extrem komplexen Verwaltungsabläufen bilden Insiderkenntnisse eine unverzichtbare Determinante zur Sicherung des wirtschaftlichen Erfolges. Die Schwierigkeit des Erwerbs solcher Kenntnisse wird den Unternehmen mit langjährigen Ostkontakten noch auf absehbare Zeit eine quasi-monopolistische Marktposition einräumen. Westliche Firmen scheuen den Eintritt in einen derartig ungewissen osteuropäischen Markt.

Eine Strategieempfehlung könnte demnach lauten: Es ist eine Strategie zu wählen, bei der sich vor allem auf das Marktsegment Osteuropa - soweit sich diese Märkte für westliche Unternehmen öffnen - zu konzentrieren ist. Die technologische Position kann dabei ruhig die eines Folgers sein, da zum einen die Struktur des Absatzmarktes eher auf solide Technik ausgerichtet ist als auf technologische Spitzenerzeugnisse, welche mit erheblichen Problemen im Bereich der Anwendung und Instandhaltung verbunden wären. Es ist demnach eine Strategie des *"segmentorientierten Folgers"* zu präferieren. Ferner könnte langfristig versucht werden, das Strategieprofil dahingehend zu verändern, eine *"marktorientierte Folger-"* bzw. *"segmentiertorientierte Führerposition"* zu übernehmen (Abbildung 4).

Bei der Wahl der Strategie des "segmentorienterten Folgers" muß nicht befürchtet werden, daß westliche Unternehmen der Spitzentechnologie im hohen Maße konkurrieren, da ihnen vielfach das entsprechende Markt-Know-how fehlt. Westliche Spitzentechnologie kann so eher auf östliche Anforderungen ausgerichtet werden, da entsprechendes Wissen bei den Unternehmen in den neuen Bundesländern vorhanden ist.

Eine erfolgreiche Anwendung einer solchen Strategie müßte jedoch heute gegebenenfalls den teureren Weg der Lizenznahme oder des Patentkaufs wählen.

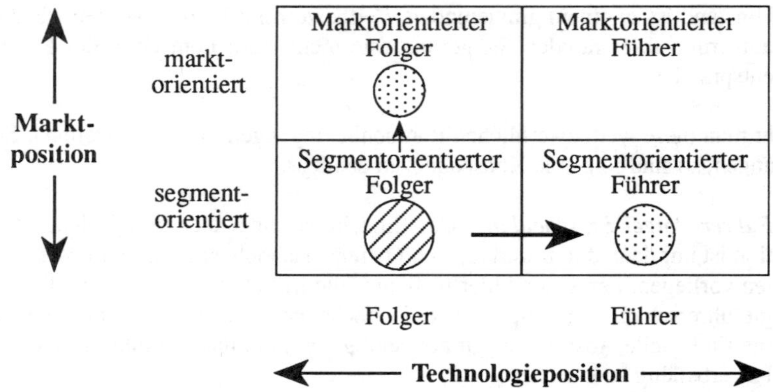

Abb. 3: Strategieempfehlungen für Unternehmen in den neuen Bundesländern

Unternehmen, die eine solche Strategie verfolgen, müssen über Fähigkeiten verfügen, die sich im wesentlichen auf vier Bereiche konzentrieren:[1]

- Es muß ein leistungsfähiges *Aufklärungspotential* vorhanden sein, welches frühzeitig Bedürfnisse und technologische Erfordernisse in den osteuropäischen Absatzmärkten offenlegt.
- Es müssen *technologische Fähigkeiten* dergestalt entwickelt werden, daß es möglich ist, westliche Spitzentechnologie auf die Erfordernisse der osteuropäischen Nachfrage zu transformieren.
- Ferner ist es erforderlich, mit Hilfe eines leistungsfähigen *Marketingpotentials* die entsprechenden Märkte Osteuropas zu entwickeln.
- Strenge Nebenbedingung für eine solche Strategie ist es jedoch, daß im Produktionsbereich hohe Produktivitätssteigerungen zu verzeichnen sind. Nur so läßt sich eine Preisgestaltung durchführen, die es Unternehmen in Osteuropa ermöglicht, die Warenlieferungen in westlicher Währung zu bezahlen. Flankierende staatliche Hilfen, wie beispielsweise Exportkredite oder Hermesbürgschaften, wären hier sicherlich hilfreich. Auf lange Sicht sollte man jedoch versuchen, eine eigenständige Wettbewerbsfähigkeit zu sichern.[2]

Langfristig sollte zur Sicherung der Wettbewerbsfähigkeit überlegt werden, ob eine solche Strategie des "segmentorientierten Folgers" nicht dahingehend zu modifizieren ist, daß die Strategie des "marktorientierten Folgers" oder des "segmentorientierten Führers" gewählt wird. Von besonderer Bedeutung ist solcher Wandel der Technologiestrategie zu dem Zeitpunkt, zu dem das segmentspezifische Know how bezogen auf die osteuropäischen Märkte nicht mehr ausschließlich bei den Unternehmen in den neuen Bundesländern vorhanden ist.

In erster Linie wäre hier an eine "segmentorientierte Führerposition" zu denken, da technologische Fertigkeiten in sehr viel stärkerem Maße bereits vorhanden sind als Fähigkeiten im

1 Vgl. Schewe (Imitationsmanagement 1992) S. 309 ff.

2 Anfangs wären möglicherweise auch Kompensationsgeschäfte denkbar. Es muß hierbei jedoch dann ein westlicher Partner gefunden werden, der sein Marketingpotential einbringt, um die kompensatorischen Waren erfolgreich abzusetzen.

Marketingbereich. Das notwendige technologische Know how zur Übernahme einer Führerposition läßt sich neben der Eigenentwicklung auch über strategische Allianzen[1] mit Unternehmen in den alten Bundesländern erreichen. Schwieriger dürfte es hingegen sein, entsprechendes Marketingpotential zur Verfolgung einer "marktorientierten Folgerstrategie" zu etablieren, da hier wie bereits eingangs aufgezeigt, doch erhebliche Defizite bestehen.

Grundlage für die Wahl einer Technologiestrategie ist dabei unzweifelhaft eine hinreichende Kapitalausstattung, wobei diese für den Fall der "segmentorientierten Folgerstrategie" nicht so hoch sein müßte wie bei Wahl der "marktorientierten Folgerstrategie" oder der "segmentorientierten Führerstrategie", die zusätzlich noch entsprechendes Risikokapital benötigt.

Bezogen auf die Organisationsstruktur müßte insbesondere bei der Wahl einer "segmentorientierten Führerstrategie" ein Wandel von einer starren hin zu einer flexiblen Struktur erfolgen.

Wie diese Ausführungen gezeigt haben, muß sich ein ostdeutsches Unternehmen nicht zwangsläufig von der einmal bestehenden Technologieorientierung lösen. Eine Strategie des segmentorientierten Folgers und damit eine Imitationsstrategie erscheint durchaus erfolgversprechend.

Literaturverzeichnis

Ansoff, H. J. und Stewart, J. M.: (Strategies 1967)

Strategies for a Technology-Based Business, in: Harvard Business Review 45 (11-12/1967), S. 71 - 83.

Brockhoff, K.: (Schnittstellenmanagement 1989)

Schnittstellenmanagement: Abstimmungsprobleme zwischen Marketing und Forschung und Entwicklung, Stuttgart 1989.

Canibol, H. P.: (Anpassung 1992)

Anpassung: Silberstreif am Horizont. in: Wirtschaftswoche 34 (15/1992) vom 03.04.1992, S. 13.

Crawford, C. M.: (Management 1983)

New Products Management, Homewood (Ill.) 1983.

Fleege-Althoff, F.: (Die notleidende Unternehmung 1930)

Die notleidende Unternehmung. Erster Band: Krankheitserscheinungen und Krankheitsursachen, Stuttgart 1930.

[1] Vgl. hierzu beispielsweise die Zusammenarbeit der Unternehmen Siemens AG und Computerelektronik Dresden GmbH.Vgl. hierzu beispielsweise die Zusammenarbeit der Unternehmen Siemens AG und Computerelektronik Dresden GmbH.

Foxall, G. R.: (Innovation 1984)
Coorporate Innovation, London 1984.

Hauschildt, J.: (Unternehmenskrisen 1988)
Unternehmenskrisen: Herausforderungen an die Bilanzanalyse, in: J. Hauschildt (Hrsg.), Krisendiagnose durch Bilanzanalyse, Köln 1988, S. 1-16.

Krystek, U.: (Krisenbewältigungsmanagement 1981)
Krisenbewältigungsmanagement und Unternehmensplanung, Wiesbaden 1981.

Maidique, M. A. und Patch, P.: (Technological Policy 1982)
Corporate Strategy and Technological Policy, in: M. L .Tushman und W. L. Moore (Hrsg.), Readings in the Management of Innovation, Boston 1982, S. 273 - 285.

Michel, K.: (Technologie 1987)
Technologie im strategischen Management: Ein Portfolio-Ansatz zur integrierten Technologie- und Marktplanung, Berlin 1987.

Müller, R.: (Krisenmanagement 1986)
Krisenmanagement in der Unternehmung, Frankfurt a. M. 1986.

o. V.: (Genügend Masse 1992)
Genügend Masse, in: Wirtschaftswoche 34 (29/1992) vom 10.07.1992, S. 12.

Perillieux, R.: (Zeitfaktor 1987)
Der Zeitfaktor im strategischen Technologiemanagement: Früher oder später Einstieg bei technologischer Produktinnovation ? Berlin 1987.

Porter, M. E.: (Competitive Strategy 1980)
Competitive Strategy: Techniques for Analyzing Industries and Companies, New York und London 1980.

Porter, M. E.: (Competitive Strategy 1983)
The Technological Dimensions of Competitive Strategy, in: R. Rosenbloom (Hrsg.), Research on Technological Innovation Management and Policy 1, Greenwich, Conn. 1983, S. 1 - 33.

Schewe, G.: (Imitationsmanagement 1992)
Imitationsmanagement: Die Nachahmung als Option des Technologiemanagements, Stuttgart 1992.

Servatius, H. G.: (Technologie-Management 1985)
Methodik des strategischen Technologie-Managements: Grundlage für erfolgreiche Innovationen, Berlin 1985.

Specht, G. und Perillieux, R.: (Erfolgsfaktoren 1988)
Erfolgsfaktoren technischer Führer- und Folgerpositionen auf Investitionsgütermärkten, in: Zeitschrift für betriebswirtschaftliche Forschung 40 (1988), S. 204 - 226.

Urban, G. L. und Hauser, J. R.: (New Products 1980)
Design and Marketing of New Products, Englewood Cliffs 1980.

Zanger, C.: (Unternehmenskrise 1991)
Unternehmenskrise und Produktentwicklung - Zum strategischen Verhalten von Unternehmen im Übergang von der Plan- zur Marktwirtschaft, in: Zeitschrift für Betriebswirtschaft 61 (1991) 9, S. 17-42.

Zörgiebel, W.: (Wettbewerbsstrategie 1983)
Technologie in der Wettbewerbsstrategie, Berlin 1983.

Jürgen Weber
Ingrid Göpfert

F&E-Controlling

I. Konzeptionierung von F&E-Controlling

Zunehmend kristallisiert sich Controlling als selbständige betriebswirtschaftliche Teildisziplin heraus. Den originären Gegenstand von Controlling bildet die Koordination des Führungssystems von Unternehmen. Gerichtet auf die Verbesserung der Führung ist Controlling nicht beschränkt auf erwerbswirtschaftliche Produktionsunternehmen, sondern zunehmend auch relevant für Dienstleistungsunternehmen sowie öffentliche Institutionen.

Das Leistungssystem von Unternehmen ist zumeist in funktionale (z.B. Produktion) und produktbezogene (Sparten) Bereiche untergliedert. Dieser Funktionstrennung folgt auch das Führungssystem und damit das Controlling. Entsprechende Konzepte von Bereichscontrollingtypen liegen z.T. in schon stark ausgefeilter Form vor (wie dies z.B. für das Logistik-Controlling gilt (1)). Ein derartiger Wissensstand gilt jedoch nicht für das Gebiet des F&E-Controlling, trotz zahlreicher Publikationen in der jüngsten Vergangenheit (2). Hinzu kommt, daß in der einschlägigen Literatur zum F&E-Management Controlling nahezu unerwähnt bleibt (3). Aus der wachsenden Bedeutung der Forschungs- und Entwicklungstätigkeit für einen langfristigen und dauerhaften Unternehmenserfolg läßt sich ein hoher Anspruch an die Weiterentwicklung der Führungstheorie für diese Prozesse ableiten.

1. Grundlinien der Konzeptionierung

Es wird an den Erkenntnissen über den originären Gegenstand von Controlling angesetzt (4). Danach ist Controlling eine Komponente der Führung sozialer Systeme. Es unterstützt die Führung bei ihrer Lenkungsaufgabe durch eine Koordination des Führungsgesamtsystems. Diese Koordination beinhaltet insbesondere systembildende und systemkoppelnde Aufgaben und bezieht sich schwerpunktmäßig auf das Planungs- und Kontrollsystem und Informationssystem, ist aber nicht auf diese beschränkt. Controlling setzt eine auf Planung und Kontrolle basierende Führung voraus. Nur der in einer solchen Form der Führung im Führungssystem auftretende Koordinationsbedarf wird vom Controlling abgedeckt (5).

Für eine Übertragung auf das Gebiet Forschung und Entwicklung sind die in der Definition enthaltenen wesentlichen Merkmale nach ihrer Adäquanz zu hinterfragen. Im Vordergrund stehen folgende Gesichtspunkte:

a) Die Systemtheorie ist auf Forschung und Entwicklung als Subsystem des Unternehmens anzuwenden. Das Subsystem Forschung und Entwicklung ist danach analog zu gliedern in ein Leistungssystem und in ein Führungssystem. Der innovative Charakter der Prozesse im Leistungssystem wird Eigenschaften des Führungssystems begründen, die es von der Führung determinierter produktbezogener Prozesse unterscheidet.

b) Die Führungsaufgaben in der Forschung und Entwicklung sind so komplex, daß ihre Realisation eine Arbeitsteilung voraussetzt. Mit der Teilung des F&E-Füh-

rungssystems in Subsysteme werden bestehende Interdependenzen zerschnitten. Das ist die Ursache für den existentiellen Koordinationsbedarf im F&E-Führungssystem. Eine Analyse der Interdependenzen zwischen den relevanten Subsystemen der Führung von Forschung und Entwicklung macht diesen Koordinationsbedarf transparent.

c) Wird Forschung und Entwicklung als Untersystem des Systems Unternehmen mit einem separaten Führungs- und Leistungssystem ausgegliedert, so entsteht ein zusätzlicher Koordinationsbedarf zwischen dem Führungssystem Unternehmen und dem F&E-Führungssystem. Auch diese Koordinationsinhalte sind im Rahmen einer Konzeptionierung von F&E-Controlling zu beschreiben.

d) Controlling setzt - nach hier vertretener Auffassung - eine bestimmte (dominierende) Form der Primär-Koordination voraus, die Koordination durch Pläne und Kontrollen. Da es sich bei Forschung und Entwicklung um innovative, mit hoher Planungsunsicherheit behaftete Leistungsprozesse handelt, ist das Zutreffen einer planungs- und kontrollbestimmten Koordination des F&E-Bereichs gesondert zu untersuchen.

2. Das Leistungssubsystem Forschung und Entwicklung

Die Ausprägung der Koordinationsaufgabe des Controlling wird bestimmt durch die Gestaltung und Interdependenz der Führungsteilsysteme. Auf diese wiederum nehmen die spezifischen Bedingungen des Leistungssystems Einfluß. Insofern ist Controlling nicht losgelöst von den zu führenden Prozessen im Leistungssystem zu betrachten.

Die Wahrnehmung der auf das Leistungssystem ausgerichteten Koordinationsfunktion durch das Führungssystem kann als Primärkoordination bezeichnet werden. Davon abgeleitet bildet die Koordination im Führungssystem, die Controlling wahrnimmt, eine sekundäre Koordination (6).

Für die Konzipierung von F&E-Controlling ist das Leistungssystem in bezug auf seine führungsrelevanten Aspekte transparent zu machen. Das schließt z.B. Merkmale der Leistungsprozesse ein, die eine planungs- und kontrollbestimmte Koordinationsform der Führung erfordern. Jedoch können auch Merkmale angesprochen sein, die gegen die Option und Effizienz eines planungs- und kontrollbestimmten Führungsparadigmas sprechen, wie es für die Grundlagenforschung zutreffen könnte. Auch dann, wenn man von der Effizienz einer controllinggetragenen Unterstützung der F&E-Führung ausgeht, sind im Unterschied zu Bereichen mit determinierten Prozessen im Leistungssystem spezifische Merkmale des Führungssystems Forschung und Entwicklung für ein Controlling zu berücksichtigen.

Die konkreten Ausprägungen der Führungssysteme verschiedener Bereiche basieren auf signifikanten Unterschieden ihrer Leistungssysteme.

In Abhängigkeit von den charakteristischen Merkmalen der Führungssubsysteme und ihrer Ausprägungen kann zwischen drei Bereichscontrollingtypen differenziert werden, dem "innovativen" Bereich (z.B. Forschung und Entwicklung), dem Bereich "beherrschter Leistungserstellung" (z.B. Produktion) und dem "administrativen" Bereich (z.B. Vertriebsabwicklung) (7). Aber auch innerhalb des Bereiches Forschung und Entwicklung muß stärker differenziert werden. Beispielsweise unterscheiden sich die Ausprägungen der Merkmale der Führungsteilsysteme in Abhängigkeit vom Grad der Innovation nach weniger innovativen Entwicklungsprozessen und stärker innovativen Forschungsprozessen. Auch diese grobe Unterscheidung reicht jedoch noch nicht aus. Die Leistungsprozesse Forschung und Entwicklung sind für eine Beschreibung der Ausprägungen der Teilsysteme des Führungssystems Forschung und Entwicklung noch detaillierter zu untersuchen. Dabei geht es nicht um das Aufstellen von Merkmalen der F&E-Leistungsprozesse an sich, sondern es geht ausschließlich um Merkmale und ihre Kombination, die die Prozeßführung determinieren. Das Ergebnis einer derartigen Untersuchung sind Ansätze zu einer Typisierung von F&E-Prozessen und -Projekten hinsichtlich des spezifischen Koordinationsbedarfs im F&E-Führungssystem.

Ein Versuch in diese Richtung ist die Typisierung nach den Prozeßmerkmalen Komplexität, Ungewißheit, Kreativitätsbedarf und Strukturierbarkeit. Die Komplexität ist ein Maß für die Intensität der Arbeitsteilung im Rahmen der Projektbearbeitung. Weiterhin mißt sie die Ausstrahlung des Projektes innerhalb des Unternehmens (intern) und auf das Unternehmensumfeld (extern). Die Ungewißheit basiert auf der qualitativen und quantitativen Unvollkommenheit der Informationen und dem stochastischen Prozeßcharakter. Sie bezieht sich auf das Projektergebnis und beinhaltet das technische Realisationsrisiko und wirtschaftliche Risiko (Kosten-, Zeit- und Verwertungsrisiko). Der Kreativitätsbedarf wird mit der Neuartigkeit des zu lösenden Problems bestimmt. Zum Beispiel zeichnet sich Kreativität auf der Suche nach Weiterentwicklungen bekannter technischer Lösungsprinzipien "nur" durch eine Kombination bereits vorhandener Produktionsfaktoren aus. Die Strukturierbarkeit ist ein Maß für die Möglichkeit einer transparenten, bis ins Detail gehenden Gliederung des Projektes in Aufgabenpakete und Einzelaufgaben. In Abhängigkeit von den Ausprägungen dieser vier Leistungsmerkmale und ihrer Gewichtung kann eine Prozeß- bzw. Projekttypisierung vorgenommen werden (8).

Die klassische Strukturierung des Systems Forschung und Entwicklung (9) unterscheidet zwischen dem Forschungsbereich und dem Entwicklungsbereich. Die Forschung gliedert sich in die Grundlagenforschung und die angewandte Forschung. Grundlagenforschung sind alle Forschungsarbeiten, die ausschließlich auf die Gewinnung neuer wissenschaftlicher Erkenntnisse gerichtet sind, ohne überwiegend an dem Ziel einer praktischen Anwendbarkeit orientiert zu sein. Angewandte Forschung umfaßt ebenfalls alle Anstrengungen, die ausschließlich auf die Gewinnung neuer wissenschaftlicher oder technischer Erkenntnisse gerichtet sind. Sie bezieht sich jedoch vornehmlich auf eine spezifische praktische Zielsetzung oder Anwendung. Entwicklung ist die Nutzung wissenschaftlicher Erkenntnisse, um zu neuen oder wesentlich verbesserten Materialien, Geräten, Produkten, Verfahren, Systemen oder Dienstleistungen zu gelangen. Geläufig ist die Unterscheidung zwischen Neu- und Weiterentwicklung. Vor dem Hintergrund dieser Definitionen wird gewöhnlich zwischen den vier F&E-Vorhaben/Projekt-Grundtypen, den Projekten der Grundlagenforschung, den Projekten der angewandten Forschung, den Neuentwicklungsprojekten und den Weiterentwicklungsprojekten differenziert (10). Die Typisierung nach den führungsrelevanten Prozeßmerkmalen Komplexität, Unsicherheit, Kreativitätsbedarf und Strukturierbarkeit ist mit diesen klassischen Projekttypen vereinbar. Im Interesse eines besseren Verstehens der konzeptionellen Grundlegungen zum F&E-Controlling werden nachfolgend die bekannten F&E-Projekttypen vereinfachend als Ordnungsraster gewählt.

3. Das Führungssubsystem Forschung und Entwicklung

Das Führungssystem dient der Koordination des Leistungssystems. Die Existenz des Führungssystems Forschung und Entwicklung ist Ergebnis des primären Koordinationsbedarfs, welcher aus der notwendigen Koordination des Leistungssystems Forschung und Entwicklung herrührt.

Die Standpunkte zur Differenzierung von Subsystemen des Führungssystems von Unternehmen sind im Rahmen der wissenschaftlichen Diskussion zu Controlling nicht einheitlich (11). Für die folgenden Überlegungen soll die von Küpper vorgeschlagene Gliederung des Führungssystems für den Bereich Forschung und Entwicklung übernommen werden. Das F&E-Zielsystem ist die geordnete Gesamtheit von Zielen, zwischen denen horizontale und vertikale Beziehungen bestehen. Innerhalb des Ordnungsgefüges des Zielsystems sind komplementäre, konfliktäre und neutrale Ziele zu unterscheiden. Den Rahmen für die Elemente, Strukturen und Prozesse der Planung und Kontrolle im Bereich Forschung und Entwicklung gibt das F&E-Planungs- und Kontrollsystem. F&E-Planung ist das systematische, informationsverarbeitende, zukunftsbezogene Durchdenken und Festlegen von Zielen, Maßnahmen, Mitteln und Wegen zur zukünftigen Zielerreichung. Die Kontrolle in Forschung und Entwicklung ist in Form einer operativen und strategischen Kontrolle zu realisieren. Das F&E-Informationssystem dient der rechtzeitigen Versorgung der Handlungsträger mit allen notwendigen Informationen in wirtschaftlich sinnvoller Weise. Ausgerichtet auf das zieladäquate Verhalten der Organisationsmitglieder beinhaltet das F&E-Organisationssystem das Regelsystem zur Durchführung der Leistungsaufgaben durch die Organisationsmitglieder sowie den Prozeß des organisatorischen Gestaltens. Das F&E-Organisationssystem gibt den Rahmen für das Handeln, beispielsweise mit Stellenbeschreibungen, Ablaufregelungen sowie der Regelung der Kommunikation und des Informationsaustausches zwischen den organisatorischen F&E-Einheiten. Die mitarbeiterbezogenen Gestaltungs- und Steuerungsmaßnahmen zur Verwirklichung der Ziele des F&E-Bereichs beinhaltet das F&E-Personalführungssystem. Das schließt Fragen der Personalentwicklung, der Leistungsmotivation ein, bis hin zu Fragen des Führungsstils und der Führungsprinzipien. Das für den Bereich Forschung und Entwicklung entworfene Zielsystem ist beispielsweise über ein Motivations- und Sanktionssystem mit den Individualzielen der handelnden Personen zu verknüpfen. Damit wird die Komplementarität von Individualzielen mit den Zielen der Organisation gesichert.

	Merkmale der Führungsteilsysteme	Ausprägung der Merkmale		
Zielsystem	Präzisierbarkeit der Ziele	hoch	mittel	gering
	Veränderungsdynamik der Ziele	gering	mittel	hoch
	Fristigkeit der Ziele	kurzfristig	mittelfristig	langfristig
	Zielkomplexität (in bezug auf Zusammenhang mit Zielen der Unternehmensbereiche)	hoch	mittel	gering
Planungs- und Kontrollsystem	Grad der Planungsunsicherheit	niedrig	mittel	hoch
	Grad der Planungskomplexität	niedrig	mittel	hoch
	Planungsstufe	operativ		strategisch
	Option einer detaillierten Maßnahmenplanung	hoch	mittel	gering
	Relevanz der strategischen Kontrolle	gering	mittel	hoch
Informations-system	Primäre Informationsherkunft	intern	extern und intern	extern
	Planbarkeit der Leistungen und Kosten (Leistungs- u. Kostenrechnungssysteme)	hoch	mittel	gering
	Sicherheit der Informationen	hoch	mittel	gering
	Informationskomplexität (intern)	gering	mittel	hoch
Personal-führungs-system	Anspruchsniveau an die Kreativität der Beschäftigten	niedrig	mittel	hoch
	Leistungsanreize	eher monetär		nicht monetär
	Arbeitsbedingungen (Freiheitsgrad bzgl. Zeit, Ort)	niedrig	mittel	hoch
Organisations-system	Grad der Interdisziplinarität der Projektteams (Einbeziehung von Mitarbeitern aus der Produktion, dem Vertrieb ...)	hoch	mittel	niedrig
	Organisationstyp: Projektorganisation	Matrix-Projekt-organisation		reine Projekt-organisation
		1 2	3	4

Legende:

Entwicklungsbereich
1 Weiterentwicklungsprojekte
2 Neuentwicklungsprojekte

Forschungsbereich
3 Projekte der angewandten Forschung
4 Projekte der Grundlagenforschung

Abb. 1: Ableitung unterschiedlicher F&E-Bereichs- und Projektcontrollingtypen

Der Zusammenhang zwischen den zu unterscheidenden F&E-Bereichen und -Projekten und den spezifischen Merkmalsausprägungen der F&E-Führungsteilsysteme ist in der Abb. 1 dargestellt. Es sind markante Unterschiede hinsichtlich der Wahrnehmung von Führungsaufgaben zwischen dem Entwicklungsbereich und dem Forschungsbereich sowie zwischen den Forschungs- und Entwicklungsprojekten zu erkennen. Diese spezifischen Merkmalsausprägungen der einzelnen Führungsteilsysteme prägen den Inhalt der primären Koordination.

Damit ist an dieser Stelle noch weitgehend offen, inwieweit sich hieraus Konsequenzen für das Controlling ergeben. Unterschiede in den Ausprägungen der Merkmale von Führungsteilsystemen müssen nicht (zwangsläufig) zu einem veränderten sekundären Koordinationsbedarf führen. Die hier zugrundegelegten Merkmale mit ihren Ausprägungen sind jedoch mehr oder weniger controllingrelevant, so daß sich aus dem spezifischen Inhalt der primären Koordination (verursacht durch die jeweiligen Prozesse im F&E-Leistungssystem) auch Konsequenzen für die sekundäre Koordination (für das Controlling) ergeben. Beispielsweise beruhen die Forschungsziele eines Unternehmens stärker auf externen Informationen, dagegen die Ziele der betrieblichen Weiterentwicklungsprojekte auf internen. Insofern nimmt der sekundäre Koordinationsbedarf spezifischen Inhalt an.

Controlling steht noch unter einem weiteren Gesichtspunkt in engem Zusammenhang mit dem spezifischen Inhalt der primären Koordination des F&E-Leistungssystems. Er betrifft das Schaffen der Voraussetzungen für die sekundäre Koordination. Die F&E-Führungsteilsysteme müssen koordinationsfähig sein. Der Beitrag, den Controlling hierzu leistet, wird mit der systembildenden Koordinationsaufgabe umschrieben. Controlling unterstützt die Bildung der Teilsysteme der F&E-Führung. Insofern unterstützt Controlling die primäre Koordination des Leistungssystems durch das Führungssystem. Diese Unterstützungsfunktion gehört jedoch nicht zu dem originären Gegenstand von Controlling, sondern ist abgeleitet aus der (originären) eigenständigen Koordinationsfunktion.

In dem Abschnitt zum Leistungssubsystem Forschung und Entwicklung wurden für die Leistungsprozesse Eigenschaften herausgearbeitet, welche die Prozeßführung signifikant beeinflussen. Der Betrachtungsschwerpunkt war auf das Leistungssystem gerichtet. Die Aussagen zum Führungssubsystem haben daran anknüpfend die Wirkung dieser Eigenschaften des Leistungssystems auf die jeweilige Ausprägung von Merkmalen der Führungsteilsysteme transparent gemacht. Nachfolgend ist der Betrachtungsgegenstand voll auf die Ebene des F&E-Führungssubsystems gerichtet.

4. Die Interdependenzen zwischen den Führungsteilsystemen von Forschung und Entwicklung

Die Interdependenzen zwischen den F&E-Führungsteilsystemen werden bestimmt durch die primäre Koordination zwischen F&E-Führungssystem und F&E-Leistungssystem. Diese primäre Koordination beeinflußt die sekundären Koordinationsinhalte innerhalb des Führungssystems Forschung und Entwicklung. Letztere verkörpern die systemkoppelnde Koordination des Führungssystems und bilden den eigenständigen Gegenstand von F&E- Controlling.

Die spezifische Ausprägung von Merkmalen der Führungsteilsysteme wird auf die sekundäre Koordination sowohl bezüglich des Umfanges als auch der Intensität verschieden Einfluß nehmen. Im einzelnen ist dieser Zusammenhang noch weitgehend unerforscht. Nachfolgend werden die Interdependenzen zwischen den Führungsteilsystemen zunächst unabhängig von ihren spezifischen Merkmalsausprägungen untersucht.

Die hinlänglich bekannte Strukturierung des Führungssystems in Teilsysteme ist relativ unabhängig von den jeweiligen Prozessen im Leistungssystem. Vom Leistungssystem abhängig ist lediglich die Merkmalsausprägung. Deshalb trifft für alle Bereichscontrollingtypen auch dieselbe Struktur des Führungssystems zu. Die Führungssubsysteme sind so gebildet, daß die Systeminnenbeziehungen intensiver sind als der Informationsfluß (Beziehungen) zwischen den Systemen. Trifft die Struktur für alle Führungsbereiche allgemein zu, so werden auch allgemeine Beziehungen (Interdependenzen) zwischen den Führungsteilsystemen existieren. Diese allgemeinen Beziehungen treffen für jeden Controllingbereich zu. Die systemkoppelnde Koordinationsfunktion des Controlling besitzt danach einen allgemeinen (basierend auf der allgemeinen Struktur des Führungssystems) und einen (bereichs-) spezifischen Funktionsinhalt (als Folge der Spezifik der Führungs- und Leistungsbereiche). Letzterer führt zur Herausbildung der bereits genannten drei Bereichstypen von Controlling. Innerhalb des innovativen Bereiches Forschung und Entwicklung ist weiter zu spezifizieren nach Entwicklungsbereich und Forschungsbereich und den jeweiligen Projekttypen. Beispielsweise setzt die effiziente Realisierung von Forschungsleistungen mit Grundlagencharakter voraus, daß bei der Formulierung der Leistungsziele ihre Veränderungsdynamik bzw. Arbeitsfortschrittabhängigkeit berücksichtigt wird, die Ziele nicht zu präzise vorgegeben werden. Dafür ist eine strategische Projektkontrolle wichtig, ebenso wie die Sicherung eines hohen Freiheitsgrades in den Arbeitsbedingungen. Es ist eine reine Projektorganisation zu wählen (12). Das Ziel muß es sein, ein stringentes Controlling-Konzept für Forschung und Entwicklung zu entwerfen, das die unterschiedlichen Ausprägungen der systembildenden und systemkoppelnden Koordination für diese Leistungsbereiche zuläßt.

Die Abb. 2 zeigt exemplarisch die Interdependenzen zwischen den Führungsteilsystemen von Forschung und Entwicklung. Es sind überwiegend allgemeine Beziehungen, wie die Operationalisierbarkeit von Zielen für die Planung und Kontrolle und die Informationsversorgung mit Daten über die Koordinationskosten für die Organisation, skizziert. Auf diese sowie auf die bereichsspezifischen Ausprägungen der Interdependenzen wird später - bei dem Bestimmen der systemkoppelnden Aufgaben des F&E-Controlling - nochmals intensiver Bezug genommen.

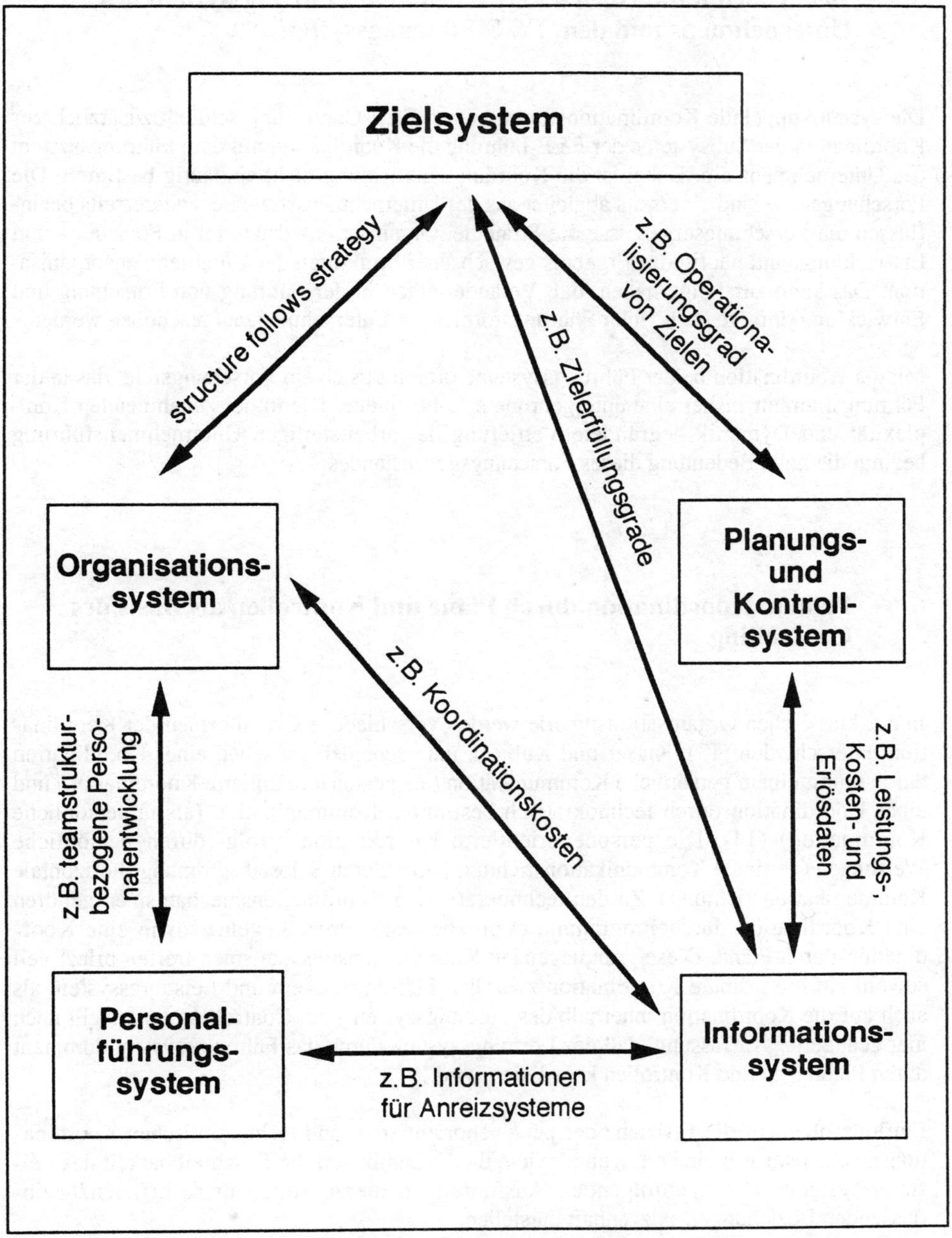

Abb. 2: Exemplarische Darstellung der Interdependenzen zwischen den Führungsteilsystemen

5. Der Koordinationsbedarf zwischen dem Führungssystem des Unternehmens und dem F&E-Führungssystem

Die systemkoppelnde Koordinationsfunktion von F&E-Controlling schließt zusätzlich zur Koordination der Subsysteme der F&E-Führung die Koordination mit dem Führungssystem des Unternehmens ein. Dabei ist die Koordinationsrichtung nicht eindeutig bestimmt. Die Forschungsziele sind einerseits abgleitet aus der Unternehmensstrategie, andererseits beeinflussen die Forschungsergebnisse die Strategie. Organisationsstrukturen in Forschung und Entwicklung sind häufig das Ergebnis gewachsener Strukturen der Unternehmensorganisation. Das kann zur Folge haben, daß Veränderungen in der Führung von Forschung und Entwicklung, infolge unflexibler Führungsformen im Unternehmen, aufgeschoben werden.

Mit der Koordination beider Führungssysteme offenbart sich ein Forschungsfeld, das in der Führungsliteratur bisher eine untergeordnete Rolle spielte. Die in der zunehmenden Komplexität und Dynamik begründete Vertiefung der arbeitsteiligen Unternehmensführung bedingt die hohe Bedeutung dieses Forschungsgegenstandes.

6. Primär-Koordination durch Pläne und Kontrollen als Basis des Controlling

In der klassischen Organisationstheorie werden verschiedene Grundformen der Koordination unterschieden (13). Kieser und Kubicek unterscheiden zwischen einer Koordination durch unmittelbare persönliche Kommunikation (als personenorientierte Koordination) und einer Koordination durch technokratisch bestimmte Kommunikation (als unpersönliche Koordination) (14). Die personenorientierte Koordination erfolgt durch persönliche Weisungen (vertikale Kommunikationsrichtung) oder durch Selbstabstimmung (horizontale Kommunikationsrichtung). Zu den technokratischen Koordinationsmechanismen gehören eine Koordination durch Programme (Vorgabe fester Prozeßregeln) sowie eine Koordination durch Pläne. Diese grundlegenden Koordinationsmechanismen treffen prinzipiell sowohl auf die primäre Koordination zwischen Führungssystem und Leistungssystem als auch auf die Koordination innerhalb des Führungssystems zu. Controlling unterstellt nach hier geäußerter Auffassung, daß das Leistungssystem durch das Führungssystem dominant durch Planungen und Kontrollen koordiniert wird.

Einflußgrößen auf die Effizienz der personenorientierten und technokratischen Koordinationsmechanismen bilden die Komplexität, die Dynamik und die Beschreibbarkeit des Leistungssystems. Die nachfolgenden Ausführungen hierzu sollen diese effizienzbeeinflussenden Beziehungen skizzenhaft darstellen.

Die personalen Koordinationsformen setzen im Unterschied zu den technokratischen die Beschreibbarkeit des Leistungssystems nicht voraus. In Abhängigkeit von der Dynamik und Komplexität ist ihre Anwendbarkeit für nahezu alle betrieblichen Konstellationen zwar theoretisch gegeben, jedoch nur unter bestimmten Bedingungen effizient. Mit einer weitgehenden Beschreibbarkeit des Leistungssystems ist die Voraussetzung für technokratische

Koordinationsmechanismen gegeben, die dann effizienter sein können. In Abhängigkeit von der Ausprägung der Komplexität und der Dynamik ist entweder eine Koordination durch die Vorgabe von Prozeßregeln (Regeldesign) oder eine Koordination durch Pläne und Kontrollen die effiziente Koordinationsform . Die Koordination durch Prozeßregeln wird infolge des hohen Änderungsaufwandes mit zunehmender Dynamik ineffizient. Eine Koordination durch Pläne und Kontrollen wird vergleichsweise zu dem (festen) Regeldesign noch bei größerer Dynamik effizient sein, wobei bei hoher Dynamik ebenfalls hohe Kosten permanenter Anpassungsplanung entstehen. Für die Komplexität ist isoliert kein Einfluß auf die Effizienz der Koordination durch feste Regeln ableitbar. Dagegen hat das Maß der Komplexität Einfluß auf die Koordinationseffizienz durch Pläne und Kontrollen. Bei geringer Komplexität entstehen der Tendenz nach hohe Planungskosten, bei hoher Komplexität ergeben sich Grenzen der Planbarkeit. Tendenziell haben die Komplexität und die Dynamik der Unternehmensum- und innenwelt in der Vergangenheit zugenommen und werden weiter ansteigen. Damit einher geht eine Zunahme von Komplexität und Dynamik im Leistungssystem von Unternehmen. Hieraus läßt sich ableiten, daß für die Unternehmen im allgemeinen eine Koordination durch Pläne und Kontrollen weit häufiger zutrifft als eine Koordination durch feste Prozeßregeln.

Ist das Leistungssystem nicht oder nur unzureichend beschreibbar, so sind die technokratischen Koordinationsmechanismen kaum anwendbar. Die primäre Koordination des Leistungssystems durch das Führungssystem ist dann mittels personenorientierter Koordinationsformen möglich. Die Koordination durch persönliche Weisungen (vertikale Koordinationsrichtung) kann bei geringer Komplexität sehr effizient sein. Nimmt die Komplexität der zu führenden Prozesse im Leistungssystem zu, so ist die Koordination durch Selbstabstimmung (horizontale Koordinationsrichtung) vorzuziehen. Die Koordination durch Selbstabstimmung ist unter der Bedingung einer Beschreibarkeit der Prozesse im Leistungssystem gegenüber einer Koordination durch Pläne und Kontrollen dann vorzuziehen, wenn es sich um hochkomplexe und - dynamische Leistungsprozesse und -bereiche handelt.

Die zu führenden Leistungsbereiche im Unternehmen unterscheiden sich in ihrer Beschreibbarkeit, ihrer Komplexität und Dynamik. Hierauf kann das Führungssystem mit den beschriebenen Koordinationsformen reagieren, indem es die jeweils effiziente Koordinationsform wählt. Die größte positive Abweichung von einer mittleren Beschreibbarkeit, Komplexität und Dynamik aller Leistungsbereiche im Unternehmen wird zweifelsohne auf den F&E-Bereich zutreffen. Es ist zu vermuten, daß für die überwiegende Zahl von Leistungsbereichen (z.B. Produktion) die Koordination durch Pläne und Kontrollen effizient sein kann. Für den Forschungsbereich ist die Effizienz einer Koordination durch Pläne und Kontrollen zumindest fragwürdig, allein schon aus der Tatsache heraus, daß die Prozesse im Leistungssystem kaum oder zumindest nur sehr vage beschreibbar sind. Für die primäre Koordination wäre dann eine Koordination durch Selbstabstimmung vorzuziehen. Der Entwicklungsbereich hingegen beinhaltet die Durchführung von Entwicklungsprojekten, für die eine Planung der einzelnen Leistungsstufen und -ergebnisse besser möglich und effizient sein kann. Im F&E-Bereich handelt es sich um ein Mix von Koordinationsmechanismen, welches führungsmäßig in den Griff zu bekommen ist. Hinzukommt, daß der F&E-Bereich in die gesamte unternehmensbezogene - nach Plänen und Kontrollen erfolgende - Führung zu integrieren ist. Letztere wird u.a. in der Forschung mit der inputorientierten Budgetierung erreicht, da eine Maßnahmenplanung nicht möglich ist (15).

7. Unterscheidung zwischen systembildenden und systemkoppelnden Aufgaben des F&E-Controlling

Mit der vorangehenden Grundlegung des Konzeptes von F&E-Controlling ist die Voraussetzung gegeben, nun stärker auf den Kern der Controllingfunktion - die systemkoppelnde Koordination - einzugehen.

Den Gegenstand der systemkoppelnden Koordinationsfunktion bilden die Interdependenzen zwischen den arbeitsteiligen Führungsteilsystemen, die durch Controlling bewußt zu gestalten sind. Diese systemkoppelnde Koordinationsfunktion wird von keiner anderen Disziplin abgedeckt. Sie bildet den eigenständigen Funktionsinhalt von Controlling. Die systemkoppelnde Koordination setzt voraus, daß die Teilsysteme der Führung koordinationsfähig sind. Das Schaffen der Koordinationsvoraussetzungen ist eine von der Systemkopplung abgeleitete Aufgabe. Sie gehört deshalb auch nicht zu dem originären Gegenstand des Controlling. Controlling unterstützt das Management bei der primären Koordination des Leistungssystems durch das Führungssystem. Das Fähigkeitspotential von Controlling zur Wahrnehmung dieser systembildenden Koordinationsaufgabe innerhalb der Führung basiert auf der Fähigkeit zur Systemkopplung. Die systembildende Koordinationsaufgabe beinhaltet die Unterstützung bei der Gestaltung jedes einzelnen Führungsteilsystems. Die Konsistenz des Führungssystems als ganzes wird durch die systemkoppelnde Koordination des Controlling erzielt (vgl. Abb. 3).

Für den Bereich Forschung und Entwicklung stellt sich die systemkoppelnde Koordinationsfunktion aus vielerlei Gesichtspunkten keineswegs einfach dar. Das wurde aus den Beschreibungen zum Leistungssubsystem Forschung und Entwicklung, zu den spezifischen Ausprägungen des F&E-Führungssubsystems und zu den Formen der primären Koordination deutlich.

Für die sekundäre Koordination, die das Controlling wahrnimmt, sind alle bereits im Zusammenhang mit der primären Koordination angeführten vier Koordinationsmechanismen relevant. Eine Koordination durch Vorgabe von festen Prozeßregeln ist anwendbar für die Gestaltung der allgemeinen Interdependenzen zwischen den Teilsystemen der Führung. Für diese grundsätzlichen Beziehungen ist die Koordination durch Prozeßregeln effizient, da diese einerseits prinzipiell beschreibbar sind und sich andererseits relativ stabil verhalten. Insofern können diese als Rahmenbeziehungen verstanden werden, die die allgemeine Struktur der Interdependenzen beschreiben. Die Koordination durch Pläne und Kontrollen ist geeignet, die konkreten interdependenten Führungsprozesse zu definieren. Hierzu gehört bspw. das Festlegen der Informationsversorgungsprozesse bezüglich Informationsart, Zeit, Qualität und Empfangsstelle. So ist die Versorgung des F&E-Planungs- und Kontrollsystems mit Informationen über Umwelteinflüsse (Marktanteile, Wettbewerbsposition) für die Auswahl der technologischen Strategien und Vorhaben zu planen. Auf der operativen Ebene betrifft das z.B. die planmäßige Versorgung mit Informationen über die tatsächlich angefallenen Kosten für Plan-Ist-Vergleiche der Projektbudgets und mögliche Konsequenzen in bezug auf Änderungen der angenommenen Plangrößen.

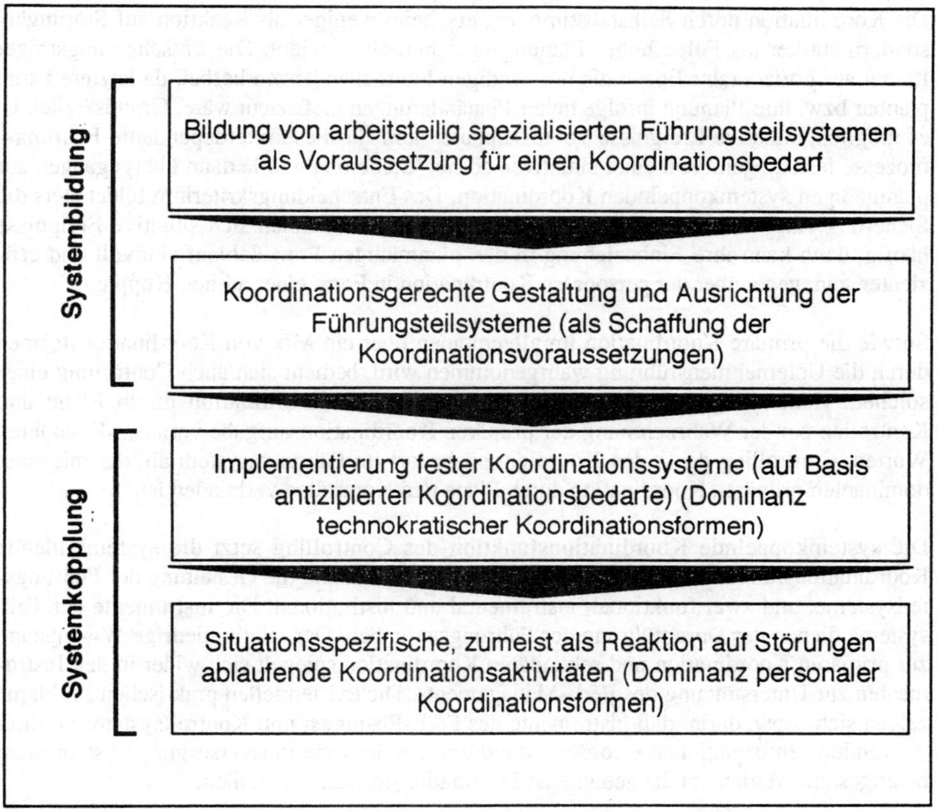

Abb. 3: Zur Unterscheidung von systembildender und systemkoppelnder Koordination

Eine weitgehende Beschreibbarkeit der Führungsinterdependenzen sowie eine mittlere Komplexität und Dynamik dieser Beziehungen vorausgesetzt, wird sich für das Controlling eine Koordination durch Pläne und Kontrollen durchaus als effizient erweisen. Die interdependenten Führungsprozesse können basierend auf der mit den Prozeßregeln gegebenen Struktur der Beziehungen konkret geplant werden. Die Kontrolle dient feedback dem Überprüfen des planmäßigen Prozeßablaufs.

Die personalen Koordinationsformen sind geeignet bei situativen Störungen vom geplanten Prozeßablauf der systemkoppelnden Koordination sowie bei hoher Planungsunsicherheit. Eine "Störung" bzw. einen Eingriff in die geplante Systemkopplung kann bspw. ein zusätzlicher Forschungsauftrag auslösen. Für die Entscheidung seiner Übernahme werden dann zusätzliche Informationen über freie Kapazitäten, über Synergien zu dem Forschungsprogramm, z.B. inwieweit mit der Durchführung des Forschungsauftrages angeschaffte Versuchstechnik für zukünftige Forschungsaufgaben genutzt werden kann, zusätzlich (über den geplanten Informationsfluß hinaus) notwendig. Hierzu werden Informationen nicht nur aus dem F&E-Führungssubsystem benötigt, sondern darüber hinaus aus weiteren Systemen von Führungsbereichen. Controlling kann diese situativ bedingten Interdependenzen mittels der persönlichen Weisung in Form einer ad-hoc-Kopplung herbeiführen.

Die Koordination durch Selbstabstimmung erscheint weniger als Reaktion auf Störungen, sondern stärker als Folge hoher Planungsunsicherheit effizient. Die Entscheidungsträger führen auf horizontaler Ebene die notwendigen Interdependenzen herbei, da letztere kaum planbar bzw. ihre Planung infolge hoher Planänderungen ineffizient wäre. Grundsätzlich ist es möglich, situative Ereignisse vorauszuplanen und für diese interdependente Führungsprozesse festzulegen. Von einer situativen ad-hoc-Steuerung würde dann übergegangen zur planmäßigen systemkoppelnden Koordination. Das Entscheidungskriterium bildet stets die Sicherung einer hohen Effizienz der Koordination. Wiederholen sich situative Ereignisse häufig, dann kann ihre Einbeziehung in den planmäßigen Prozeßablauf sinnvoll und effizienter sein, gegenüber der personalen Koordination in Form einer ad-hoc-Kopplung.

So wie die primäre Koordination im allgemeinen über ein Mix von Koordinationsformen durch die Unternehmensführung wahrgenommen wird, bedient sich auch Controlling eines solchen. Controlling setzt jedoch die Dominanz einer Koordination durch Pläne und Kontrollen bei der Wahrnehmung der primären Koordinationsaufgabe voraus. Mit anderen Worten: Controlling deckt den Koordinationsbedarf im Führungssystem ab, der mit einer dominanten primären Koordination durch Pläne und Kontrollen verbunden ist.

Die systemkoppelnde Koordinationsfunktion des Controlling setzt die systembildende Koordinationsfunktion voraus. Sie beinhaltet den Aufbau und die Gestaltung der Führungsteilsysteme, und zwar funktional, instrumental und institutional. Die Instrumente der Teilsysteme dienen der Durchführung der Führungsaufgaben. Der relativ niedrige Wissenstand zur primären Koordination und sekundären Koordination spiegelt sich wider in den Instrumenten zur Unterstützung des F&E-Managements. Die existentiellen praktischen Probleme zeigen sich bspw. darin, daß Instrumente des F&E-Planungs- und Kontrollsystems zu ihrer Anwendung Informationen erfordern, die durch das Informationsversorgungssystem nicht bereitgestellt werden, da die geeigneten Informationsinstrumente fehlen.

Die systembildenden und -koppelnden Koordinationsaufgaben des F&E-Controlling werden nachfolgend für das strategische Forschungscontrolling konkretisiert.

II. Strategisches Forschungscontrolling

Das strategische F&E-Controlling beinhaltet die Unterstützung von Entscheidungen über das langfristige Forschungs- und Entwicklungsprogramm des Unternehmens. Das schließt die Unterstützung bei der Fixierung der langfristigen Forschungs- und Entwicklungsziele und bei dem Auswählen der relevanten Vorhaben ein (siehe Abb. 4). Die Aufgaben des strategischen F&E-Controlling leiten sich aus dessen Koordinationsfunktion in bezug auf die strategische Führung der Forschungs- und Entwicklungsprozesse ab. Sie tangieren alle Teilsysteme der F&E-Führung.

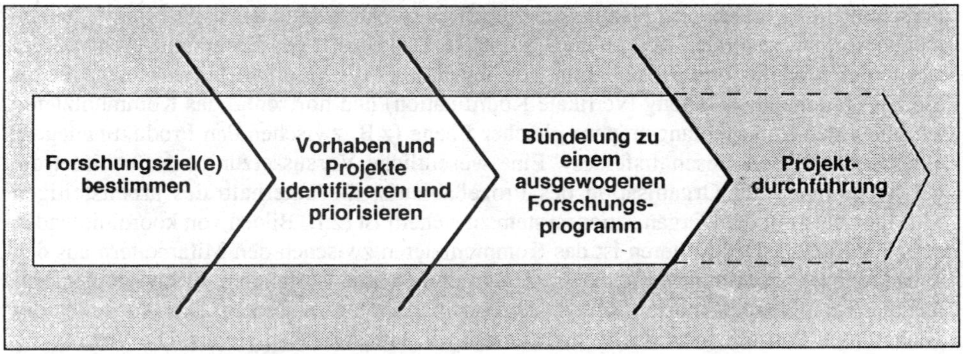

Abb. 4: Phasen zur Identifizierung erfolgreicher Technologievorgaben

Ein strategisches Controlling in der Forschung unterscheidet sich von dem in der Entwicklung nach der spezifischen Ausprägung der Merkmale von Führungsteilsystemen, den Instrumenten und dem konkreten sekundären Koordinationsbedarf (16).

Wenngleich das Controllingkonzept für das Entwicklungsmanagement ebenfalls noch nicht weit gediehen ist, so bereitet hier die Wahrnehmung der Führungsaufgaben gegenüber dem Forschungsbereich im allgemeinen weit weniger Probleme. Hinzu kommt, daß Forschungsentscheidungen die Effizienz von Forschung und Entwicklung im Unternehmen langfristig festlegen. Die nachfolgenden Ausführungen konzentrieren sich deshalb auf das strategische Forschungscontrolling. Für den Auswahlprozeß technologischer Forschungsvorhaben wird die systembildende und - koppelnde Koordinationsfunktion des strategischen Forschungscontrolling beschrieben. Das mehrstufige Filter-Konzept (16a) und die strategische Kontrolle stehen als Planungs- und Kontrollinstrumente des strategischen Forschungsmanagements im Mittelpunkt.

Der Auswahlprozeß läßt sich in drei Teilphasen - Festlegen der langfristigen Forschungsziele, Identifizieren und Priorisieren von Vorhaben und Bündelung zu einem ausgewogenen Forschungsprogramm - gliedern. Das mehrstufige Filter-Konzept unterstützt das Durchführen der Planungsaufgaben über alle Teilphasen hinweg. Controlling hat (systembildend) die Aufgabe, die Anwendung von geeigneten Planungsinstrumenten (z.B. das mehrstufige Filter-Konzept) zu initiieren. Das schließt die Vermittlung von Wissen über diese Instrumente ein.

Die Funktionsweise des mehrstufigen Filter-Konzeptes setzt an dem Technologie-Portfolio an. Dieses ist in der Form einer Portfolio-Hierarchie zu gestalten. Von der Produktebene ausgehend , über die Geschäftsfeld- bis hin zur Unternehmensebene werden die Produkt- und Verfahrenstechnologiekomponenten nach ihrer Technologieattraktivität und -kompetenz analysiert. Damit die strategisch bedeutsamsten Produkte ausgewählt werden, ist das Technologie-Portfolio mit dem Marktattraktivitäts-Wettbewerbsvorteil-Portfolio zu kombinieren. Das hierarchische Vorgehen bei der Anwendung des Technologie-Portfolio, indem ausgehend von der Analyse der Marktattraktivität die relevanten Geschäftsfelder, innerhalb der Geschäftsfelder die jeweils relevanten Produkte für eine detaillierte technologische Analyse ausgewählt werden sowie die anschließende Synthese bis hin zu Zielportfolien, führt potentiell zu relativ gesicherten Basisdaten für die strategische Planung der

Forschung (17). Mit diesem Planungsinstrument wird gleichzeitig das abgestimmte Zusammenwirken zwischen den Mitarbeitern gefördert. Das betrifft das Kommunizieren von der Ebene der Produkt- und Prozeßverantwortlichen, über die Geschäftsbereichsmanager bis hin zur Unternehmensleitung (vertikale Koordination) und horizontal das Kommunizieren zwischen den Entscheidungsträgern gleicher Ebene (z.B. zwischen den Produktmanagern eines strategischen Geschäftsfeldes). Eine wesentliche Voraussetzung hierfür bildet die geeignete Form der Organisation des Prozeßablaufs, die innerhalb des arbeitsteiligen Managements mit dem Organisationssystem zu sichern ist (z.B. Bilden von koordinierenden Arbeitsgruppen). Des weiteren ist das Kommunizieren zwischen den Mitarbeitern aus den verschiedenen Führungsbereichen im Unternehmen mit geeigneten Motivationsinstrumenten und Verhaltensmustern seitens der Personalführung zu fördern. Das Aufstellen des Technologie-Portfolio setzt das Vorhandensein von Informationen voraus. Die Versorgung mit Informationen übernimmt das F&E-Informationssystem. Die Systemkopplung zwischen Planung und Kontrolle und Informationsversorgung schließt (systembildend) die Unterstützung bei der Entwicklung von Instrumenten des Informationssystems ein.

Die praktische Realisation der Technologie-Portfolio-Methode stößt auf Probleme. Es fehlen geeignete Kriterien für die Bewertung der Attraktivität und der Kompetenz von Produkt- und Prozeßtechnologien (18). Die gefundenen Bewertungskriterien und die auf deren Basis gewonnenen Ergebnisse sind zumeist zu allgemein für eine gezielte strategische Steuerung der Forschung im Unternehmen.

Obwohl in den Großunternehmen z.T. eine Vielzahl koordinierender Arbeitsgruppen gebildet wurden (19), gibt es dennoch große Kommunikationsbarrieren in der Forschung, die sich nachteilig auf die Durchführung und die Ergebnisse einer Technologie-Portfolio-Hierarchie auswirken.

Aus dem Technologie-Portfolio sind neben Forschungszielen bereits Vorhaben identifizierbar. Die Forschungsressourcen sind im Unternehmen stets begrenzt, so daß nicht alle technologieattraktiven Vorhaben gleichzeitig begonnen werden können. Unter Anwendung weiterer, in dem Technologie-Zielportfolio nicht explizit berücksichtigter Kriterien, ist deshalb der Auswahlprozeß der Vorhaben weiter zu qualifizieren, um eine noch größere Sicherheit bei der Fundierung von langfristigen Forschungsentscheidungen zu erzielen. Die Bemühungen in Theorie und Praxis gehen in diese Richtung. Ausgerichtet auf eine hohe Forschungseffizienz gibt es die Möglichkeit, eine weitere Filterung der Ergebnisse des Technologie-Zielportfolio durch eine zusätzliche Einbeziehung der Fähigkeiten des Innovationsmanagements sowie einer tiefergehenden Analyse der Forschungsrisiken (wirtschaftliches Verwertungs- und technisches Realisationsrisiko) vorzunehmen.

Das zusätzliche Filtrieren mittels des Innovationsmanagement-Portfolio dient dazu, nur die Forschungsvorhaben in Angriff zu nehmen, für die die Forschungsinstitute des zentralen Forschungsressorts und die Geschäftsbereiche des Unternehmens über ausreichende Managementfähigkeiten verfügen (Dimension Managementfähigkeit) und geeignete interne Organisationsstrukturen der Geschäftsbereiche eine reibungslose Transformation der anvisierten Forschungsergebnisse garantieren (Dimension Transferintensität). Neben den Managementfähigkeiten der Forschungsinstitute bildet das Führungssystem des jeweiligen Geschäftsbereiches Gegenstand dieser analytischen Betrachtung. Hierbei wird der für den Forschungserfolg wichtige Gesichtspunkt der Koordination zwischen dem F&E-Führungssubsystem und den Führungssystemen der Geschäftsbereiche sichtbar.

Die Bewertung der Dimensionen Transferintensität und Managementfähigkeit erfordert komplexe (umfassende) Analysen, die primär den Gegenstand von Untersuchungen zur Effizienz des Führungssystems des zentralen Forschungsressorts sowie seiner einzelnen Forschungsinstitute und der Geschäftsbereiche bilden und erst sekundär die Basis für die Auswahl von Forschungsvorhaben. Das Innovations- bzw. Forschungsmanagement-Portfolio ist ein Instrument, das im Rahmen der systembildenden Koordinationsfunktion eines strategischen Forschungscontrolling anwendbar ist. Es zeigt eine Bestandsaufnahme der Istsituation und als Ziel-Portfolio das Sollkonzept. Das Finden von geeigneten Indikatoren für die Bewertung von Managementfähigkeit bzw. -kompetenz und -attraktivität ist eine anspruchsvolle Aufgabe. Es setzt das Wissen über ein theoretisch fundiertes, effizientes Forschungsmanagement voraus. Die Durchführung der Bewertung ist nicht weniger problematisch, da aufwendige Analysen zur Bewertung der Istsituation notwendig sind. Es ist zu empfehlen, in diesen Prozeß externe Berater einzubeziehen. Als betriebswirtschaftliches Forschungsprojekt steht es auf gleicher Ebene mit technologischen Projekten. Das zu beobachtende Defizit von Forschungsvorhaben zur Verbesserung des Forschungsmanagements gegenüber der Technologieorientierung ist ohnehin kritisch zu werten. Es handelt sich hierbei um eine erst in Ansätzen erkannte und bisher unterbelegte Sparte der Forschung, die aber strategisch zunehmend an Attraktivität gewinnt, sowohl intern als auch extern mit der Zunahme der beratenden Funktionen von Unternehmen.

Die Berücksichtigung der potentiellen Transferoption von zukünftigen technologischen Forschungsergebnissen im Prozeß der Priorisierung von Vorhaben, wie es mit dem Innovationsmanagement-Portfolio vorgeschlagen wird, ist durchaus opportun. Die Transferoption charakterisiert gemeinsam mit den Ergebnissen aus dem Technologie- und Marktattraktivitätsportfolio das Innovationspotential der einzelnen Vorhaben. Das dabei vorausgesetzte Koordinieren zwischen den Führungsbereichen gehört zu dem Gegenstand der systemkoppelnden Koordinationsfunktion des strategischen Forschungscontrolling. Hierbei können prinzipiell alle vier Grundformen der systemkoppelnden Koordination zur Anwendung kommen. Die wiederholenden Abstimmungsprozesse sind planbar (Koordination durch Pläne und Kontrollen). Das betrifft bspw. das Bereitstellen von Informationen über die Transferoption von Forschungsvorhaben durch die Geschäftsbereiche. Zusätzlich zu den planmäßigen Abstimmungen ist es möglich, situativ die für die Forschungsplanung notwendigen Informationen aus den Geschäftsbereichen über die persönlichen Koordinationsformen bereitzustellen.

Die Ergebnisse des Auswahlprozesses können durch eine zusätzliche Berücksichtigung des Forschungsrisikos weiter qualifiziert werden. Die in der Literatur vorgeschlagenen Ansätze des mehrstufigen Filter-Konzeptes beziehen im allgemeinen eine Analyse der Innovationsrestriktionen mit den Kriterien technisches Realisationsrisiko und wirtschaftliches Verwertungsrisiko, dem Verhalten der Konkurrenz und den Einstiegs- und Ausstiegsschranken ein. Die Einbeziehung des Verhaltens der Konkurrenz erklärt sich daraus, daß mit zunehmenden Betätigungsdrang der Wettbewerber auf gleichem Gebiet auch die eigenen Risiken wachsen. Im Ergebnis werden die Forschungsprojekte mit dem größten Innovationspotential und den wenigsten Innovationsrestriktionen priorisiert.

Die systembildende Aufgabe des strategischen Forschungscontrolling beinhaltet die Unterstützung des Managements bei der Einschätzung des Risikos, indem z.B. Erfahrungswerte aus früheren Projekten und spezielle Informationen über ihre wirtschaftliche Verwertung als Orientierungsgrößen aufgestellt werden. Die Informationen aus früheren Projekten können in Form eines Forschungsaudit gespeichert werden. Die notwendige Informationsversorgung steuert Controlling über die verschiedenen Formen der Koordination.

Für die abschließende Bündelung der mit dem mehrstufigen Portfolio-Filter-Konzept sukzessiv herausgefilterten Forschungsvorhaben zu einem ausgewogenen langfristigen Forschungsprogramm ist das Instrument der Synergiepotentialmatrix geeignet. Alle Forschungsprojekte, sowohl Projekte in Bearbeitung als auch die neuen Projekte werden auf vorhandene Synergien untersucht. Zu dem langfristigen Forschungsprogramm des Unternehmens werden dann die Projekte gebündelt, die neben dem größten Innovationspotential und dem niedrigsten Risiko (damit den größten Innovationschancen) auch die meisten Synergiepunkte aufweisen.

Zusammenfassend ist zunächst festzuhalten, daß sich das skizzierte mehrstufige Filter-Konzept für ein Identifizieren der erfolgsträchtigen Technologievorhaben eignet.

Das Setzen der "richtigen" Forschungsziele und das qualitative Filtrieren der Forschungsvorhaben und -projekte zu einem strategischen Programm setzt eine geeignete Organisationsstruktur voraus. Es ist festzuhalten, wer an diesem Prozeß zu beteiligen ist und welche Daten bzw. Informationen in welcher Qualität, zu welchem Zeitpunkt an der konkreten Empfangsstelle bereitzustellen sind. Dieser Informationsversorgungsprozeß läßt sich wie der Ablaufprozeß dieses Procedere durchaus durch Pläne und Kontrollen effizient koordinieren (planmäßige Systemkopplung).

Die organisatorische Realisation des Auswahlprozesses, der über den Führungsbereich Forschung hinaus, weitere Führungsbereiche des Unternehmens einschließt, ist nicht unproblematisch, allein schon unter dem Gesichtspunkt des Gewährleistens niedriger Koordinationskosten. Für die Prozeßführung über die drei Phasen (vgl. Abb. 4) empfiehlt sich ein interdisziplinäres Team.

Dieses Team von Mitarbeitern muß die Möglichkeit besitzen, relativ schnell, ohne Kompetenzhindernisse, gewünschte Informationen zu erhalten (Koordination durch Selbstabstimmung oder durch persönliche Weisung). Die notwendigen Informationen stammen dabei nicht nur aus dem Bereich Forschung im Unternehmen, sondern aus nahezu allen Unternehmensbereichen. Das Gestalten dieser organisatorischen Voraussetzungen ist mit Gegenstand der systembildenen Koordination in bezug auf das Organisationssystem. Das bewußte Herbeiführen der Interdependenzen innerhalb des F&E-Führungssystems und zwischen den Führungsbereichen im Unternehmen ist Aufgabe der systemkoppelnden Koordination von Controlling.

Die Planung im allgemeinen und im besonderen die strategische Forschungsplanung besitzt selektiven Charakter. Die Ursachen sind eine mangelnde Prognostizierbarkeit und die nicht vollständige Beschreibbarkeit der Unternehmensinnen- und umwelt. Hieraus resultiert das bekannte Ambiguitätsproblem. Je strategischer die Planung ist und je innovativer der zu planende Unternehmensbereich, desto ausgeprägter ist dieses Problem. Insbesondere in der Forschung wird die Kontrolle zur Bedingung und Möglichkeit der Planung. Die strategische Kontrolle kompensiert die Selektivität der Planung (20). Selektion im strategischen Planungsprozeß geschieht durch das Setzen von Planprämissen in Form von strategischen Schlüsselannahmen über die externe Umwelt und die interne Ressourcensituation. Der über die drei Phasen ablaufende Prozeß der Planung des langfristigen Forschungsprogramms wird erst möglich durch das Setzen von zahlreichen Annahmen (z.B. der Marktanteil eines strategischen Geschäftsfeldes wird sich verdoppeln). Die Richtigkeit der gesetzten Prämissen ist fortlaufend zu prüfen. Diese Aufgabe erfüllt die Prämissenkontrolle. Es ist nicht davon auszugehen, daß zum Zeitpunkt des Planens alle Prämissen bekannt und berücksichtigt sind. Deshalb bedarf die gerichtete Kontrolle der Prämissen selbst wieder der Kompensation durch die strategische Überwachung. Die Realisierung des strategischen Forschungsprogramms wird begleitet von der Durchführungskontrolle. Sie gibt als Ergebniskontrolle der Forschungsvorhaben die Information, inwieweit die eingeschlagene Richtung und die Geschwindigkeit der Programmrealisation akzeptabel ist.

Bezogen auf den beispielhaft skizzierten Auswahlprozeß von technologischen Vorhaben setzt die strategische Kontrolle mit dem Entwickeln des Zielsystems der Forschung ein und erstreckt sich über den gesamten Auswahlprozeß hinweg, bis hinein in die Phase der Projektdurchführung. Für die Implementierung der strategischen Kontrolle hat das strategische Forschungscontrolling (systembildend) die Know how - Voraussetzungen zu schaffen. Weiterhin ist (systemkoppelnd) der Prozeßablauf des Systems der strategischen Kontrolle zu planen, und es sind die informationsversorgenden Prozesse für die Kontrollaktivitäten zu koordinieren. Das schließt die systembildende Koordinationsaufgabe des Controlling in bezug auf das Implementieren geeigneter Informationsinstrumente ein.

Am Beispiel des mehrstufigen Filter-Konzeptes und der strategischen Kontrolle zeigte sich, daß die Einführung von Planungs- und Kontrollinstrumenten gestaltenden Einfluß auf das Informationssystem, die Organisation und die Personalführung nehmen und umgekehrt. Der Planungs- und Kontrollbedarf löst bspw. die Entwicklung und Implementierung von Informationsinstrumenten aus. So erfordert die Anwendung der strategischen Kontrolle die Entwicklung geeigneter Informationsinstrumente.

Temporär nehmen die systembildenden Aufgaben des strategischen Forschungscontrolling einen größeren Umfang ein. Im Mittelpunkt steht der Aufbau des F&E-Führungssubsystems. In diesen Systembildungsprozeß eingebunden sind die systemkoppelnden Aufgaben, die die Interdependenzen zwischen den arbeitsteiligen Teilsystemen der F&E-Führung und den übrigen Führungsbereichen im Unternehmen über die jeweils geeigneten (effizienten) Formen der Koordination gestalten.

III. Zusammenfassung

Das Anliegen war, das Konzept für ein F&E-Controlling in seinen Grundzügen vorzustellen. Abhebend von dem relativen Konsens über die Controllingfunktion, standen deshalb die konzeptionellen Überlegungen bei der Anwendung auf den Bereich Forschung und Entwicklung im Vordergrund. Eine ganzheitliche Betrachtung war das Ziel. Insofern tragen die vorstehenden Ausführungen richtunggebenden Charakter und gehen nur an wenigen Stellen ins Detail.

Mit der vorgestellten Konzeptionierung werden inhaltliche Akzente für die laufenden und künftigen Forschungsaktivitäten auf diesem noch "weißen" Forschungsfeld gesetzt. Die aus der Praxis heraus bekannten Probleme des F&E-Managements lassen sich zu einem Großteil auf Koordinationsdefizite des arbeitsteiligen Führungssystems zurückführen. Wie Controlling diese Defizite abschwächen kann, wurde konzeptionell und exemplarisch am Beispiel des Auswahlprozesses von strategischen Forschungsvorhaben gezeigt. Die theoretische Fundierung des vorgestellten Konzeptes und seine praktische Akzeptanz wird davon abhängen, inwieweit es gelingt, die spezifischen (konkreten) systemkoppelnden Koordinationsinhalte im Detail abzubilden. Das setzt voraus, daß die Beziehungen innerhalb der arbeitsteiligen Führung nahezu vollständig bekannt sind. Des weiteren ist der praktische Nachweis zu führen, daß unter Anwendung der verschiedenen Koordinationsformen des F&E-Controlling eine höhere Effizienz der F&E-Führung erzielt wird. Obwohl die Führung des F&E-Bereiches bzgl. der führungsrelevanten Merkmalsausprägungen eine große Varianz von Leistungsprozessen zu steuern hat, ist es sinnvoll, ein stringentes F&E-Controlling-Konzept zu entwickeln. Die Aufgabe von F&E-Controlling ist dann, die unterschiedlichen Ausprägungen der Koordination von Führungsprozessen, bspw. Unterschiede zwischen der Entwicklung und der Forschung, zu berücksichtigen.

Anmerkungen

1 Vgl. Weber 1991b, S. 121-168, Weber 1991c , Kummer 1992, Küpper 1991

2 Vgl. Brockhoff 1984, Bürgel 1989, Commes/Lienert 1983, Gaiser et al. 1989, Hesse 1990, Riedl 1990, Stockbauer 1989
Eine zusammenfassende Wertung des Diskussionsstandes zu F&E-Controlling ist enthalten in: Göpfert/Hoppenheit 1991.

3 Vgl. Blohm/Danert 1983, Kern/Schröder 1977, Platz/Schmelzer 1986, Servatius 1987, 1988, Trommsdorf 1990

4 Vgl. u.a. Horvath 1990, Küpper/Weber/Zünd 1990, Weber 1991a

5 Vgl. Weber 1990a, S. 33

6 Die Unterscheidung zwischen Primärkoordination und sekundärer Koordination erfolgt in Anlehnung an Horvath 1990.

7 Weber 1992 (im Erscheinen)

8 Vgl. Göpfert 1992 (im Erscheinen)

9 Vgl. hierzu u.a. Brockhoff 1989, Kern/Schröder 1977

10 Diese Projektklassifizierung liegt auch der Arbeit von Walter zurAnwendung der strategischen Kontrolle von Neuentwicklungsprojekten zugrunde (Walter 1989).

11 Horvath differenziert innerhalb des Führungssystems von Unternehmen in das Planungs- und Kontrollsystem, das Informationsversorgungssystem und das Koordinationssystem zur Abstimmung von Planung und Kontrolle sowie Informationsversorgung. Das Koordinationssystem ist das Controllingsystem (Horvath 1990). Im Unterschied hierzu nimmt Küpper eine breitere Gliederung des Führungssystem von Unternehmen vor. Er differenziert zwischen dem Zielsystem, dem Planungs- und Kontrollsystem, dem Informationssystem, dem Personalführungssystem, dem Organisationssystem, dem Controllingsystem, einschließlich der Führungsgrundsätze (Küpper 1987, S. 82-116).

12 Siehe hierzu Abb. 1.

13 Vgl. u.a. Kirsch 1971, Kosiol 1962, Frese 1975

14 Vgl. Kieser/Kubicek 1986
15 Vgl. Göpfert 1992b
16 Vgl. hierzu die Ausführungen zum Leistungssystem Forschung und Entwicklung sowie zu den spezifischen Ausprägungen des Führungssystems unter Punkt I.
16a Vgl. Tyll, A. 1989, S. 175-232.
17 Zur ausführlichen Darstellung der Technologie-Portfolio-Hierarchie und der Kombination mit dem Marktattraktivitäts-Wettbewerbsvorteil-Portfolio siehe Hesse 90.
18 Relativ gut abgegrenzt ist die Indikatorsystematik zur Ermittlung der Technologie-Portfolio-Dimensionen von Hesse. Die Technologieattraktivität bewertet sie mit der Technologiepotentialrelevanz (Weiterentwicklungspotential der Technologie bzw. Lebenszyklusphase) und der Technologiebedarfsrelevanz (Anwendungsspektrum sowie funktions- und wertmäßige interne Akzeptanz als auch externe Akzeptanz). Die Technologiekompetenz bzw. Ressourcenstärke mißt sie am Impelementierungs- und Differenzierungspotential.
Die vorgeschlagenen Indikatoren sind jedoch für die praktische Anwendung in Unternehmen noch konkreter aufzubereiten.
19 In einem der untersuchten Großunternehmen waren allein 7 koordinierende Arbeitgruppen für das F&E-Management gebildet.
20 Schreyögg/Steinmann 1985

Literaturverzeichnis

BLOHM, H. / DANERT, G.:
Forschungs- und Entwicklungsmanagement, Stuttgart, 1983

BROCKHOFF, K.:
Controlling in Forschung und Entwicklung der Unternehmen, in: ZfbF, Heft 8/9, 1984

BROCKHOFF, K.:
Forschung und Entwicklung. Planung und Kontrolle, 2. Aufl., München 1989

BÜRGEL, H.D.:
Controlling von Forschung und Entwicklung, München 1989

COMMES, M.-T./ LIENERT, R.:
Controlling im Forschungs- und Entwicklungsbereich, in: ZfO (1983), S. 347-354

FRESE, E.:
Koordination, in: Grochla, E., Wittmann, W. (Hrsg.), HWB, 1975, Sp. 2263-2273

GAISER, B. et al.:
Wirkungsvolles FuE-Controlling stärkt die Innovationskraft, in: Harvard Manager, Nr. 3, 1989

GÖPFERT, I./ HOPPENHEIT, Chr.:
Controlling in Forschung und Entwicklung, in: ZfB Ergänzungsheft 3/91, S. 147-166

GÖPFERT,I.:
Controlling von Forschungs- und Entwicklungsprozessen, in: Zeitschrift für Controlling, 1992a), im Erscheinen

GÖPFERT, I.:
Budgetierung, in: HWB, 5. Aufl. ,1992b), im Erscheinen

HESSE, U.:
Technologie-Controlling. Eine Konzeption zur Steuerung technologischer Innovationen, Frankfurt 1990

HORVATH, P.:
Controlling, 3. Aufl., München 1990

KIESER, A./ KUBICEK, H.:
Organisation, 2. Aufl., Berlin, New York 1986, S. 104-132

KERN, W./ SCHRÖDER, H.-H.:
Forschung und Entwicklung in der Unternehmung, München 1977

KIRSCH W.:
Die Koordination von Entscheidungen in Organisationen, in: ZfbF 23. Jg. (1971), S. 61-82

KOSIOL, E.:
Organisation der Unternehmung, Wiesbaden 1962

KUMMER, S.:
Logistik im Mittelstand. Stand und Kontextfaktoren der Logistik in mittelständischen Unternehmen, Dissertation, Koblenz 1992

KÜPPER, H.-U.:
Konzeption des Controlling aus betriebswirtschaftlicher Sicht, in: SCHEER, A.-W. (Hrsg.): Rechnungswesen und EDV, 8. Saarbrücker Arbeitstagung, Heidelberg 1987, s. 82-116

KÜPPER, H.-U.:
Koordination und Interdependenz als Bausteine einer konzeptionellen und theoretischen Fundierung des Controlling, in: Betriebswirtschaftliche Steuerungs- und Kontrollprobleme, hrsg. v. W. Lücke, Wiesbaden 1988, S. 163-183

KÜPPER, H.-U.:
Logistik-Controlling, in: RKW-Handbuch Logistik, 1991

KÜPPER, H.-U./ WEBER, J./ ZÜND, A.:
Zum Verständnis und Selbstverständnis des Controlling, in: ZfB, 60. Jg. (1990) S. 281-293

LÜCKE, W./ DIETZ, J.-W. (Hrsg.):
Innovation und Controlling, Wiesbaden 1989

MANN, R.:
Praxis des strategischen Controlling, 5. Aufl., Landsberg 1989

PLATZ, J./ SCHMELZER, H.J.:
Projektmanagement in der industriellen Forschung und Entwicklung, Berlin 1986

RIEDL, J.E.:
Projekt-Controlling in Forschung und Entwicklung. Grundsätze, Methoden, Verfahren, Anwendungsbeispiele aus der Nachrichtentechnik, 1990

SERVATIUS, H.G.:
Internationales Technologie-Management zur Koordination von strategischen Allianzen und F&E-Netzwerken, Strategische Planung, Band 3, 1987

SERVATIUS, H.G.:
New Venture Management. Erfolgreiche Lösung von Innovationsproblemen für Technologieunternehmen, Wiesbaden 1988

STAUDT, E. et al.:
Anreizsysteme als Instrument des betrieblichen Innovationsmanagements, Ergebnisse einer empirischen Untersuchung im FuE-Bereich, in: ZfB 60. Jg. (1990), S. 1183-1204

SCHREYÖGG, G. / STEINMANN, H.:
Strategische Kontrolle, in: ZfbF, 37. Jg. (1985), S. 391-410

STOCKBAUER, H.:
F&E-Controlling, Wien 1989

TROMMSDORF, V. (Hrsg.):
Innovationsmanagement, Vahlen Verlag 1990

TYLL, A.:
Forschung und Entwicklung im strategischen Management industrieller Unternehmen: Die Integration von technischem und Management-Know-how in der FuE-Planung, Berlin 1989

WALTER, M.:
Strategische Kontrolle von Forschungs- und Entwicklungsprojekten, Berlin 1989

WEBER, J.:
Einführung in das Controlling, Teil 1: Konzeptionelle Grundlagen, 3. Aufl., Stuttgart 1991a

WEBER, J.:
Einführung in das Controlling, Teil 2: Instrumente, 3. Aufl., Stuttgart 1991b

WEBER, J.:
Logistik-Controlling, 2. Auflage, Stuttgart 1991c

WEBER, J.:
Versagen des Controlling? - Ein Beitrag zur Theoriefindung, in: Der Betrieb, 44. Jg. (1991d)

WEBER, J.:
Bereichscontrolling, in: HWB, 5. Aufl. (erscheint 1992)

Günter Ebert
Franz Pleschak
Helmut Sabisch

Aktuelle Aufgaben des Forschungs- und Entwicklungs-Controlling in Industrieunternehmen

1. Problemstellung

Controlling ist notwendiger Bestandteil moderner Führungskonzepte von Industrieunternehmen. Es erstreckt sich zunehmend auf alle Funktionsbereiche und Führungsebenen des Unternehmens. In diesem Sinne steht auch das Forschungs- und Entwicklungsmanagement (Innovationsmanagement) vor der Aufgabe, das Grundkonzept des Controlling, seine Methoden und Instrumente möglichst umfassend für die Steuerung von F/E- bzw. Innovationsprojekten und für die Führung von Forschungs- und Entwicklungsbereichen anzuwenden.

Der gegenwärtige Zustand in der Praxis auf diesem Gebiet kann noch nicht befriedigen, obwohl es bereits in einer Vielzahl von Unternehmen erfolgreiche Ansätze eines F/E-Controlling gibt. Entsprechenden Nachholbedarf gibt es vor allem auch in den Unternehmen der neuen Bundesländer. Für diese Firmen stellt das Controlling eine große Herausforderung und Chance zugleich dar, alte planwirtschaftliche Denkstrukturen zu überwinden und moderne, am Markterfolg orientierte Methoden der Planung, Kontrolle und Steuerung der betrieblichen Prozesse einzuführen.

Der vorliegende Beitrag will aufzeigen, welche spezifischen Probleme das F/E-Controlling aufweist, welche aktuellen Aufgaben in Forschungs- und Entwicklungsbereichen von Industrieunternehmen zu lösen sind und welche bewährten Methoden des Controlling einsetzbar sind. Dabei stehen nicht theoretische Grundfragen der Gestaltung des F/E-Controlling - wie im vorausgegangenen Beitrag von Göpfert und Weber - im Vordergrund der Betrachtung. Vielmehr geht es den Autoren um praktische Aufgaben und Lösungen.

2. Controlling als neue Herausforderung für das Forschungs- und Entwicklungsmanagement

Durch das Controlling werden die Anforderungen an eine moderne Unternehmensführung in Form eines umfassenden Denk-, Verhaltens und Orientierungskonzepts realisiert. Seine grundlegende Aufgabenstellung besteht im rechtzeitigen Aufzeigen von Gefahren und Chancen für die Erreichung der Unternehmensziele sowie in der Entwicklung und Durchsetzung von Maßnahmen zur erfolgreichen Unternehmenssteuerung.

Die **wesensbestimmenden Grundelemente des Controlling sind das Planen, das Kontrollieren und Informieren zur zielorientierten Steuerung des Gesamtsystems.** Das Neue am Managementkonzept "Controlling" ist die **integrierte Verknüpfung dieser drei klassischen Führungsaufgaben sowie vor allem deren inhaltliche Neubestimmung.**

Das überkommene Führungskonzept bezüglich der Planung, Kontrolle und Informationsversorgung basierte im wesentlichen auf dem "Internen Rechnungswesen" von Unternehmen. Darin wird die Planung in der Regel als eine Hochrechnung der Vergangenheit in die Zukunft verstanden, die Kontrolle ist stark personenorientiert, um letztlich einen "Schuldigen" zu finden, und Informationstätigkeit wird vorzugsweise im statischen Sinne als "Bringschuld" in hierarchischen Strukturen durch den Vorgesetzten vollzogen.

Modernes Controlling beinhaltet wesentlich mehr. Hier bedeutet **Planung** den permanenten Versuch der gedanklichen Transformation zukünftiger Entwicklungen in die Gegenwart. Die **Kontrolle** ist auf die Suche nach der bestmöglichen Lösung eines Problems bzw. einer Aufgabe gerichtet und sollte stets nur als Hilfestellung zur noch besseren Zielerreichung verstanden werden. Kontrolle basiert auf dem Soll/Ist-Vergleich. Aussagefähige Maßstäbe in Form eines Solls - gewonnen aus einer zukunftsorientierten Planung ermöglichen die Ermittlung aussagefähiger Abweichungen, die Aufdeckung von Ursachen für die Entwicklung der Wirtschaftlichkeit sowie die Überwindung negativer Einflüsse durch geeignete Gegenmaßnahmen. Dazu wird eine flexible Plankostenrechnung als Kontrollsystem benötigt. Die **Information** als zweckorientiertes Wissen muß vor dem Treffen von Entscheidungen vorliegen, also dynamisch gehandhabt und als "Holschuld" durch den Mitarbeiter verstanden werden. Erfolgreiche Informationstätigkeit setzt dynamisch gestaltete, flexible Informationssysteme im Unternehmen auf der Grundlage modernster EDV-Anwendung voraus.

Controlling dient also in besonderem Maße der wissenschaftlich begründeten **Vorbereitung zielorientierter Entscheidungen zur Steuerung betrieblicher Prozesse** im Gesamtunternehmen sowie in den Unternehmensbereichen. Seine wesentlichen Merkmale als modernes Unternehmenskonzept liegen damit in der Dominanz

- des "Soll-Denkens" zur rechtzeitigen Erkenntnis neuer Erfordernisse und Bedingungen in der Zukunft,

- der systemischen Problemlösung zur Durchsetzung dauerhaft geregelter und effizienter Arbeitsabläufe sowie in

- der Unternehmens- und Umweltorientierung zur Erweiterung des bisherigen Führungshorizonts.

Die Wirksamkeit des Controlling im Gesamtunternehmen hängt wesentlich davon ab, wie sein Grundkonzept in allen Unternehmensbereichen und auf allen Führungsebenen durchgesetzt wird. Hier gibt es vielfach noch signifikante Unterschiede. Noch nicht befriedigend ausgeprägt ist das neue Controlling-Denken in einer Reihe von Unternehmen im Bereich der Forschung und Entwicklung. Dafür werden vor allem zwei Gründe gesehen:

- Einmal führen die spezifischen Bedingungen von Forschungs- und Entwicklungsprozessen bei verschiedenen Managern bzw. Forschern und Entwicklungsingenieuren selbst zu der falschen Annahme, diese Prozesse ließen sich nur unzureichend planen, kontrollieren und abrechnen.

- Zum anderen ist gerade in Entwicklungsbereichen der durch das Interne Rechnungswesen geprägte Controlling-Begriff noch weit verbreitet. So werden z.B. von Schmitz/Windhausen die auf die Planung folgenden Prozesse der "Überwachung, Kontrolle und Steuerung des Projektes durch Veranlassen, Überwachen und Sichern der Aufgabendurchführung hinsichtlich Menge, Termin, Qualität und Kosten ... unter dem Begriff Controlling zusammengefaßt" (Schmitz/Windhausen, 1986, S. 1).

Forschungs- und Entwicklungs-Controlling ist ein **Subsystem des Controlling-Systems des gesamten Unternehmens.** Es beinhaltet die konkrete Anwendung des modernen Controlling-Grundkonzepts auf Forschungs- und Entwicklungsprozesse und -systeme unter Berücksichtigung der dort gültigen spezifischen Bedingungen. Gegenstand des F/E-Controlling sind dementsprechend:

- Forschungs- und Entwicklungsprojekte,
- Innovationsprojekte, die über F/E-Prozesse hinausgehend auch solche Aktivitäten wie Ideengewinnung und Ideenauswahl, strategische Innovationsplanung, Produktions- und Markteinführung enthalten (auch als Innovations-Controlling bezeichnet),
- Forschungs- und Entwicklungsbereiche von Industrieunternehmen mit allen in ihnen ablaufenden Leistungs- und Führungsprozessen,
- selbständige Forschungseinrichtungen, Ingenieurbüros, Projektierungsbüros.

Innerhalb des Controlling kann je nach dem zugrundegelegten Zeithorizont und den verfolgten Zielrichtungen zwischen **strategischem und operativem** F/E-Controlling unterschieden werden. In der Praxis ist ihre eindeutige Abgrenzung jedoch oftmals mit erheblichen Schwierigkeiten verbunden; beide Teilsysteme gehen unmittelbar ineinander über und überdecken sich vor allem bei den Aufgabenstellungen für Innovationsprojekte (Pflichtenhefte, Lastenhefte, Entwicklungsaufträge). Einen Überblick über Abgrenzungsprobleme zwischen strategischem und operativem F/E-Controlling vermittelt Abbildung 1.

F/E-Controlling muß von den spezifischen Merkmalen der Forschungs- und Entwicklungsprozesse und ihren unterschiedlichen Ausprägungen in einzelnen Aufgabentypen ausgehen. Von ihnen hängen vor allem die anwendbaren methodischen Instrumentarien im strategischen und operativen Controlling ab.

Typische Merkmale von Forschungs- und Entwicklungsprozessen bezüglich ihrer Bedeutung für das Controlling sind:

- **Neuheitsgrad**: Ausmaß (Anteil) neuer Erkenntnisse und neuer Erfahrungen, die sich qualitativ vom bisherigen Stand unterscheiden. Der Neuheitsgrad ist umso höher, je ausgeprägter der Forschungscharakter der Aufgabe; er sinkt mit Zunahme der Routineprozesse bei Entwicklungsvorhaben.

  Je höher der Neuheitsgrad einer Aufgabe bzw. Lösung, umso notwendiger ist eine kreative schöpferische Arbeitsweise der in der Forschung und Entwicklung Tätigen. Innovationsprobleme sind in aller Regel schlecht strukturierte (oder sogar unstrukturierte) Probleme, die nur mit intuitiv-kreativen oder systematisch-analytischen Problemlösungsmethoden zu bewältigen sind.

- **Unbestimmtheit** der Lösung des Problems: Forschungs- und Entwicklungsvorhaben weisen stets eine nach Aufgabentyp differenzierte Unbestimmtheit auf. Dies bedeutet, daß die Ziele für die Problemlösung, die einzusetzenden Ressourcen und der Erfolg der F/E-Arbeit nur mit einer bestimmten Wahrscheinlichkeit vorausbestimmt werden können. Dem müssen die Methoden der Planung, Bewertung und Kontrolle Rechnung tragen.

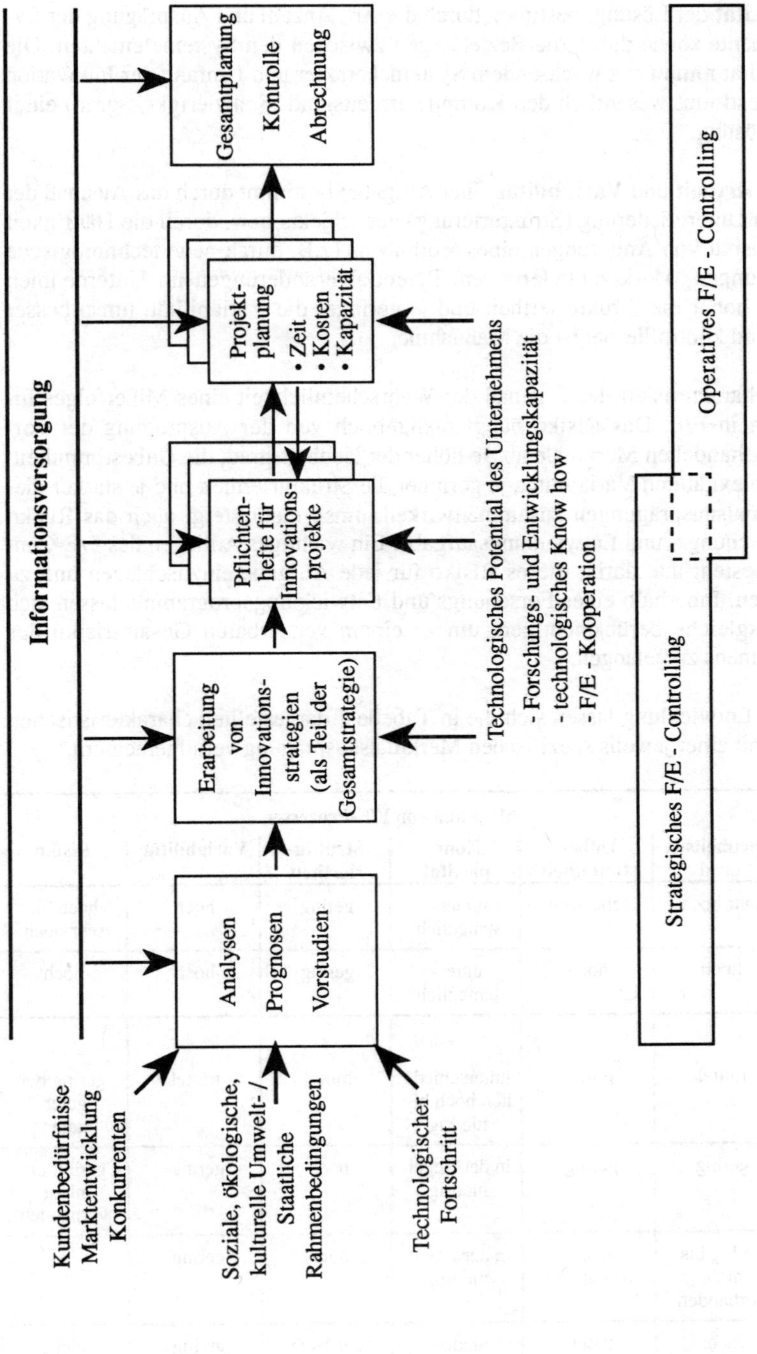

Abb. 1: Abgrenzung des strategischen F/E - Controlling zum operativen F/E - Controlling

- **Komplexität** der Lösung: bestimmt durch die Art, Anzahl und Ausprägung der Systemelemente sowie durch die Beziehungen zwischen den Systemelementen. Die Komplexität nimmt mit wachsendem Systemcharakter und Umfang der Innovation zu und bestimmt wesentlich den Kompliziertheitsgrad (Schwierigkeitsgrad) einer Problemlösung.

- **Strukturiertheit** und **Variabilität** einer Aufgabe: bestimmt durch das Ausmaß der logischen Untergliederung (Strukturierung) des Objekts bzw. durch die Häufigkeit und Intensität von Änderungen eines Vorhabens (z.B. durch neue technologische Entwicklungen, Marktveränderungen, Potentialveränderungen im Unternehmen usw.). Je höher die Strukturiertheit und je geringer die Variabilität, umso besser planbar und kontrollierbar ist die Maßnahme.

- **Risiko**: charakterisiert das Ausmaß der Wahrscheinlichkeit eines Mißerfolges für Aufgaben in F/E. Das Risiko hängt maßgeblich von der Ausprägung der vorstehend behandelten Merkmale ab. Je höher der Neuheitsgrad, die Unbestimmtheit, die Komplexität und Variabilität, je geringer die Strukturiertheit und je stärker diese Merkmalsausprägungen zusammenwirken, umso mehr steigt auch das Risiko einer Forschungs- und Entwicklungsaufgabe. Ein wichtiges Anliegen des F/E-Controlling besteht u.a. darin, dieses Risiko für jede Aufgabe einzuschätzen und zu analysieren. Innerhalb eines Forschungs und Entwicklungsprogramms lassen sich Risikoausgleiche berücksichtigen, um zu einem vertretbaren Gesamtrisiko des Unternehmens zu gelangen.

In Forschung und Entwicklung lassen sich die in Tabelle 1 dargestellten charakteristischen **Aufgabentypen** mit einer jeweils spezifischen Merkmalsausprägung verallgemeinern.

	Merkmal von F/E-Prozessen					
Aufgabentyp in F/E	**Neuheitsgrad**	**Unbestimmtheit**	**Komplexität**	**Strukturiertheit**	**Variabilität**	**Risiko**
Grundlagenforschung	sehr hoch	sehr hoch	unterschiedlich	gering	hoch	hoch bis sehr hoch
Angewandte Forschung	hoch	hoch	unterschiedlich	gering	hoch	hoch
Entwicklung						
• **Neuentwicklung**	mittel	mittel	unterschiedlich hoch bis niedrig	mittel	mittel	gering bei guter Planung
• **Weiterentwicklung**	gering	gering	in der Regel niedrig	hoch	gering	gering bis nicht vorhanden
• **Anpassungsentwicklung**	gering bis nicht vorhanden	nicht vorhanden	in der Regel niedrig	hoch	gering	
Entwicklungsbetreuung	nicht vorhanden	nicht vorhanden	niedrig	sehr hoch	gering	nicht vorhanden

Tab. 1: Merkmalsausprägung bei unterschiedlichen Aufgabentypen von Forschung und Entwicklung

Unerläßlich für das neue Controlling-Verständnis in Forschung/Entwicklung ist die differenzierte Betrachtung des **Effizienz- und Effektivitätsproblems**. Nach herkömmlichen Auffassungen standen vor allem Controllingaufgaben zur Steigerung der Effizienz von F/E-Aufgaben einseitig im Vordergrund (vgl. BROCKHOFF, 1991, S. 60/61). Dies betraf in erster Linie den operativen, auf die Durchführung von konkreten Innovationsprozessen bezogenen Bereich des Controlling. Für den dauerhaften, langfristigen Unternehmenserfolg sind jedoch in mindestens gleichem Ausmaße Maßnahmen zur Effektivitätssteigerung entscheidend. Davon sind insbesondere strategische Controllingaufgaben betroffen, denen für Forschung/Entwicklung zunehmende Bedeutung im Management zukommt.

F/E-Controlling muß also auch und vor allem darauf gerichtet sein, eine hohe Effektivität der Forschung und Entwicklung zu sichern, indem die richtigen Projekte ausgewählt und bearbeitet werden, die Struktur des F/E-Programms optimal gestaltet wird sowie die Prinzipien des Zeitmanagements Anwendung finden.

Ausgehend vom Wesensinhalt des Controlling und von den spezifischen Bedingungen für seine Anwendung im Bereich von Forschung und Entwicklung lassen sich dem F/E-Controlling vor allem folgende **Aufgabenkomplexe** zuordnen:

a. Prozeßbezogene Aufgabenkomplexe

- Analyse und Prognose der technologischen Entwicklung und der Marktentwicklung,
- Zielbildung für Forschung/Entwicklung bzw. Innovationen,
- strategische Planung (einschl. Bestimmung strategischer Geschäftsfelder und Aufgabenauswahl),
- Erarbeitung der Aufgabenstellung (Pflichtenheft),
- Projektplanung (nach Teilaufgaben, Zeitablauf, Kosten, Kapazität),
- Kontrolle und Steuerung der Durchführung von F/E-Prozessen,
- Abrechnung der F/E-Ergebnisse und des Innovationserfolgs.

b. Inhaltliche Aufgabenkomplexe:

- Strategische Aufgabengebiete,
- wissenschaftlich-technische Aufgaben,
- Technologie-Transfer,
- Qualität und Qualitätssicherung,
- Kosten und Wirtschaftlichkeit,
- Personalführung,
- Zeitmanagement (Zeitaufwand, Zeitpunkt, zeitliche Struktur),
- Organisation,
- Marktumfeld (z.B. Vergleich mit Konkurrenten),
- Informationsversorgung,
- Einflußfaktoren auf den Innovationserfolg (z.B. Auswirkungen der Veränderung der F/E-Dauer oder -Kosten, Ursachen für Marktflops).

Zunehmende Bedeutung für das F/E-Controlling gewinnt seine zielgerichtete Einflußnahme auf das Zeitmanagement. Dies betrifft sowohl strategische als auch operative Controllingaktivitäten. Auf diese Probleme soll deshalb gesondert in Abschnitt 5 eingegangen werden.

3. Aufgaben des strategischen F/E-Controlling

Strategisches F/E-Controlling ist auf die langfristige, dauerhafte Existenzsicherung des Unternehmens durch Forschungs und Entwicklungsergebnisse und die damit verbundene **Schaffung langfristiger Erfolgspotentiale** gerichtet (vgl. SABISCH, 1990, S. 4 f.). Es dient

- der strategischen Planung des F/E-Geschehens im Unternehmen, der Auswahl entsprechender Geschäftsfelder, der Ableitung von F/E-Strategien aus den strategischen Lücken der Unternehmensentwicklung;
- der strategisch orientierten Zielbildung für F/E-Projekte, die sich am Markt ausrichten und zugleich die Bedingungen im Unternehmen berücksichtigen;
- der strategischen Bewertung von F/E-Projekten zur Vorbereitung von Entscheidungen über die Rang- und Reihenfolge, die Zielstruktur sowie die Pflichtenhefte;
- der strategischen Gestaltung des Organisations-, Personalführungs- und Informationssystems in Forschung und Entwicklung.

Durch Analysen und Prognosen des Marktes, der technischen Entwicklung, der Unternehmenspotentiale, der Umsatz- und Gewinnentwicklung werden die notwendigen technischen, wirtschaftlichen, sozialen, ökologischen und organisatorischen Daten für das Controlling gewonnen, die entsprechend dem Koordinationsbedarf entscheidungsbezogen aufbereitet und verdichtet werden. Früherkennungssysteme sollen die für die Unternehmen entstehenden Chancen aber auch Risiken sichtbar machen. Strategisches F/E-Controlling hat also in weit umfassenderem Maße als andere Unternehmensbereiche bereichsübergreifenden Koordinationsbedarf zu befriedigen.

Für die **strategische Planung und Zielbildung** für Forschung und Entwicklung ist zuerst die strategische Ausgangssituation im Unternehmen zu analysieren. Dadurch sollen relevante, erfolgversprechende Geschäftsfelder erkannt und Ansatzpunkte zum Aufbau langfristiger, dauerhafter Erfolgspotentiale aufgezeigt werden. **Strategische Geschäftsfelder** sind weitgehend homogene, in sich geschlossene Ausschnitte (Segmente) aus dem gesamten möglichen Geschäftsfeld eines Unternehmens. Sie zeichnen sich durch Einheitlichkeit bzw. Gemeinsamkeit strategischer Aktionen in F/E, im Marketing, in der Logistik usw. aus, weiter durch hinreichende Abgrenzbarkeit gegenüber anderen Geschäftsfeldern sowie durch eine bestimmte zeitliche Stabilität. Kriterien für die Homogenität sind: Produktmerkmale, Potentialarten in Unternehmensbereichen, dauerhafte Kundengruppen mit spezifischen Kundenproblemen, regionale Marktgebiete mit spezifischen Einflüssen, Anwendung bestimmter Marketing-Instrumente, erreichte Phase im Lebenszyklus, Stellung im Wettbewerb.

Controlling muß sichtbar machen, bei welchen Merkmalen langfristige Erfolgspotentiale vorliegen oder kritische Situationen eingetreten sind.

Strategische Erfolgspotentiale werden auch durch die unternehmensspezifische Ausprägung allgemeiner **Erfolgsfaktoren** für **Forschungs- und Entwicklungsprojekte** bestimmt. Das sind vor allem:

- Forschungs- und Entwicklungszeit,
- Markteinführungszeitpunkt (in Relation zum Verlauf des internationalen Marktzyklus bzw. Lebenszyklus),
- Kundennähe (kundenspezifische Ausprägung der Produktmerkmale),
- Innovationsfähigkeit des Unternehmens (Innovationsklima, innovationsorientiertes Management, effiziente Organisationsstrukturen),
- Flexibilität und Anpassungsfähigkeit des Unternehmens bezüglich der Marktdynamik und der technischen Entwicklung,
- Reaktionsgeschwindigkeit bei notwendigen Veränderungen,
- Management- und Marketing-Know-How (insbesondere hinsichtlich des Innovationsgeschehens und der Wettbewerbsführung),
- Image des Unternehmens,
- verfügbares F/E-Potential,
- Kooperationsfähigkeit und Kooperationsbeziehungen.

Controllingaktivitäten im Unternehmen sollen aufzeigen, wie diese allgemeinen Erfolgsfaktoren für F/E-Projekte ausgeprägt sind und auf welchen Wegen sie besser zum Tragen kommen können. Geeignet dafür sind Stärken-Schwächen-Analysen (Vergleich der Erfolgspotentiale mit den wichtigsten Konkurrenten der Branche), Chancen-Risiko-Analysen (Chancen durch den Ausbau von Unternehmenspotentialen bei Berücksichtigung der Risiken, die durch das Verhalten der Konkurrenten entstehen). Vorteile dieser SOFT-Analysen (Strengths - Stärken, Opportunities - Chancen, Failures - Schwächen, Threats - Gefahren) liegen vor allem in ihrer Einfachheit und universellen Anwendbarkeit sowie in der Anschaulichkeit der graphischen Ergebnisdarstellung. Natürlich sind die einbezogenen Daten unsicher und ungenau. Eine andere Darstellungsform der Bestimmungsfaktoren der Erfolgspotentiale von Unternehmen ist die strategische Bilanz. Aktiva und Passiva werden dabei - gegliedert nach Komplexen und Kriterien - mit Punkten bewertet. Durch die Analyse der strategischen Lücken (GAP-Analysen) und durch Potentialanalysen werden die auf das Unternehmen als Ganzes bezogenen Aussagen vertieft.

Aus der Analyse- und Prognosetätigkeit werden strategische Handlungsalternativen abgeleitet. Das strategische F/E-Controlling liefert Aussagen für

- die Auswahl der Produkt-Markt-Strategie;
  Die Produkt-Markt-Matrix nach Ansoff bietet vier Strategiefelder an: Marktdurchdringung, Produktentwicklung, Marktentwicklung, Diversifikation. Sie ergeben sich aus der Kombination bestehender bzw. neuer Produkte mit bestehenden bzw. neuen Märkten;

- das Marktwachstums-Marktanteils-Portfolio;
  Hierbei werden die sich aus dem Lebenszyklus der Produkte ergebenden Wachstumspotentiale mit den tatsächlich realisierten Marktanteilen verbunden und daraus abgeleitet die Produkte als Question Marks, Stars, Cash Cows oder Dogs eingruppiert;

- das Marktattraktivitäts-Wettbewerbsvorteil-Portfolio;

- das Technologie-Portfolio (Gegenüberstellung von Technologieattraktivität und Ressourcenstärke);

- das Innovationsfeld-Portfolio (Gegenüberstellung von Innovationsfeldattraktivität und Innovationsfeldstärke);

- Strategiemodelle auf Basis des Technologielebenszyklus (Schrittmachertechnologien, Schlüsseltechnologien, Basistechnologien).

Die erarbeiteten strategischen **Handlungsalternativen** werden danach bewertet, wie sie zur Erfüllung der Unternehmensziele beitragen, welche Vorzüge und Schwachstellen sie aufweisen, welche Wirtschaftlichkeitserwartungen mit ihnen verbunden sind und in welchem Maße durch sie gestellten technischen, sozialen, organisatorischen und wirtschaftlichen Anforderungen und Maßstäben entsprochen wird. Am verbreitetsten ist im strategischen Bereich die Anwendung mehrdimensionaler Bewertungsverfahren, die Anwendung von Checklisten und die Ausarbeitung qualitativer Aussagen in Verbindung mit Ja-Nein-Angaben. Die Bewertung führt zur Auswahl und zur Festlegung der Rang- und Reihenfolge der F/E-Projekte.

Wichtigster inhaltlicher Bestandteil der Planung von Innovationsprojekten ist das **Pflichtenheft**. Es stellt zugleich eine wichtige Schnittstelle zwischen strategischem und operativem F/E-Controlling dar, wobei die Übergänge fließend sind. Auf Grund des langfristigen Charakters der Pflichtenheftziele überwiegen bei ihrer Erarbeitung strategische Komponenten des Controlling. Demgegenüber sind die Pflichtenheftaktualisierung während der Forschungs- und Entwicklungsarbeit sowie die weiteren Bestandteile der F/E-Planung - genaue Zeit- und Terminplanung, Kapazitätsplanung, Kostenplanung, Budgetplanung - Gegenstand des operativen Controlling. Das Pflichtenheft legt die Ziele für das Projektteam fest, bestimmt im wesentlichen den Ablauf der Entwicklungsprozesse bis zur Marktwirksamkeit und ist Kontrollinstrument für das Management. Es enthält eine Projektübersicht, das Funktionskonzept des angestrebten Entwicklungsergebnisses, wichtige Marktziele, wirtschaftliche Projektdaten, Investitionserfordernisse, Ecktermine, zu beachtende Vorschriften und Regelungen.

Pflichtenhefte werden für neu- oder weiterzuentwickelnde **Erzeugnisse**, technologische **Prozesse oder Verfahren** erarbeitet. Für Aufgaben der Grundlagen- und angewandten Forschung werden Ziel- und Aufgabenstellung in vermindertem Umfange bestimmt. Das Grundanliegen der Pflichtenheftarbeit kann jedoch auch hier unter Berücksichtigung der spezifischen Bedingungen dieser Forschungsprozesse - verwirklicht werden.

In Verallgemeinerung vieler praktischer Erfahrungen empfiehlt es sich, folgende Forderungen an den Inhalt von Pflichtenheften zu stellen:

- Pflichtenheftziele sind für den Zeitraum des Projektendes (bei Produktinnovationen: für den Zeitpunkt des Markteintritts) vorauszubestimmen. Dies bedeutet, daß auch der gegenwärtig bekannte Stand der Markt- und Technologieentwicklung für diesen künftigen Zeitpunkt (Zeitraum) zu prognostizieren ist.

- Pflichtenheftziele für Forschungs- und Entwicklungsprojekte müssen vor allem einen hohen Markterfolg sichern und die Wirtschaftlichkeit der Produktion gewährleisten.

- Pflichtenheftziele müssen anspruchsvoll, aber zugleich realistisch (bei Einsatz des verfügbaren Potentials auch erreichbar) sein. Sie müssen motivierend auf das Projektteam wirken und die kreativen Fähigkeiten aller Mitwirkenden herausfordern.

- Pflichtenheftziele sind keine formalen, statischen Größen. Mit Veränderung der Erfordernisse und Bedingungen für das Vorhaben sowie mit Erkenntnisforschritt sind sie zu präzisieren bzw. zu aktualisieren.

- Pflichtenhefte müssen sich durch hinreichende Komplexität und Genauigkeit auszeichnen. Sie sind durch wissenschaftliche Analysen zu begründen und vor ihrer Bestätigung zu bewerten.

- Eine besondere Rolle im Prozeß der Vorbereitung kommt einer breiten Ideenfindung und gründlichen Ideenbewertung zur Auswahl der erfolgträchtigsten Variante für die Problemlösung zu. Die Anwendung bewährter Kreativitätstechniken sollte deshalb integrierter Bestandteil des strategischen F/E-Controlling sein.

- Pflichtenheftarbeit für Entwicklungsprojekte beschränkt sich nicht nur auf den Prozeß bzw. Bereich von Forschung und Entwicklung, sondern erfordert das Zusammenwirken mit allen anderen Aufgabenbereichen - insbesondere mit dem Marketing - auf der Grundlage einer einheitlichen Unternehmensstrategie. Damit hat auch die strategische Arbeit einen starken Einfluß auf die Pflichtenheftziele.

- Bei Entwicklungsprojekten mit dominierendem Einfluß der Kundenforderungen (z.B. Anpassungsentwicklung, Anlagenprojektierung) ist es zweckmäßig, als Vorstufe zum Pflichtenheft ein gesondertes **Lastenheft** auszuarbeiten. Lastenhefte beinhalten vor allem die vom Kunden oder vom Marketing definierten, mehr oder weniger verbindlichen Anforderungen an das neue Produkt oder Vorhaben.

Der Gesamtprozeß der Pflichtenheftarbeit ist in Abbildung 2 dargestellt (vgl. SABISCH, 1990, S. 44). Er verdeutlicht in besonderem Maße die zentrale Stellung des Pflichtenheftes im Controlling-Prozeß für Innovationsprojekte.

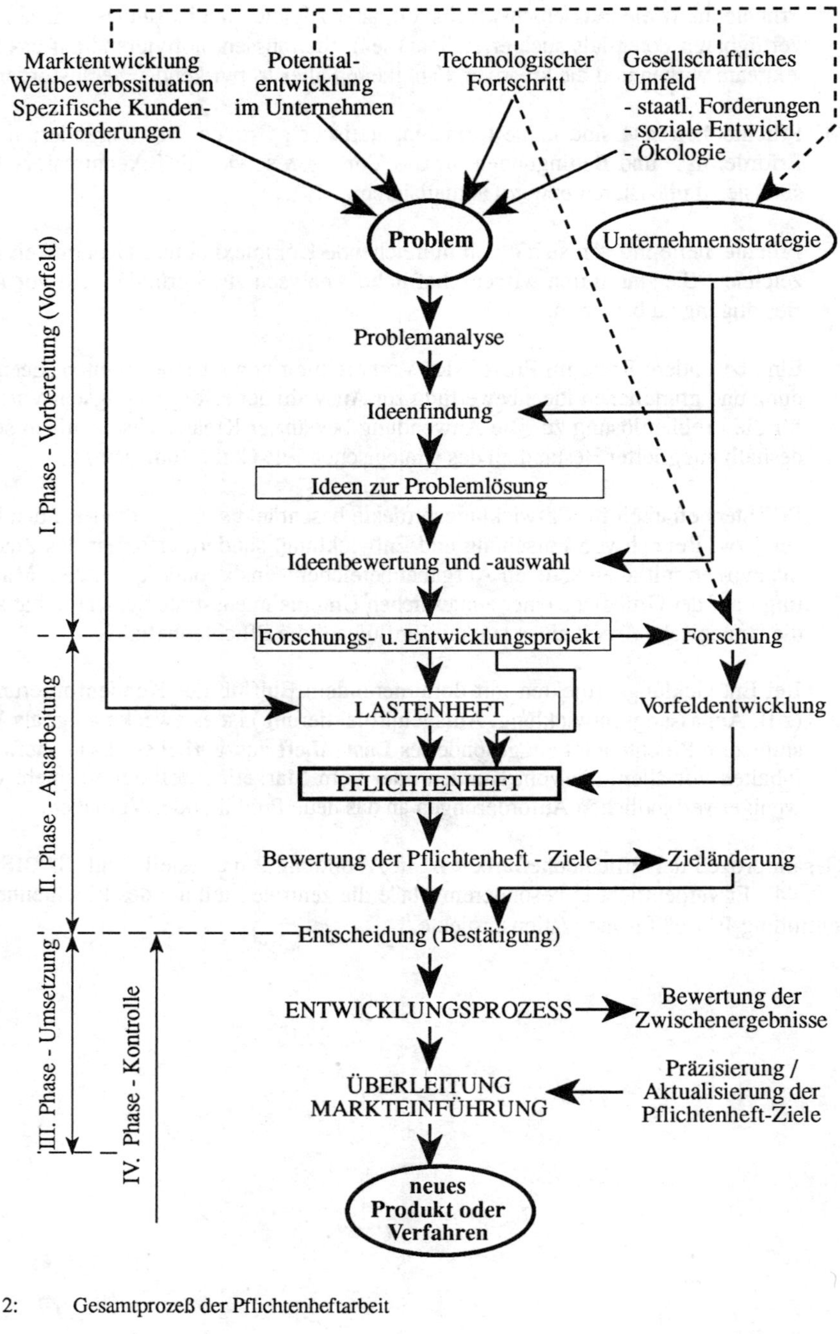

Abb. 2: Gesamtprozeß der Pflichtenheftarbeit

4. Aufgaben des operativen Controlling für Entwicklungsprojekte

Aus operativer Sicht ist das Controlling darauf gerichtet, mit jedem Entwicklungsprojekt die Unternehmensziele zu erfüllen und wirtschaftliche Entwicklungsprozesse zu gewährleisten. (Vgl. PLESCHAK, 1990, S. 3 ff.). Die Koordination erfaßt die inhaltliche Planung, die Zeit- und Terminfestlegung, die Personal- und Kapazitätsermittlung, die Kosten- und Budgetplanung, die Organisation und das Informationswesen.

Der Entwicklungsprozeß durchläuft - entsprechend der Logik der wissenschaftlich-technischen Arbeit - bestimmte Phasen, in die typische **Entscheidungen, Bewertungen und Kontrollen** eingebunden sind. Kontinuierlich werden im Entwicklungsprozeß auf der Grundlage von Berichterstattungen, Rapporten, Ursachenanalysen, Einschätzungen und Prozeßkontrollen der Verbrauch von Entwicklungskosten, die Termineinhaltung, der Personaleinsatz, die Erfüllung der inhaltlichen Ziele u.a. m. mit den Pflichtenheftvorgaben verglichen. Aus dem komplexen Soll-Ist-Vergleich werden Maßnahmen zur Wiederherstellung der Planmäßigkeit oder zur Korrektur der Zielvorgaben und Ablaufpläne abgeleitet. Die bereichsbezogene Betrachtung der Entwicklungsprojekte ermöglicht Schlußfolgerungen für die Innovationstätigkeit als Ganzes und die Entwicklung von Leistungsfähigkeit und Effizienz des F/E-Bereiches.

Für die Einflußnahme auf das Projektergebnis haben **Bewertungen** einen hohen Rang. Mit ihrer Hilfe werden die Vor- und Nachteile von Varianten beurteilt und der Grad der Zielerfüllung bei der Projektabarbeitung ermittelt. Bewertungen sind oft an **Erprobungen** gebunden, wodurch die praktische Realisierbarkeit gedanklicher Lösungen durch Versuche, Tests und Experimente überprüft wird. Tabelle 2 enthält die wichtigsten **Bewertungs- und Entscheidungssituationen** im Entwicklungsprozeß. Der Entwicklungsprozeß ist eine Folge von Zyklen der Zielformulierung, Variantenerarbeitung und Variantenauswahl. Den Auswahlentscheidungen liegen Bewertungen zugrunde.

Die **Bewertung** von Lösungsvarianten im Ablauf der Entwicklung ist das Bestimmen der Rangfolge sowie die Ermittlung des Niveaus der Erfüllung der im Pflichtenheft vorgegebenen Ziele, um das Variantenfeld einzuschränken und die günstigste Lösungsvariante auszuwählen. Aus der Bewertung werden Schlußfolgerungen für die Verbesserung der technischen Lösungen gezogen.

Besonders vorteilhaft für eine komplexe Bewertung und Entscheidungsfindung eignet sich die **Wertanalyse**. Durch Analyse der Funktionen eines Produkts und der Kosten sollte ein optimales Verhältnis zwischen den Gebrauchseigenschaften und den Kosten erreicht werden. Damit werden bei der Wertanalyse die verschiedenen Bewertungsaspekte miteinander verknüpft.

Phase des Entwicklungsprozesses	Entscheidungssituation
1. Konstruktion	
1.1. Aufbereitungsphase	Präzisieren des Pflichtenheftes
	Auswahl des Lösungsweges
1.2. Prinzipphase	Festlegung der Topologie
	Auswahl der Verfahren zur Funktionserfüllung
	Auswahl der Bauelementeklasse
	Auswahl des technischen Prinzips, d.h. der Wirkungskreise, Anordnung und des Aufbaus der Bauelemente
	Auswahl der geometrisch-stofflichen Parameter
1.3. Gestaltungsphase	Quantitative Festlegung der geometrisch-stofflichen Parameter
	Auswahl der Gestaltungs- und Dimensionierungslösungen
2. Technologie	
2.1. Fertigungsvorbereitung	Rohteilauswahl
(Arbeitsvorbereitung)	Auswahl der Arbeitsgangfolge
	Auswahl der Maschinen und Ausrüstungen
	Auswahl der technologischen Arbeitswerte
	Auswahl der Vorrichtungen, Werkzeuge und Prüfmittel
2.2. Projektierung	Standortauswahl
	Auswahl der Grobtechnologie
	Auswahl der Maschinen und Ausrüstungen
	Optimierung des Werkstattlayouts

Tab. 2: Bewertungs- und Entscheidungssituationen im Entwicklungsprozeß

Durch Funktionsanalyse wird überprüft, ob von einzelnen Baugruppen oder Einzelteilen unnötige Funktionen realisiert werden oder ob Funktionen besser oder billiger erfüllt werden können. Den einzelnen Funktionen werden die für sie erforderlichen Kosten zugeordnet. Aus der Relation Funktion-Kosten können Schwerpunkte für die Verbesserung der techni-schen Lösung durch Konstruktionsverbesserungen, veränderten Materialeinsatz, Vervoll-kommnung der Herstellungstechnologie oder Vereinheitlichungsmaßnahmen erreicht wer-den. Die Möglichkeiten der Qualitäts- und Kostenbeeinflussung der Produkte sind im Ent-wicklungsprozeß am besten gegeben, deshalb bringt hier die Wertanalyse den größten Nut-zen. Werden erst nach Ablauf der Produktion Veränderungen im Ergebnis von Wertanaly-sen durchgeführt, dann entstehen durch die konstruktiven und technologischen Änderungen unter Umständen bedeutende zusätzliche Kosten.

Schritte	Untersuchungsschwerpunkte
1. Vorbereitung	Auswählen des Objekts Formulierung der Aufgabe Zielfestlegung Teambildung Ablaufplanung
2. Istzustandsermittlung	Informationsbeschaffung über Herstellung und Anwendung Funktionsgliederung Zuordnung der Kosten zu den Funktionen
3. Prüfung des Istzustandes	Vergleich mit anderen Objekten Vergleich mit Sollzustand Schwachstellenermittlung
4. Lösungserarbeitung	Suche und Erarbeitung denkbarer Lösungen mit Hilfe von Arbeitstechniken der geistig-schöpferischen Arbeit
5. Lösungsbewertung	Vorauswahl nach konstruktiv-technologischen Bewertungskriterien Prüfung der sachlichen Durchführbarkeit wirtschaftliche Bewertung
6. Vorschlag für Auswahl und Verwirklichung der günstigsten Variante	Auswahl der günstigsten Variante Ermittlung der Auswirkungen auf Unternehmen Empfehlungen zur Umsetzung

Tab. 3: Vorgehen bei der Wertanalyse (DIN 69910)

Das Vorgehen bei der Wertanalyse ist in Tabelle 3 dargestellt. Auch im Prozeß der technologischen Vorbereitung der Fertigung wiederholen sich ständig die Schritte Zielformulierung Variantenerarbeitung - Variantenauswahl. In der **Fertigungsvorbereitung** wird zunächst durch die Analyse konstruktiv-funktionsbedingter Parameter die Auswahl solcher technischer Mittel für die Fertigung gewährleistet, die der gegebenen Arbeitsaufgabe optimal entsprechen. Dadurch wird das Variantenspektrum eingeschränkt. Vom technologisch-organisatorischen Aspekt ist zu sichern, daß die eingesetzten Maschinen hinsichtlich der Produktivität, Flexibilität, Proportionalität usw. den Bedingungen einer wirtschaftlichen Fertigung entsprechen. Durch das Sichtbarmachen eindeutiger Vor- und Nachteile können hieraus Auswahlentscheidungen abgeleitet werden. Das ist vor allem dann möglich, wenn der Zusammenhang zwischen technologisch-organisatorischen und wirtschaftlichen Kriterien bekannt ist und damit technologisch-organisatorische Kriterien indirekt wirtschaftliche Kriterien ausdrücken. Die wirtschaftliche Bewertung geht dann von den Kosten und bei Anlagenerweiterung von den erforderlichen Investitionen aus. Da bei jeder technologischen Variante die absolute Höhe und die Relation zwischen fixen und variablen Kosten verschieden ist, verändert sich das Kostenminimum zwischen den zu vergleichenden technologischen Varianten in Abhängigkeit von der Leistungsmenge bzw. der zu fertigenden Stückzahl. Bei der kritischen Menge (Grenzstückzahl) sind die Kosten der zu vergleichenden Varianten gleich. Ansonsten ist jeweils die Variante vorteilhaft, für die bei der jeweiligen Stückzahl die geringsten Kosten auftreten. Sind Neuanschaffungen von Betriebsmitteln erforderlich, dann ist der Kostenvergleich zur Investitionsrechnung weiterzuführen.

Im gesamten Entwicklungsprozeß sind bei den Bewertungen die Schnittstellen zwischen den betroffenen Unternehmensbereichen zu untersuchen. Die Analyse und Gestaltung der Schnittstellen ist darauf gerichtet, eine schnelle, aufwandsarme, wirtschaftlich wirksame und störungsfreie Einführung des Entwicklungsergebnisses in das Unternehmen und eine hohe Marktwirksamkeit zu sichern. Dazu müssen die wechselseitigen Verflechtungen und Beziehungen zwischen der F/E und allen anderen Bereichen in Unternehmen und zur Umwelt in allen Phasen der Innovationstätigkeit beherrscht und über die Koordination beeinflußt werden. Insbesondere sind hierbei folgende Aspekte bedeutungsvoll:

- das Einfließen der Markterfordernisse in allen Entscheidungen über die wissenschaftlich-technische Arbeit,
- die Verzahnung von Entwicklungstätigkeit und Investitionsprozeß,
- die Ableitung materialwirtschaftlicher Konsequenzen aus der Entwicklungsarbeit,
- das langfristige Einleiten von Qualifikationsmaßnahmen und personalbezogener Veränderungen,
- die Absicherung des Potentials für Werkzeug- und Vorrichtungsbau, Musterbau, Erprobungsarbeiten, Softwareentwicklung, Sondermaschinen,
- die Durchsetzung der aus den Unternehmenszielen abgeleiteten Wirtschaftlichkeitserfordernisse in der Entwicklungsarbeit,
- die Gestaltung der Beziehungen zu Zulieferern und Kooperationspartnern auf der Grundlage logistischer Prinzipien.

Der Erfolg dieser Abstimmungen zeigt sich in kurzen Anlaufszeiten, wenig Mehraufwand im Anlaufbereich und schneller Marktwirksamkeit. Er wird sich umso deutlicher ausprägen, je mehr sich die in der Forschung und Entwicklung Beschäftigten für die Unternehmensentwicklung als Ganzes mitverantwortlich fühlen. Durch Einsatz von Auftragsleitern oder durch Verwirklichung von Formen der Matrixorganisation kann die bereichsübergreifende Zusammenarbeit gefördert werden. Im Entwicklungsprozeß entstehen neue Erkenntnisse, die Entscheidungen aus der Sicht eines Unternehmens verlangen und das Auslösen entsprechender Handlungen erfordern. Mit Vollmachten ausgestattete Leiter, kurze Entscheidungswege, fundierte Kenntnisse der Zusammenhänge im Unternehmen und Entscheidungsfreudigkeit sind dafür Voraussetzung.

5. F/E-Controlling und Zeitmanagement

Die Durchsetzung eines erfolgreichen Zeitmanagement gewinnt unter den Bedingungen des sich weiter beschleunigenden technologischen Fortschritts und der wachsenden Marktdynamik einen immer größeren Einfluß auf den Unternehmenserfolg. Daraus erwachsen hohe Anforderungen an die Effektivität und Effizienz der notwendigen Innovationsprozesse. Sie betreffen sowohl das strategische als auch das operative Controlling in Forschung und Entwicklung. Die Erfüllung aller mit dem Zeitmanagement verbundenen Forderungen stellt gegenwärtig die gravierendste Herausforderung des F/E-Controlling in allen Industrieunternehmen dar. Damit sind zugleich übergreifende Aufgaben für das gesamte Unternehmens-Controlling verbunden.

Über Begriff und Inhalt des Zeitmanagement gibt es derzeit keine einheitlichen Auffassungen. In fast allen betriebswirtschaftlichen Standardwerken ist der Begriff Zeitmanagement - entgegen der bereits dargestellten überragenden Bedeutung in der Unternehmenspraxis - überhaupt nicht enthalten. Teilweise wird Zeitmanagement nur auf arbeitsorganisatorische Aspekte beschränkt. (vgl. VAHLEN, 1987, S. 2189; WECKERLE, 1988, S. 210 ff.). Erst in neueren Publikationen zum Innovations und Technologie-Management wird die Zeit in ihrem globalen Einfluß auf wirtschaftliche und technische Parameter untersucht. (vgl. dazu (LITTLE, 1990), (REICHWALD/SCHMELZER, 1990), (SCHMELZER, 1991).

Für die folgenden Ausführungen soll unter Zeitmanagement (im umfassenden Sinne) die **bewußte Ausnutzung der Gesamtwirkungen des Wettbewerbsfaktors Zeit auf die Entscheidungsfindung und die Gestaltung von Arbeitsprozessen im Unternehmen** verstanden werden.

Erfolgreiches Zeitmanagement ist ein objektives Erfordernis in allen Funktionsbereichen und auf allen Führungsebenen des Unternehmens. Besondere Bedeutung kommt dem Zeitmanagement in Forschung und Entwicklung zu. Gründe hierfür sind u.a.

- die ständige Verkürzung der Produktlebenszyklen und damit auch der Innovationszyklen;
- die Tendenz zur Verlängerung der Amortisationszeiten für die Investitionen durch Verteuerung der immer komplexer und komplizierter werdenden Produktionsanlagen, der Forschungs- und Entwicklungsleistungen und anderer Einsatzfaktoren;
- die Möglichkeit der Erzielung von Wettbewerbsvorteilen durch optimalen Zeitvorsprung vor der Konkurrenz beim Markteintritt neuer Produkte.

Zeitmanagement ist vor allem auf die Beeinflussung betrieblicher Prozesse und Ergebnisse bezüglich dreier Kriterien gerichtet:

a) **Zeitdauer von Prozessen und Vorgängen**: Ziel ist es, eine Verkürzung der gesamten Innovationsdauer zu erreichen. Darin eingeschlossen ist die Beschleunigung einzelner Teilprozesse unter Berücksichtigung ihrer gegenseitigen Vernetzung (z.B. Beachtung des kritischen Weges). Für den Unternehmenserfolg maßgebend ist jedoch letztlich nicht die "absolute" Zeitdauer bzw. Verkürzung der Zeitdauer, sondern die auf dem Markt wirksam werdende, die auch wesentlich vom Vergleich mit den Mitwettbewerbern abhängt.

b) **Zeitpunkt des Eintretens bestimmter Ergebnisse** (z.B. des Markteintritts neuer Produkte, der Patentanmeldung neuer technischer Lösungen usw.) - absolut sowie relativ im Vergleich zu den Mitwettbewerbern und zu bestimmten Entwicklungsetappen des technischen Fortschritts.

c) **Zeitliche Struktur von Prozessen** bezüglich
   - optimaler zeitlicher Relationen zwischen den jeweiligen Teilprozessen,
   - einer anzustrebenden Parallelität im Ablauf von Teilprozessen,
   - der optimalen Einordnung von bestimmten Prozessen in den jeweils übergeordneten Gesamtprozeß.

Die Planung und Kontrolle der dargestellten zeitlichen Parameter und ihrer Beziehungen zu anderen betriebswirtschaftlichen Kriterien ist Aufgabe des **Zeit-Controlling** in Forschung/ Entwicklung. (vgl. SCHMELZER, 1991, S. 253 ff.).

Zeit-Controlling für Forschungs- und Entwicklungsprozesse ist in den meisten Unternehmen noch nicht ausreichend entwickelt. Es beschränkt sich häufig auf Termin-Controlling (mit dem Ziel hoher Termintreue), während eine Planung und Kontrolle der Zeitdauer zur Optimierung der Entwicklungsdauer des Markteintrittszeitpunktes noch weitestgehend am Anfang stehen (SCHMELZER, 1991, S. 254).

Einen wichtigen Platz im Zeitmanagement innovativer Unternehmen nimmt die **Verkürzung der Dauer des Forschungs- und Entwicklungsprozesses** insgesamt und seiner Teilprozesse ein. Die Auswirkungen derartiger Maßnahmen auf den Unternehmenserfolg sind heute in der Regel größer als bei den anderen Rationalisierungsprozessen im Betrieb. So lassen sich nach Erfahrungen von A. D. Little zu Beispiel folgende Auswirkungen auf die Ertragsentwicklung - bezogen auf die Lebenszeit neuer Produktgenerationen - feststellen (LITTLE, 1990, S. 13):

- Erhöhung der Entwicklungszeit 10 %: Ertragsminderung 25-30 %,
- Erhöhung der Entwicklungskosten 50 %: Ertragsminderung 5-10 %,
- Erhöhung der Produktionskosten 10 %: Ertragsminderung 15-20 %.

Um jedoch die Durchlaufzeiten in Forschung/Entwicklung, Produktion und Logistik in neuen Größenordnungen zu verkürzen und wirkliche "Zeitsprünge" zu erzielen, genügt es in den meisten Fällen nicht, nur die Abläufe der einzelnen Prozesse zu beschleunigen und mehr Mittel einzusetzen. Dazu sind bisherige Erfahrungen und Verhaltensweisen zunehmend in Frage zu stellen und qualitative Veränderungen in der Struktur der Gesamtprozesse durchzusetzen (vgl. LITTLE, 1990, S. 67 ff.):

a) Wege zur Erhöhung der Effektivität ("die richtigen Dinge tun"): Selektion der F/E-Projekte nach ihrer Wirkung auf den Unternehmenserfolg und Konzentration auf die erfolgsträchtigsten Vorhaben (nach allgemeinen Erfahrungen erbringen 20 % der F/E-Projekte 80 % des Markterfolgs!), Reduzierung der wachsenden Komplexität (nach Erfahrungen von A. D. Little werden bei Herstellern von Serienprodukten bis zu 20 % der Gesamtkosten durch zu viele Varianten, kundenspezifische Anpassungen und durch die Komplexität der Abwicklung verursacht), ständige Überprüfung der Kundenforderungen, Enwicklung effektiver Kooperationsbeziehungen;

b) Wege zur Erhöhung der Effizienz ("die Dinge richtig tun"): strenge Qualitäts-, Kunden- und Fertigungsorientierung in allen Stufen der Forschung/Entwicklung (Quality Function Deployment) - Einsparungsmöglichkeiten: Verkürzung der Entwicklungszeit um bis zu 20 %, Verringerung des Änderungsvolumens um bis zu 80%), Teamwork und Beherrschung der Schnittstellen (Schnittstellenmanagement), Computerunterstützung der Arbeit, zeitorientierte Führung der Mitarbeiter.

Eine zunehmende Bedeutung für hohen Markterfolg der Unternehmen insbesondere in den Hochtechnologie-Branchen erlangt die Wahl des "richtigen", **optimalen Zeitpunktes für**

den Produktionsbeginn und Markteintritt neuer Erzeugnisse und Verfahren. Technologie- und Marktführer können damit entscheidende Wettbewerbsvorteile erringen und durch ständige Neu- und Weiterentwicklungen erfolgreich verteidigen. Zugleich wirken sich frühe Markteintrittstermine positiv auf die Rentabilität des Unternehmens aus. So ergeben sich nach Untersuchungen von A.D. Little folgende signifikanten Unterschiede zwischen Unternehmen mit ungleicher Markteintrittsstrategie bezüglich der erreichten durchschnittlichen Kapitalrendite (über 4 Jahre berechnet):

- Pionierunternehmen 22,8 % Kapitalrendite,
- Unternehmen mit frühem Markteintritt 21,3 % Kapitalrendite ,
- Unternehmen mit spätem Markteintritt 17 % Kapitalrendite (LITTLE, 1990, S. 14).

Dabei muß beachtet werden, daß der optimale Zeitpunkt des Markteintritts nicht in jedem Falle mit dem frühestmöglichen Zeitpunkt identisch ist. Zu frühes Auftreten auf dem Markt (u.a. durch Messevorstellungen, Patentanmeldungen usw.) kann auch zu schädlichen Auswirkungen und Flops für das Unternehmen führen, wenn der Markt für diese neue Problemlösung noch nicht reif ist und die Konkurrenz vorzeitig auf neue Entwicklungen aufmerksam gemacht wird.

Zeit-Controlling für Innovationen erweist sich somit als notwendiger Bestandteil eines erfolgreichen F/E- bzw. Innovationsmanagement, um den neuen Herausforderungen des Zeitwettbewerbs auf den internationalen Märkten nicht durch immer höhere, die Finanzkraft der Unternehmen letztlich übersteigende F/E-Aufwendungen begegnen zu müssen, sondern ihnen durch zielgerichtete Steuerung aller Forschungs- und Entwicklungsaktivitäten gerecht werden zu können.

Literaturverzeichnis

Back-Hock, A.:

Lebenszyklusorientiertes Produktcontrolling. Dissertation an der Wirtschafts- und Sozialwissenschaftlichen Fakultät der Friedrich-Alexander-Universität Erlangen-Nürnberg 1988

Bauer, P./Brockhoff, K.:

Kennzahlenberechnung für Forschung und Entwicklung. - Bericht des Arbeitskreises "Forschungs- und Entwicklungsmanagement" der Schmalenbach-Gesellschaft/Deutsche Gesellschaft für Betriebswirtschaft

Bierfelder, W. H.:

Innovationsmanagement. - 2. Aufl. - München; Wien: Oldenbourg Verlag, 1989

Blohm, H./Danert, G. (Hrsg.):

Forschungs- und Entwicklungsmanagement. - Stuttgart: Poeschel Verlag, 1983

Brockhoff, K:

Forschung und Entwicklung - Planung und Kontrolle. - 2. erg. Aufl. - München; Wien: Oldenbourg Verlag, 1989

Brockhoff, K.:

Forschungs- und Entwicklungscontrolling zur Steigerung der Forschungs- und Entwicklungs-Effektivität. - In: Controlling 3 (1991) 2, S. 60 - 66

Bürgel, H. D.:

Controlling von Forschung und Entwicklung. München: 1989

Burghardt, M.:

Projektmanagement - Leitfaden für die Planung, Überwachung und Steuerung von Entwicklungsprojekten. - Berlin; München: Siemens-AG, 1988

Ebert, G. (Hrsg.):

Controlling - Managementfunktion und Führungskonzeption. - 3. Aufl. - Landsberg/Lech: Verlag Moderne Industrie, 1992

Ebert, G., Koinecke, J., Peenemöller, V.:

Controlling. - 2. überarb. Aufl. - Landsberg/Lech: Verlag Moderne Industrie, 1989

Günther, T.:

Erfolg durch strategisches Controlling. - München: Verlag Vahlen, 1991

Heyde, W./Laudel, G./Pleschak, F./Sabisch, H.:

Innovationen im Industrieunternehmen. - Wiesbaden: Verlag Gabler, 1991

Little, A.D. (Hrsg.):

Management der F&E-Strategie. - Wiesbaden: Verlag Gabler, 1991

Little, A.D. (Hrsg.):

Management im Zeitalter der strategischen Führung. - 2. Aufl. - Wiesbaden: Verlag Gabler, 1986

Little, A. D. (Hrsg.):

Management der Hochleistungsorganisation. - Wiesbaden: Verlag Gabler, 1990.

Lücke, W./Dietz, J.-W. (Hrsg.):

Innovation und Controlling. Wiesbaden: Verlag Gabler, 1989

Kramer, F.:

Innovative Produktpolitik. - Berlin u.a.: Springer-Verlag, 1987

Mayer, E./Weber, J.:

Handbuch Controlling. - Stuttgart: Poeschel Verlag, 1990

Madauss, B.J.:

Handbuch Projektmanagement. - 3. Aufl. Stuttgart: Poeschel Verlag, 1990

Platz, J./Schmelzer, H.J.:

Projektmanagement in der industriellen Forschung und Entwicklung

Pleschak, F.:

Prozeßinnovationen. - Stuttgart. Poeschel Verlag, 1991

Pleschak, F.:

Operatives F/E-Controlling. - In: Ebert, G. (Hrsg.): Controlling, a.a.O., 1992

Preißler, P.R.:
Controlling. - 3. verb. u. erw. Aufl. - München; Wien: Oldenbourg Verlag, 1991

Reichwald, R./Schmelzer, H.J.:
Durchlaufzeiten in der Entwicklung - Praxis des industriellen F&E-Managements. - München; Wien: Oldenbourg Verlag, 1990

Sabisch, H.:
Produktinnovationen. - Stuttgart: Poeschel Verlag, 1991

Sabisch, H.:
Strategisches F/E-Controlling. - In: Ebert, G. (Hrsg.): Controlling, a.a.O., 1992

Schmelzer, H.J.:
Organisation und Controlling der Entwicklung von Serienprodukten. - Dissertation an der Fakultät für Wirtschaftswissenschaften an der Universität Karlsruhe 1991

Schmitz, H./Windhausen, M.P.:
Projektplanung und Projektcontrolling. - Düsseldorf: VDI-Verlag, 1986

Staudt, E. (Hrsg.):
Das Management von Innovationen. - Frankfurt: Frankfurter Allgemeine Zeitung GmbH, 1986

Vahlens Großes Wirtschaftslexikon.
München: Verlag Vahlen/Verlag Beck, 1987

Weckerle, H.:
10 Schritte zum Unternehmenserfolg. Planegg/München: WRS Verlag Wirtschaft, Recht, Steuern, 1988

GABLER-Fachliteratur zum Thema „Innovation/Organisation" (Auswahl)

Mario Kliche
Industrielles Innovationsmarketing
Eine ganzheitliche Perspektive
neue betriebswirtschaftliche forschung, Bd. 80
1991, XVI, 198 Seiten,
Broschur, DM 89,–
ISBN 3-409-13653-3

Ulf D. Laub / Dietram Schneider (Hrsg.)
Innovation und Unternehmertum
Perspektiven – Erfahrungen – Ergebnisse
1991, 381 Seiten,
gebunden, DM 148,–
ISBN 3-409-13215-5

James G. March
Entscheidung und Organisation
Kritische und konstruktive Beiträge, Entwicklungen und Perspektiven
1990, 516 Seiten,
gebunden, DM 198,–
ISBN 3-409-13125-6

Thomas Petersen
Optimale Anreizsysteme
Betriebswirtschaftliche Implikationen der Prinzipal-Agenten-Theorie
Beiträge zur betriebswirtschaftlichen Forschung, Band 63
1989, XII, 294 Seiten,
Broschur, DM 78,–
ISBN 3-409-13406-9

Wolfgang Schüler (Hrsg.)
Aspekte des Innovationsmanagements
Beiträge von Horst Albach, Friedrich Baur, Jürgen Schrader und Dieter S. Koreimann
1991, 101 Seiten,
Broschur, DM 52,–
ISBN 3-409-13205-8

Eberhard Seidel / Dieter Wagner (Hrsg.)
Organisation
Evolutionäre Interdependenzen von Kultur und Struktur der Unternehmung
1989, XVIII, 396 Seiten,
gebunden, DM 98,–
ISBN 3-409-13115-9

Karl-Heinz Strothmann / Mario Kliche
Innovations-Marketing
1989, 185 Seiten,
gebunden, DM 72,80
ISBN 3-409-13621-5

Theodor Weimer
Das Substitutionsgesetz der Organisation
Eine theoretische Fundierung
neue betriebswirtschaftliche forschung, Band 45
1988, VIII, 219 Seiten,
Broschur, DM 58,–
ISBN 3-409-13111-6

Zu beziehen über den Buchhandel oder den Verlag.

Stand der Angaben und Preise: 1.10.1992
Änderungen vorbehalten.

GA
BETRIEBSWIRTSCHAFTLICHER VERLAG DR. TH. G BADEN